歴博国際シンポジウム

古代日本と古代朝鮮の文字文化交流

国立歴史民俗博物館
平川 南
[編]

大修館書店

はじめに

平川　南

文字文化そのものが大きな曲がり角にきている現在、二十一世紀にわれわれがどのような文字文化をもちえるのかを真剣に考えていく必要がある。そのためには、まず、古代社会における文字とは何かを、根本から問い直してみることの意義は大きい。

従来、日本の歴史の原点ともいうべき古代史像はきわめて限られた文献史料に基づいて描かれてきた。一方で、考古学の発掘調査によって全国各地の遺跡から膨大な数の木簡・漆紙文書・墨書土器などの古代文字資料が出土している。

国立歴史民俗博物館では三〇年近くにわたり全国各地から木簡・漆紙文書・墨書土器・銅印などの出土文字資料の調査依頼を受け、調査研究し、その体系化を試みてきた。また、現在までに遺存する古代の石碑についてすべて複製を製作し、詳細な観察によりほぼ全容を把握できる状況にある。さらに創設以来、博物館の重点事業として日本古代史研究の重要史料である正倉院古文書約八〇〇巻の完全複製化を遂行中である。

こうした古代資料についての調査研究実績を踏まえ、これまで「古代日本の文字世界」（一九九八年）、「古代日本　文字の来た道」（二〇〇二年）の二回のシンポジウムを開催し、「古代日本　文字のある風景」（二〇〇二年）展示を実施してきた。さらに、ここ一〇年来の研究成果を取り入れ、新たにその総合化を行わなければならない時期に達している。

一方、韓国内では、七〇年代末から五、六世紀の石碑が相次いで発見され、加えて木簡も一九七五年に慶州・雁鴨池で合計六一点が発見されて以降、現在まで七〇〇点以上が確認されている。五~七世紀の豊富な石碑資料と六~八世紀の木簡について、両者の比較研究によってその実態が鮮明になってきている。これらの文字資料は、文献史料とは異なる情報をもたらし、古代朝鮮史の研究は新たな局面を迎えたのである。とくに六世紀半ばの咸安・城山山城および扶余・陵山里廃寺跡出土木簡をはじめ、七世紀前半までの木簡が過半数を占めている点が注目に値する。

この古代朝鮮の文字文化は、古代日本における五~七世紀の文字文化の確立期にきわめて重要な影響を与えていると考えられる。日本の古代の文字をみるうえで、これまでどうしても〝漢字のふるさとは中国〟という考えが強く、中国と日本の間にある古代朝鮮の文字資料には、十分に目が向けられてこなかったといえるが、これらを東アジア諸国の文字文化の伝播の実態と形成過程の中に位置づけ、そして古代日本における文字文化の全体像を描くことが必要なのである。

このような東アジア諸国との比較研究による古代日本の歴史資料の開拓は、新たな古代史像を描くことを可能とし、まさに国立歴史民俗博物館が目指す「博物館型研究統合」※にふさわしい研究事業であるといえる。

歴博では、ここ一〇年来、韓国の研究者との共同研究を通じて、お互いに資料に真正面から向き合い、議論し、研究成果を共有し、両国内において積極的に公開に努めてきた。本シンポジウムは、歴博での共同研究「古代における文字文化形成過程の総合的研究」(平成二十二~二十四年度)、科学研究費補助金基盤研究(A)「古代における文字文化形成過程の総合的研究」(平成二十二~二十六年度)の成果の中間報告として位置づけられる。また、歴博の国際学術交流事業として行っている韓国国立中央博物館および韓国国立文化財研究所との共同研究の成果でもある。

今回のシンポジウムでは、最古の韓国木簡である六世紀半ばの城山山城木簡と、最も新しい十二、十三世紀の高麗時代の沈没船の積荷（陶磁器など）およびその荷札木簡について研究報告をいただくこととした。また、韓国国立文化財研究所長の金英媛氏、韓国国立中央博物館考古歴史部長の宋義政氏をはじめ、韓国の考古学・古代史研究を牽引する研究者に参加していただいた。

なお、二〇一四年秋［一〇月一五日（水）～一二月一四日（日）］には、共同研究のまとめとして歴博と韓国国立中央博物館・韓国国立文化財研究所・韓国国立海洋文化財研究所共催の国際企画展示「文字がつなぐ―古代の日本列島と朝鮮半島」を歴博で開催する。ご期待いただきたい。

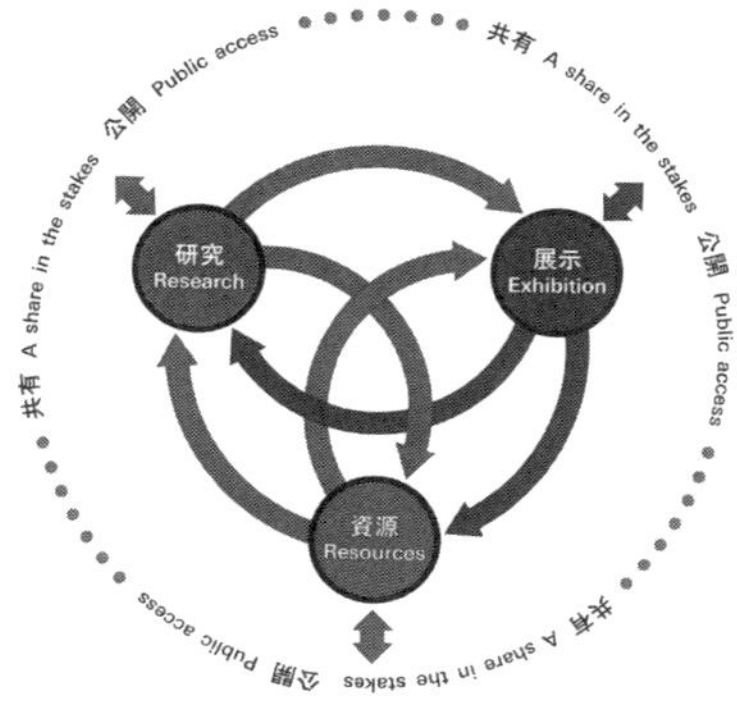

※博物館型研究統合
歴博は、〈資源〉〈研究〉〈展示〉という三つの要素を有機的に連鎖させ、さらに積極的に〈共有・公開〉することによって、博物館という形態をもつ大学共同利用機関の特徴を最大限に活かした研究を推進する。

本書は、二〇一二年一二月一五・一六日に開催された左記国際シンポジウムをもとに構成し、増補加筆したものです。

歴博国際シンポジウム

「古代日本と古代朝鮮の文字文化交流」

日時：二〇一二年一二月一五日（土）～一六日（日）

場所：イイノホール

シンポジウム司会：平川　南

発表者・パネリスト：市　大樹・李　成市・犬飼　隆・林　敬熙・李　鎔賢
金　英媛・神野志　隆光・宋　義政・三上　喜孝
梁　淑子・山口　英男

主催：国立歴史民俗博物館

後援：朝日新聞社

目次

〔凡例〕

一．釈文

・…木簡の表裏に文字がある場合、その区別を示す。

□…欠損文字のうち、字数が確認できるものを示す。

[　]…欠損文字のうち、字数が確認できないものを示す。

」…欠損文字のうち、字数が確認できず、上部に文字が続くが木簡が破損していることを示す。

「…欠損文字のうち、字数が確認できず、下部に文字が続くが木簡が破損していることを示す。

「　」…別の人物による筆（異筆）や後からの筆（追筆）を示す。複数ある場合は番号を付けて示す。

〔　〕…欠損文字記号の傍らに付け、推定した文字を示す。

〔カ〕…同じく推定した文字で、疑問が残ることを示す。

┐…合点を示す。

。…穿孔を示す。

二．寸法

木簡の寸法は、文字の方向を長さとし、長さ×幅×厚さを示した。欠損や二次的整形によって原形を保っていない場合には、数字を（　）で括ってある。

三．図版の出典

図録・報告書等からの転載によるものはキャプションに出典を示したが、左記についてはそれぞれ文献番号で示してある。

[1]…国立中央博物館『文字、その後―韓国古代文字展』（展示図録）二〇一一年

[2]…国立扶余博物館・国立加耶文化財研究所『木の中の暗号 木簡』（特別展図録）二〇〇九年

[3]…国立昌原文化財研究所（現・国立伽耶文化財研究所）『韓国の古代木簡』二〇〇六年

[4]…国立羅州文化財研究所『羅州 伏岩里遺跡Ⅰ』二〇一〇年

[5]…国立扶余博物館『百済の文字』二〇〇二年

[6]…国立慶州博物館『文字でみた新羅―新羅人の記録と筆跡』（特別展図録）二〇〇二年

[7]…昌寧郡・慶南文化財研究院『昌寧 火旺山城内 蓮池』二〇〇九年

[8]…韓国木簡学会『木簡と文字』第六号、二〇一〇年

[巻頭資料] 古代日韓交流史年表

【日本列島】	【朝鮮半島】	【中国】
57 倭の奴国王、後漢に入貢し金印を授けられる		
239 倭の卑弥呼、魏に遣使し、銅鏡100枚などを授かる		
391 倭、朝鮮半島に出兵し、百済・新羅を破る		
	400 高句麗、新羅とともに倭を撃退する	
404 倭、帯方に出兵し、高句麗に撃退される		
	414 高句麗広開土王碑を立碑	
421 倭の五王、宋に朝貢する（〜478）		
	427 高句麗、平壌城に遷都する	
	475 高句麗が百済の都漢城（ソウル）を陥落する	
	475 百済、都を熊津（公州）にうつす	
	502 百済の武寧王即位する	
513 百済より五経博士が来る		
	520 新羅、律令を制定する	
	521 百済、新羅をともない梁へ遣使する	
	523 百済の武寧王死す	
	532 新羅、金官加耶を併合する	
538 百済聖明王より仏像・仏典が贈られる	538 百済の聖明王、都を熊津から泗沘（扶余）にうつす	
	553 新羅、百済から漢山地域を奪取し、新州を設置する	
	561 新羅、安羅の波斯山に築城し、日本に備える	
	562 新羅、大加耶国を滅ぼす	
	564 新羅、北斉に遣使し翌年冊封される	
	568 新羅、陳に遣使	
	586 高句麗、長安城（平壌）に遷都する	
		589 隋、陳を滅ぼし、中国を統一
607（推古15）小野妹子、隋に遣わされる。翌年隋使・裴世清とともに帰国する		
		618 隋が滅び、唐が興る
630（舒明2）犬上御田鍬、唐に派遣される		
645（大化1）中大兄皇子・中臣鎌足らが蘇我蝦夷・入鹿を滅ぼす		
	660 唐・新羅、百済を滅ぼす	
663（天智2）倭、白村江の戦いで、唐・新羅に破れる		
	668 唐、高句麗を滅ぼす	
670（天智9）戸籍をはじめて全国的につくる（庚午年籍）		
672（天武1）壬申の乱がおこる		
	674 新羅の文武王が宮苑池・雁鴨池を造営する	
	676 新羅、朝鮮半島を統一	
689（持統3）飛鳥浄御原令が施行される		
690（持統4）戸籍をつくる（庚寅年籍）。儀鳳暦が取り入れられ元嘉暦と併用		690 唐、則天武后即位。国号を周と改める（〜705）
694（持統8）藤原京へ遷都する		
701（大宝1）大宝律令を施行する		
704（大宝4）諸国の印が鋳造、頒下される		
708（和銅1）武蔵国から銅が献上され、和同開珎が鋳造される		
710（和銅3）平城京に遷都する		
724（神亀1）聖武天皇即位。この年、陸奥国に多賀城が設置される		
729（天平1）長屋王、謀反の疑いで自殺。光明子を皇后とする		
749（天平感宝1）孝謙天皇即位。藤原仲麻呂、紫微中台長官となる		
752（天平勝宝4）東大寺大仏開眼供養		
784（延暦3）長岡京に遷都する		
794（延暦13）平安京に遷都する		
802（延暦21）坂上田村麻呂、胆沢城を築く		
804（延暦23）最澄と空海が唐にわたる		
894（寛平6）遣唐使の派遣が廃止される		
		907 唐、滅ぶ
	918 王建、高麗を建国	
	936 高麗、朝鮮半島を統一	
		960 宋建国
	1170 高麗、武臣政権始まる	
1185（文治1）鎌倉時代始まる		
	1231 モンゴルが高麗への侵略を始める	
	1232 高麗、江華島に遷都	
	1259〜60 高麗、元と修好し藩属国となる	
	1270 武臣政権崩壊。三別抄の乱（〜1273）	
1274（文永11）文永の役		
		1279 南宋滅ぶ
1281（弘安4）弘安の役		
1333（元弘3）鎌倉幕府滅ぶ		

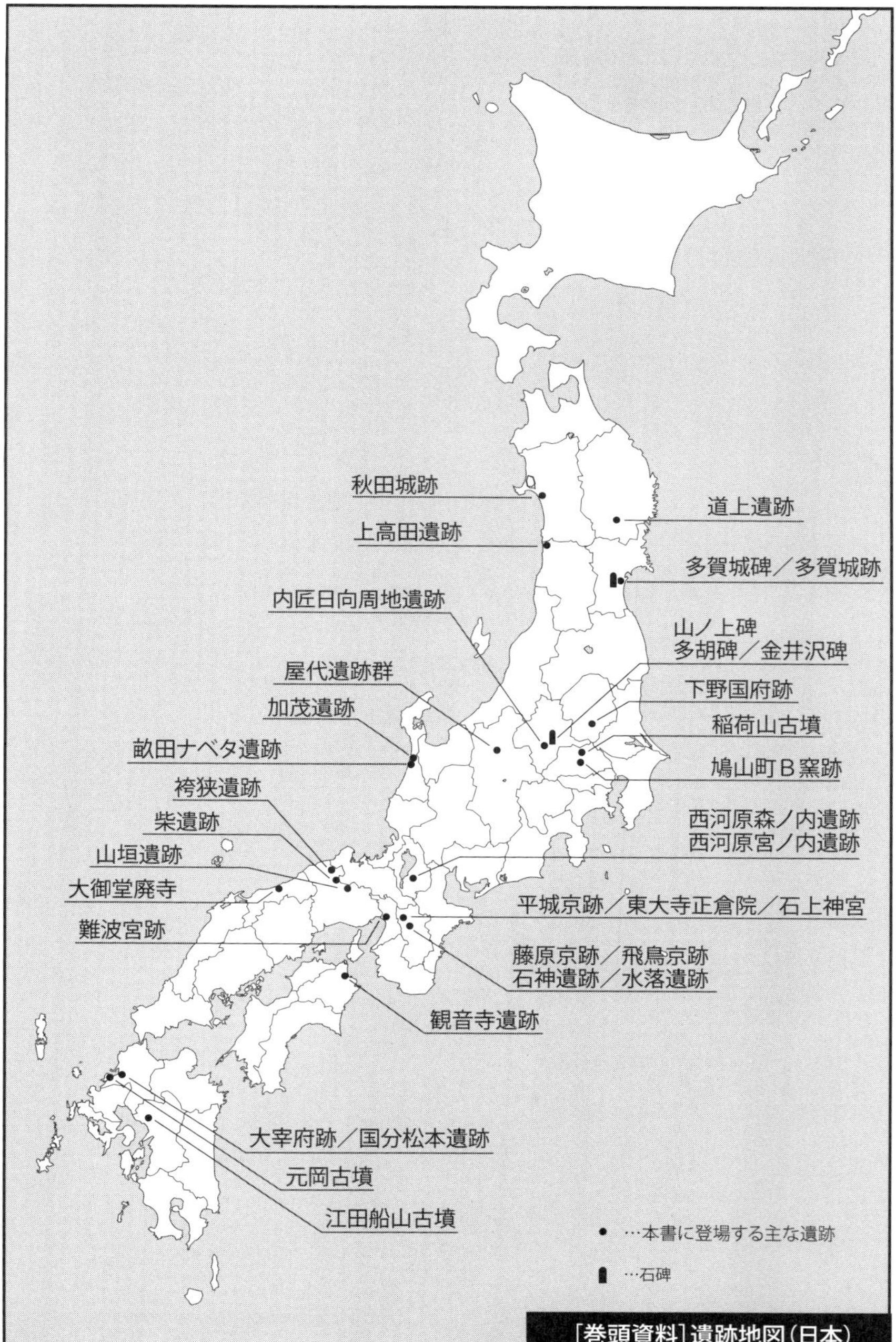
秋田城跡
道上遺跡
上高田遺跡
多賀城碑／多賀城跡
内匠日向周地遺跡
山ノ上碑
多胡碑／金井沢碑
屋代遺跡群
下野国府跡
加茂遺跡
稲荷山古墳
畝田ナベタ遺跡
鳩山町Ｂ窯跡
袴狭遺跡
柴遺跡
西河原森ノ内遺跡
西河原宮ノ内遺跡
山垣遺跡
大御堂廃寺
平城京跡／東大寺正倉院／石上神宮
難波宮跡
藤原京跡／飛鳥京跡
石神遺跡／水落遺跡
観音寺遺跡
大宰府跡／国分松本遺跡
元岡古墳
江田船山古墳
…本書に登場する主な遺跡
…石碑
［巻頭資料］遺跡地図（日本）

平壌
京畿道
江原道
ソウル
桂陽山城
仁川
泰安・馬島高麗沈没船
忠清北道
忠清南道
慶尚北道
公州
陵山里廃寺（石造舎利龕）
双北里遺跡／東南里遺跡
旧衙里遺跡／軍守里廃寺
扶余
全羅北道
新安海底沈船
全羅南道
羅州
伏岩里遺跡
慶尚南道
塢作碑（578）
中城里新羅碑（501）
壬申誓記石（552/612?）
南山新城碑（591）
浦項
大邱
慶州
月城垓子・雁鴨池
伝仁容寺跡／昌林寺跡
昌寧
真興王拓境碑（561）
火旺山城
咸安
昌原
金海
鳳凰洞
茶戸里遺跡
城山山城
●…本書に登場する主な遺跡名・地名
…石碑
★…沈没船

［巻頭資料］遺跡地図（韓国）

著者略歴

●編者・シンポジウム司会

平川　南 (Hirakawa Minami)　一九四三年生。山梨大学卒・文学博士(東京大学)。国立歴史民俗博物館館長(二〇一四年三月まで)。日本古代史専攻。主な著書に『漆紙文書の研究』(吉川弘文館、一九八九年)、『墨書土器の研究』(吉川弘文館、二〇〇〇年)、『古代日本文字の来た道』(編、大修館書店、二〇〇五年)、『全集日本の歴史 第二巻 日本の原像』(小学館、二〇〇八年)。

●著者・パネリスト

李　成市 (Lee, Sung-Shi)　一九五二年生。早稲田大学博士課程修了・文学博士。早稲田大学文学学術院教授。朝鮮史・東北アジア史専攻。主な著書に『東アジアの王権と交易』(青木書店、一九九七年)、『古代東アジアの民族と国家』(岩波書店、一九九八年)、『東アジア文化圏の形成』(山川出版社、二〇〇〇年)。

市　大樹 (Ichi Hiroki)　一九七一年生。大阪大学大学院博士後期課程単位取得退学・文学博士。大阪大学大学院准教授・元奈良文化財研究所主任研究員。日本古代史専攻。主な著書に『飛鳥藤原木簡の研究』(塙書房、二〇一〇年)、『すべての道は平城京へ』(吉川弘文館、二〇一一年)、『飛鳥の木簡』(中公新書、二〇一二年)。

李　鎔賢 (Lee, Yong-Hyeon)　一九六三年生。高麗大学校大学院韓国史学科博士課程修了、國學院大學大学院文学研究科日本史学科博士後期課程修了。博士(國學院大学、高麗大学)。国立中央博物館、国立春川博物館を経て、現在は国立大邱博物館学芸研究士。韓国古代史専攻。主な著書に『韓国木簡基礎研究』(新書苑、二〇〇六年)。

宋　義政 (Song, Yi-Chung)　一九五九年生。ソウル大学校考古美術史学科博士課程修了。二〇一四年現在、国立中央博物館考古歴史部長。韓国考古学専攻。主な著作に「新羅の土偶」(『東アジアと日本の考古学』Ⅱ、同成社、二〇〇二年)。

三上喜孝 (Mikami Yoshitaka)　一九六九年生。東京大学大学院博士課程単位取得退学・文学博士。山形大学准教授。二〇一四年四月より国立歴史民俗博物館准教授。日本古代史専攻。主な著書に『日本古代の貨幣と社会』(吉川弘文館、二〇〇五年)、『日本古代の文字と地方社会』(吉川弘文館、二〇一三年)、『落書きに歴史をよむ』(吉川弘文館、二〇一四年)。

梁　淑子 (Yang, Suk-Ja)　一九七六年生。忠南大学校碩士課程修了。二〇一二年まで国立加耶文化財研究所学芸研究士、現在は国立扶余文化財研究所学芸研究士。韓国歴史考古学専攻。主な論文に「七世紀百済蓮花文丸瓦製作技法の研究」。

林　敬熙(Lim, Kyoung-Hee)　一九七三年生。高麗大学校大学院韓国史学科博士課程修了。国立海洋文化財研究所学芸研究士を経て、二〇一三年より文化財庁有形文化財課。高麗史専攻。主な論文に「泰安船木簡の新たな判読」(『海洋文化財』第四号、二〇一一年)。

犬飼　隆 (Inukai Takashi)　一九四八年生。東京教育大学大学院博士課程単位取得退学・言語学博士(筑波大学)。愛知県立大学教授(二〇一四年三月まで)。国語学専攻。主な著書に『上代文字言語の研究』(笠間書院、一九九二年)、『古代日本文字の来た道』(共著、大修館書店、二〇〇五年)、『漢字を飼い慣らす』(人文書館、二〇〇八年)。

山口英男 (Yamaguchi Hideo)　一九五八年生。東京大学大学院博士課程中退。東京大学史料編纂所教授。日本古代史専攻。主な著書に『古代文書論—正倉院文書と木簡・漆紙文書』(共編、東京大学出版会、一九九九年)、『日本古代木簡集成』(共同執筆、東京大学出版会、二〇〇四年)。『正倉院文書目録』はじめ史料編纂多数。

神野志隆光 (Konoshi Takamitsu)　一九四六年生。東京大学大学院博士課程中退。東京大学教授を経て明治大学大学院特任教授。日本古代文学専攻。主な著書に『古事記の達成』(東京大学出版会、一九八三年)、『変奏される日本書紀』(東京大学出版会、二〇〇九年)、『万葉集をどう読むか』(東京大学出版会、二〇一三年)。

金　英媛 (Kim, Young-Won)　一九五三年生。ソウル大学校考古学科卒業・文学博士(ソウル大学)。一九七六年、国立博物館学芸官となり、以後、国立中央博物館美術部長・歴史部長、国立全州博物館館長などを歴任、二〇一三年一〇月まで国立文化財研究所所長。美術史(陶磁史)専攻。主な著書に『朝鮮時代陶磁器』(ソウル大学出版部、二〇〇三年)、『朝鮮白磁』(大元社、二〇〇三年)、『朝鮮前期陶磁史』(一潮閣、二〇一一年)。

●編集協力・翻訳・巻頭資料監修

橋本　繁 (Hashimoto Shigeru)　一九七五年生。早稲田大学大学院文学研究科博士後期課程修了・文学博士。早稲田大学非常勤講師。朝鮮古代史専攻。主な論文に「城山山城木簡と六世紀新羅の地方支配」(工藤元男・李成市編『東アジア古代出土文字資料の研究』雄山閣、二〇〇九年)、「中古新羅築城碑の研究」(『韓国朝鮮文化研究』一二号、二〇一三年)。

●編集協力

武井紀子 (Takei Noriko)　一九八一年生。東京大学大学院人文社会系研究科博士課程単位取得退学・文学博士。現在、国立歴史民俗博物館科研費支援推進員、東京大学史料編纂所特任研究員。日本古代史専攻。主な論文に「日本古代倉庫制度の構造とその特質」(『史学雑誌』第一一八編第一〇号、二〇〇九年)。

第一部

〔概説〕古代日朝文化交流史

四世紀から八世紀の
朝鮮半島と日本列島の政治状況と文化交流を概観する。
シンポジウム理解のための基礎知識。

〔概説〕古代日朝文化交流史

李　成市

本シンポジウムで議論される、近年明らかとなってきた東アジアにおける古代文字文化の伝播と需要のあり方は、当時の朝鮮半島・日本列島の政治的状況といかに関連していたのか――。本章では、このシンポジウムの基礎知識として、四世紀～八世紀の朝鮮半島と日本列島との政治状況・文化交流について概括する。

はじめに

日本列島の倭国（日本）と、高句麗《こうくり》、百済《くだら》、新羅《しらぎ》、加耶《かや》などの朝鮮半島の諸国との交流は古くにさかのぼり、長期間にわたる。その関係は多元的であり、あるときは同時並行的に、あるときは、特定の国との特別な結びつきによって、各々の文化が積極的に倭国に受容されることがあった。そもそも朝鮮半島の諸国の古代文化は、決して一枚岩ではなく、諸国がおかれた地理的、歴史的、国際的な条件などによって、各々の文化は固有の特徴を有していた。百済、高句麗、新羅の諸国が倭国との間に、緊密な交流が存した時代背景と共に、文化の影響関係を具体的な事例に則して明らかにすることは、古代朝鮮半島の諸国と倭国との文化的な影響関係を明らかにするのみならず、朝鮮半島の古代の諸国家の各々が有していた個性を明らかにすることにもつながる。そこで、百済、高句麗、新羅と倭国との間で展開された交流について時代背景に留意しつつ概観してみたい（巻頭「年表」参照）。

一・百済と倭国との交流〔次頁図1〕

◆高句麗と対決する百済　―その外交戦略

百済の勃興は、現在のソウル地方に都（漢城《かんじょう》《ハンソン》）を構え南進してくる高句麗に抗するなかで培われた。まず百済は、高句麗と対抗するため、いち早く加耶南部に接近して倭国との連携を模索した。三七一年に百済は高句麗との戦闘に勝利すると、その翌年には、近肖古王《きんしょうこおう》《クンチョゴワン》*1は中国の東晋《とうしん》*2に朝貢《ちょうこう》*3して冊封《さくほう》をうけたが、石上神宮に伝存する「七支刀」〔次頁図2〕は、百済が作成して三七二年頃、倭王に贈与されたものであり、百済の外交戦略の産物とみてよい。

このような、「高句麗に対抗するために加耶の諸国・倭と緊密に結びながら中国南朝と

＊1　?～三七五。百済第一三代王（在位三四六～三七五）。

＊2　中国を統一した晋（西晋、二六五～三一六）が滅ぼされた後に、西晋の皇族によって中国の東南（江南）に建てられた王朝。三一七～四二〇。

＊3　中国の歴代王朝が用いた政策。中国皇帝の朝廷に来て貢ぎ物を差し出した周辺諸国の君主に対して（朝貢）、官号・爵位などを与えて君臣関係を結び、その統治を認めた（冊封）。

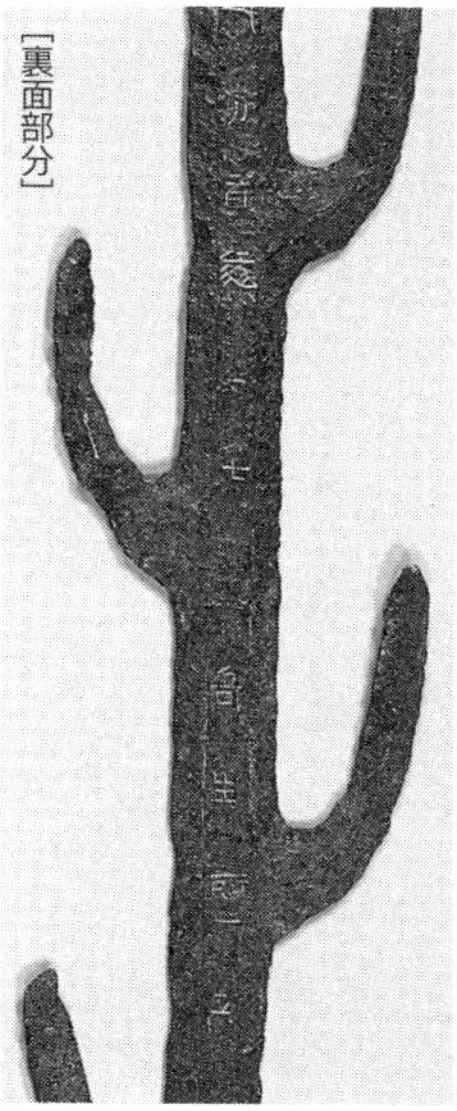

……刀百済□世□奇生聖音……

〔表面〕泰□〔和〕四年□〔五〕月十六日丙午正陽造百練□〔鋼〕七支刀□辟百兵宜供供侯王□□□□作

〔裏面〕先世□〔以〕来未有此刀百□〔済〕王世□〔子〕奇生聖□故爲□〔倭〕王旨造傳□〔示〕□〔後〕世

図2▲奈良県天理市の石上神宮に伝わる七支刀。金象嵌の文字が表裏で計61字記されている。国宝。（石上神宮蔵）

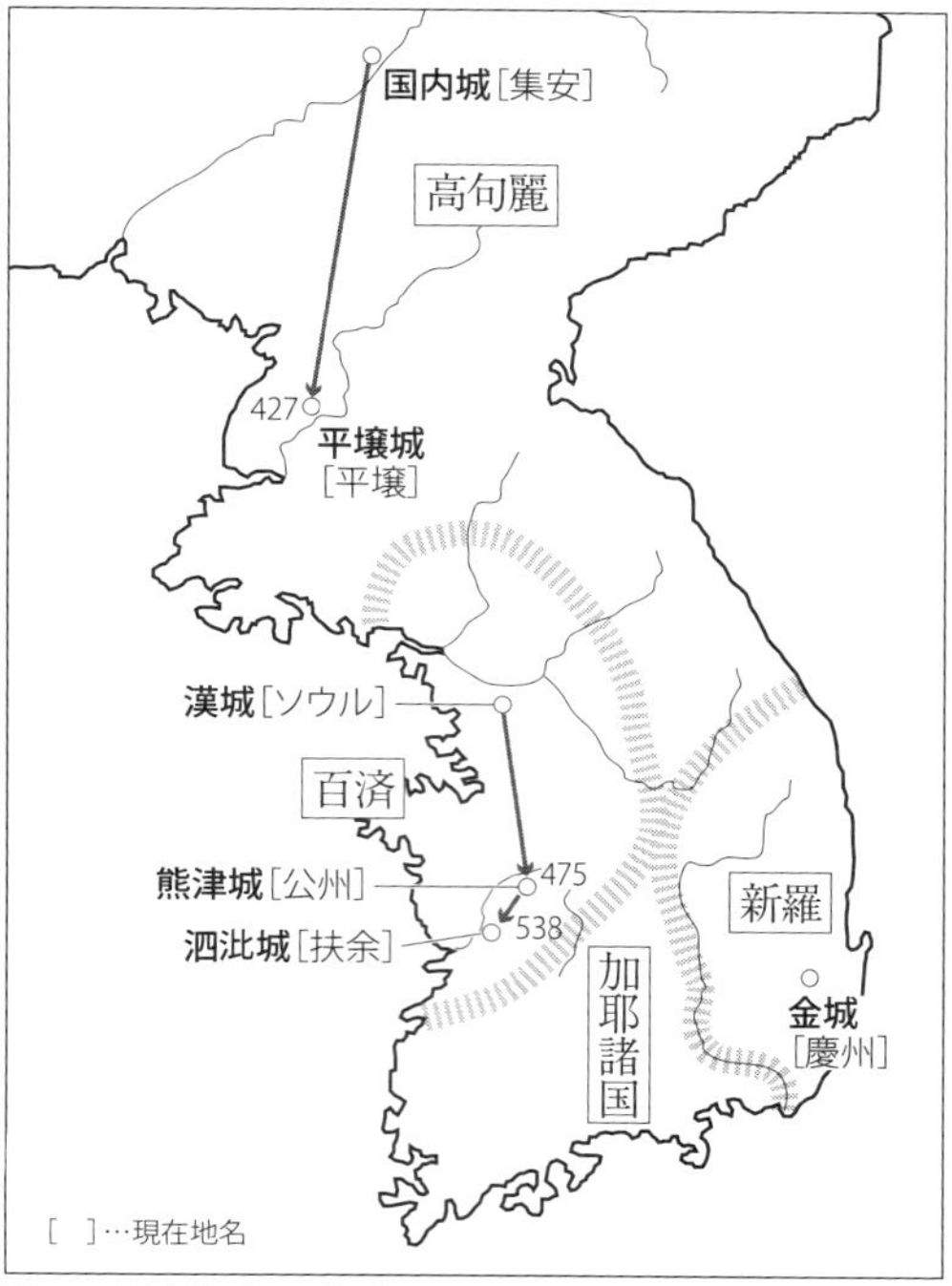

図1▲三国時代（4〜6世紀）の朝鮮半島

通交関係をもつ」という政策は、長く百済の基本的な外交戦略となった。しかし高句麗との対決姿勢は、その後の百済に苦難の道を歩ませることになり、ついに四七五年には王都の漢城は高句麗の攻撃によって陥落し、百済は一時滅亡する。

熊津城《ゆうしんじょう》《ウンジンソン》（公州《こうしゅう》《コンジュ》）に逃れた王族及び支配層は*4文周王《ぶんしゅうおう》《ムンジュワン》を立て百済を再興させた。この間に支配層の変動がおこり、王の暗殺や反乱を経るなかでかえって王権が強化され、国政は安定に向かった。とりわけ、五〇一年に即位した*5武寧王《ぶねいおう》《ムリョンワン》は、百済中興の祖として国力の充実に努めた。この頃、百済は、それまで高句麗に従属していた新羅の実力を認め、新羅を取り込んで高句麗に対抗する戦略をとりはじめる。その一環として百済は南朝の*6梁《りょう》にしばしば朝貢したが、このときの外交目的は、百済が進めていた半島の南西部や南東部（加耶地方）への進出に大いに関わっていた。

というのも朝鮮半島の南西部は、熊津城時代になって百済がようやく進出した地域であり、また南東部の洛東江《らくとうこう》《ナクトンガン》流域は依然として小国の分立が続く状況にあり、中国王朝の承認を得ることは、この地域の領有を進める上で重要な戦術になったからである。

武寧王の繁栄を継承した子の*7聖王《せいおう》《ソンワン》は五三八年、王都を南の泗沘城《しびじょう》《サビソン》（扶余《ふよ》《プヨ》）に移した。これは、急速に国力を増してきた新羅や、引き続き南進の姿勢をみせている高句麗を意識し、それらに対抗するために、満を持しての計画的な遷都であった。

*4 ?〜四七七。百済第二二代王（在位四七五〜四七七）。

*5 四六二〜五二三。百済第二五代王（在位五〇一〜五二三）。

*6 中国の南北朝時代に江南にあった王朝。五〇二〜五五七。

*7 聖明王。?〜五五四。百済第二六代王（在位五二三〜五五四）。

◆百済と倭国の文化的交流

百済と倭国との間には、四世紀後半以来の王権間の交流があったが、上述した武寧王、聖王の治世の六世紀に入ると、朝鮮半島の軍事的緊張の中で両国の関係は強化され、緊密化し、人的交流は増大した。こうした人的交流の中で、[*8]五経博士《ごきょうはかせ》の[*9]上番制による派遣が従来から注目されてきた。とりわけ、儒教経典の講読、解釈に携わる五経博士などを通じて倭国が漢字文化を受容した過程は、倭国における百済の漢字文化の受容と関わって看過できない。

すなわち、百済と倭国との間で、文字文化を共有する契機として注目されるのは、百済側から儒教の経書を教える専門家である五経博士が長期にわたって派遣されていた事実である。たとえば、[*10]『日本書紀』継体紀七年（五一三）六月条には、

夏六月、百済遣二姐彌文貴将軍・州利即爾将軍一、副二穂積臣押山一、貢二五経博士段楊爾一。別奏云、伴跛国略二奪臣国己汶之地一。伏願、天恩伴還二本属一。

とあり、さらに継体紀十年（五一六）九月条には、

秋九月、百済遣二州利即次将軍一、副二物部連一来、謝レ賜二己汶之地一。別貢二五経博士漢

＊8　儒家の経典である五経（詩・書・礼・易・春秋）を教学する学官。

＊9　「番」とは、現代と同様に、交替して行われる勤務形態（また、そのために編成された集団）のこと。「上番」は、番制度によって実際に勤務に従事すること。

＊10　日本に伝存する最古の正史で、日本最初の編年体の歴史書。六国史の一番目。神代から持統天皇の時代までの全三十巻で、系図一巻が付属したが失われた。養老四年（七二〇）、舎人〔とねり〕親王らが完成した。

高安茂㆒、請㆑代㆓博士段楊爾㆒。依㆑請代之。

とあるように、百済が五一三年に五経博士・段楊爾を倭国に「貢」上したことを記し、三年後の五一六年には、段楊爾《だんように》《タンヤンイ》の代わりとして、五経博士の漢高安茂《あやのこうあんも》《コアンム》が百済から倭国に送られ、それまで倭国に滞在していた段楊爾は交替して帰国したことが伝えられている。ここにみられるように、百済は、五経（易《えき》・書・詩・礼《らい》・春秋）を各々教える博士を交替させることによって、あえて長期間にわたり滞在させていることがうかがえる。

その後『日本書紀』には、この五経博士の交替についての資料を欠くものの、欽明紀十四年（五五三）六月条には、

六月、遣㆓内臣㆒使㆓於百済㆒。仍賜㆓良馬二匹・同船二隻・弓五十張・箭五十具㆒。勅云、所㆑請軍者、随㆓王所須㆒。別勅、医博士・易博士・暦博士等、宜依㆑番上下。今上件色人、正當㆓相代年月㆒。宜㆘付㆓還使㆒相代㆖。又卜書・暦本・種々薬物、可付送。

と記され、この時に、倭国は百済に内臣《うちのおみ》[*11]を遣わして、良馬・船・弓箭《きゅうせん》を送り、出兵を約束し、それとは別に、医博士・易博士・暦博士等の交替と併せて、卜書・暦本・薬物の送付を要請していることを伝えている。

＊11　別表記として欽明紀十五年十二月条に「有至臣〔うちのおみ〕」とあり、氏族名。

ここで注目されるのは、医博士・易博士・暦博士等について、「宜《よろ》しく番に依《よ》りて上下（参上退下）すべし。今、上件の色（上記）の人は、正《まさ》に相《あ》い代わる年月に当たる。宜《よろ》しく還使に付けて相《あ》い代わらしむべし」と記すように、医博士・易博士・暦博士たちには、交替制で倭国に勤仕することが定められ、交替の年月日が定められていたかのように述べられている点である。上に掲げた継体紀十年の五経博士の交替も、こうした一定の年月を定めた交替制にしたがった可能性がある。

なぜならば、この翌年の欽明紀十五年（五五四）二月条には、

> 二月、百済遣二下部杆率将軍三貴・上部奈率物部烏等一、乞二救兵一。依貢二徳率東城子莫古一、代二前番奈率東城子言一。五経博士王柳貴、代二固徳馬丁安一。僧曇慧等九人、代二僧道深等七人一。別奉レ勅、貢二易博士施徳王道良・暦博士固徳王保孫・医博士奈率王有㥄陀・採薬師施徳潘量豊・固徳丁有陀・楽人施徳三斤・季徳己麻次・季徳進奴・対徳進陀一。皆依レ請代之。

とあって、易博士《やくのはかせ》・暦博士・医博士と仏僧曇慧《どんえ》《タメ》ら九人が仏僧道深《どうしん》《ドシム》ら七人と交替しており、これらと共に、五経博士の交替も併せて記され、あたかも五経博士が継体期以来、交替制にしたがって倭国に派遣されたかのようにみえるからである。

ただし、欽明紀十四年六月条に記すような、交替制による各種専門家の定期的な百済から倭国への派遣が、いつ頃から始まったのかは史料の上では不明であり、特定することは困難である。しかし、少なくとも六世紀には、五経博士のみならず、仏僧や各種の専門技術が百済から「交替上番の制度」[＊12]として伝えられていたことは確かなところであろう。

そうであれば、これらの「交替上番の制度」によって百済から派遣された人々こそは、百済から漢字文化をもたらした人々とみなしてよいであろう。また、長期かつ継続的に倭国に派遣された五経博士などの専門的職能をもった人々を通じて、倭国の都では百済の独自の漢字文化に接していたと考えられる。

そのような痕跡の一つとして、六世紀の前半期と推定されている陵山里廃寺《りょうざんりはいじ》《ヌンサンニペサ》跡出土木簡の中には、「漢城下部対徳疏加鹵（卤）」と記された木簡があり注目される〔次頁図3〕。その用途は不明であるが、記された内容は、冒頭に地名である「漢城下部」があり、次いで、百済第一一等の官位「対徳」となっているので、「疏加鹵」は人名と推定できる。

この人名の字音表記については、すでに指摘があるように、日本の埼玉県稲荷山古墳出土の鉄剣銘（五世紀後半）に刻まれた「獲加多支鹵（卤）大王（ワカタケル大王）」が「加」「鹵」を人名の字音表記を用いる点で一致している。字音表記は、五経などのテキストの漢字を如何なる音で読むかにも関わるであろうことから、稲荷山鉄剣に百済人と同一の字音表記が用いられている点は軽視できない。

＊12　平野邦雄『大化前代政治過程の研究』吉川弘文館、一九八五年

また、五経博士の上番制が問題となる時期よりさらに遡る時代の、倭国における百済の文字文化について、近年、朝鮮半島で『論語』木簡が発見されたことを契機に、『古事記』[*13]に記す応神天皇の時代に百済の照古王《しょうこおう》《チョゴワン》[*14]が貢上した和邇吉師《わにきし》《ファイキルサ》（王仁《わに》《ワンイン》）によって『論語』一〇巻と『千字文《せんじもん》』[*15]一巻が伝えられたとする伝承を、百済と倭国の文字文化の受容をめぐる史実の反映とみなそうとする見解[*16]がある。

すなわち、日本列島で七世紀後半から八世紀前半に顕著にみられる習書木簡（『論語』『千字文』「難波津《なにわづ》の歌」[*17]などを記したもの）〔図4〕は、いずれも百済の王仁の伝承と関わっており、文字文化が百済から伝来したとする意識が、文字を習得する人々の間でも広く存在したのではないかと指摘されている。

泗沘城時代の百済と倭国との交流は濃密に展開されたが、とりわけ泗沘城遷都の年は、いわゆる仏教公伝説[*18]（五三八年）に重なる。上述の五経博士や各種の専門家のみならず、

漢城下部對徳疏加鹵

長さ二四五八ミリ×幅二六ミリ×厚さ一〇・五ミリ

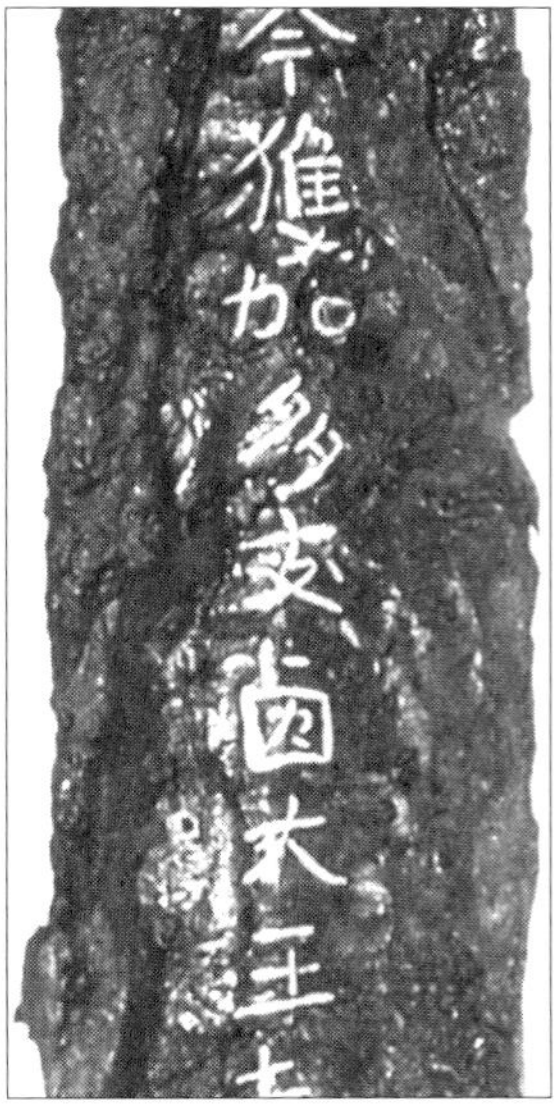

図3▶列島・半島で、「鹵」の異体字「卤」で「ル」の音を表している例。
右：百済の扶余陵山里寺廃寺出土の三号木簡。（文献［2］より転載）
左：埼玉県稲荷山古墳出土鉄剣銘。（埼玉県立さきたま史跡の博物館提供）

＊13　日本最古の歴史書で、和銅五年（七一〇）、太朝臣安萬侶〔おほのあそみやすまろ〕により献上された。原本は現存せず、幾つかの写本が伝わる。
＊14　年代から近肖古王に比定されている。
＊15　中国六朝の、梁〔りょう〕の周興嗣〔しゅうこうし〕が武帝の命により編んだ文字習得のための教材。重複しない

多くの僧や工人たちが泗沘城から日本へ渡ったであろう。六世紀中ごろの百済を『周書』は「僧尼・寺塔甚《はなは》だ多し」と伝えている。現在まで確認されている寺趾は王興寺《おうこうじ》《ワンフンサ》、定林《じょうりん》《チョンリム》寺《じ》《サ》、軍守里廃寺《ぐんしゅりはいじ》《グンスリペサ》など、わずかに二〇余にすぎない。しかしながら、飛鳥寺の造営に関わって百済工人が渡来していたことは、瓦や伽藍などの考古学的な研究[*19]によって具体的に裏づけられるようになっている。

一〇〇〇文字を用いた韻文で、四字を一句とする二五〇句から成る。漢字を導入した多くの国で習字の手本として用いられた。

＊16 三上喜孝「習書木簡からみた文字文化受容の問題」『日本古代の文字と地方社会』吉川弘文館、二〇一三年

長さ（二〇九）ミリ×幅一九ミリ×厚さ一九ミリ

長さ（六三五）ミリ×幅二九ミリ×厚さ一九ミリ

図4▼半島・列島の論語木簡。詳細は七三頁〜を参照。
右：金海市鳳凰洞地区出土。六〜八世紀のものと推定。四面に文字が記されている。（文献［2］より転載）
左：徳島県観音寺遺跡出土。七世紀半ば前後のもの。四面に記されたうちの一面に『論語』学而篇の冒頭部分が書かれている。
（徳島県埋蔵文化財総合センター提供）

二．高句麗と倭国との交流〔図5〕

◆新羅と対峙する高句麗　―その外交戦略

中国大陸における後漢[20]滅亡以後の、三国・五胡十六国・南北朝などの混乱期の不安定な情勢は、高句麗にとって、朝鮮半島南部に政治的圧力を及ぼす契機となり、自己を強大化する機会を適宜得てきた。そのような高句麗にとって、[21]隋《ずい》の中国統一と、朝鮮半島南部における新羅の勃興という東アジア情勢は、自らの存立を危うくする新たな脅威であり、この危急の情勢に対応することが強く迫られた。

ひるがえって高句麗・百済・新羅の三国抗争の動向を追ってみると、六世紀とは高句麗からみれば、新羅による高句麗領域の浸食過程であるといっても過言でない。新羅の六世紀における領域拡大のプロセスはおおよそ、東海岸一帯（五〇五年）→漢江《かんこう》《ハンガン》下流域（五五二年）→加耶諸国（五六二年）→咸鏡南道《かんきょうなんどう》《ハムギョンナムド》地方（五六八年）となるが、こうしたプロセスは、加耶諸国への領域拡大を除けば、その他のすべてにわたり、高句麗にとって直接に関わる切実な問題であった。とりわけ六世紀中葉以降は、高句麗の最大の敵は百済ではなく新羅

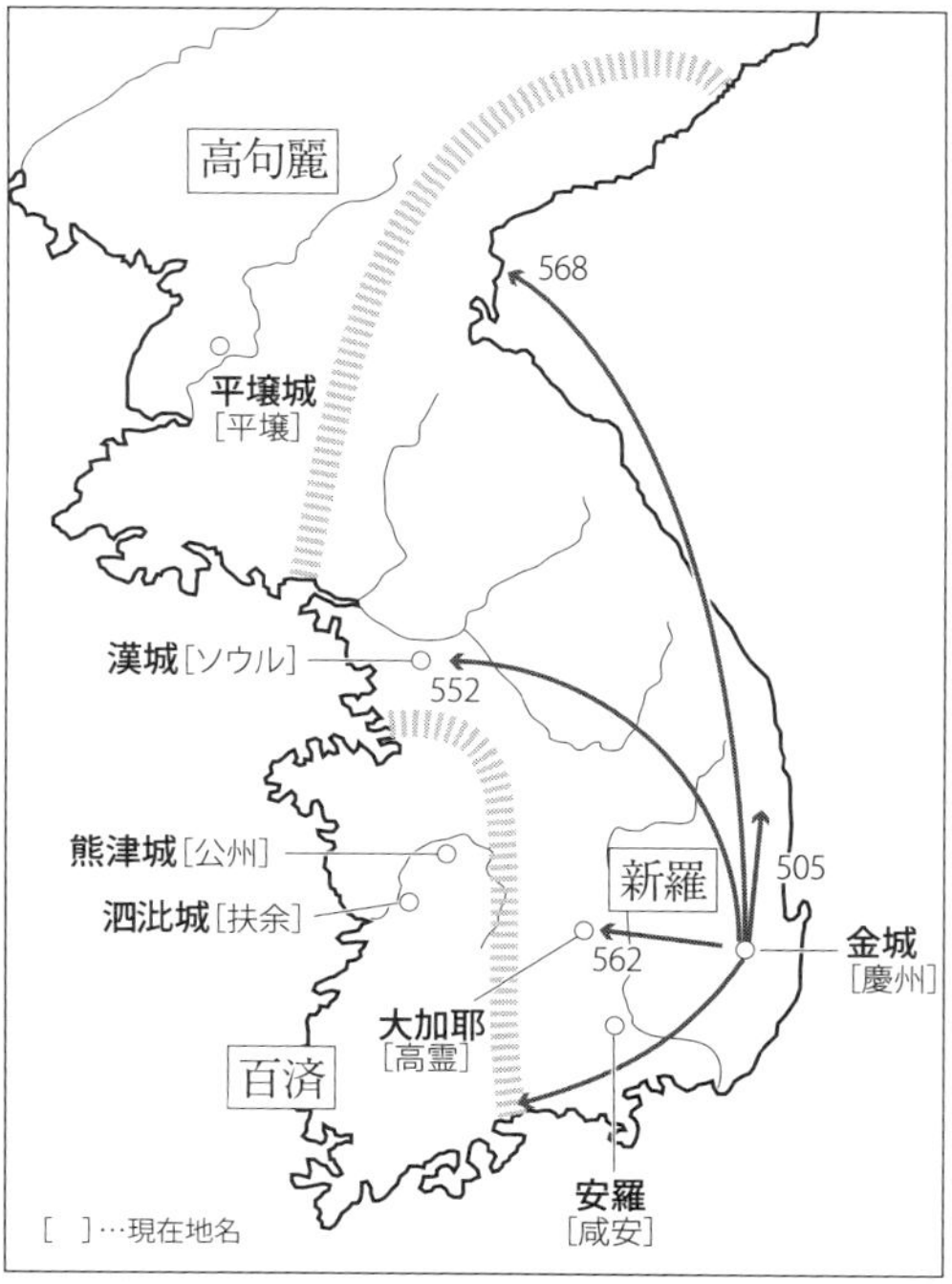

図5▲6世紀の新羅の領土拡大

＊17　古今和歌集の仮名序で紹介されている王仁の作とされる和歌。「難波津に咲くやこの花　冬ごもり　今は春べと咲くやこの花」という歌で、古来書道の初学としても用いられている。

＊18　仏教が公に伝わったことを「仏教公伝」といい、五三八年説のほかに五五二年説などがある。それ以前に渡来人などの私的な信仰として伝わっていたと考えられ、公伝に対して「私伝」という。

＊19　李炳鎬「百済寺院と飛鳥寺三金堂

であって、半島部の高句麗領域では、ほぼ全域にわたって新羅と直接、領域を接して軍事的に対峙していた。つまり、こうした朝鮮半島における形勢をふまえれば、高句麗の対倭外交は、新羅との軍事的対峙と不可分の関係にあると推定される。

さらに、新羅の飛躍的な領域拡大に呼応する高句麗の動きとして見逃せないのは、高句麗の平壌地域内における新都（長安城《ちょうあんじょう》《チャンアンソン》）の造営と遷都である。近年の研究によって、高句麗後期の王都であった長安城の研究が飛躍的に進展し、とくに長安城の建造時期と遷都問題が解明され、新羅の台頭とこの長安城の築造は密接な対応関係があったことがほぼ確実になってきた。

すなわち、高句麗は、四二七年に平壌に遷都して以来、[*22]大城山城《だいじょうさんじょう》《テソンサンソン》方面を王都としていたが、六世紀半ばに長安城の築造が決定され、五五二年から五九三年の四二年間にわたって築造工事が継続し、築造完了前の五八六年に遷都がなされた。長安城への移都は政局の転換を図ったものであり、新都の造営着手が中部領域の喪失時に一致するところからみて、新羅に対処するものであったと推定される。かように、新羅の台頭は高句麗の内外政策に甚大な影響を及ぼしていたのであるが、高句麗を対倭外交に向かわせたもう一つの要因として注目されるのは、五六〇年代に開始された新羅の南北両朝に対する自主外交であった。

というのも、これ以前においては、高句麗のみが東アジアの南北分極体制を逆手に取り、安定した対中国外交をよくなしえていたからである。しかし、新羅は五五二年に漢江下流

の原流」『百済研究』五七、忠南大学百済研究所、二〇一三年、、大田／「飛鳥寺に派遣された百済瓦博士の性格」『韓国上古史学報』八一、二〇一三年、ソウル

*20　漢王朝の皇族が王莽に滅ぼされた漢（前漢）を再興して立てた王朝。二五～二二〇。

*21　魏晋南北朝時代の混乱を鎮め、中国を三〇〇年ぶりに再統一した王朝。五八一～六一八。

*22　平壌市街の東北にある山城で、高句麗は平壌遷都の際にこの山の麓に王宮を作り、防衛のための城として大城山城を建造した。

域を獲得し、ここを確保すると、長期にわたる高句麗・百済に依存した外交から自主外交へと飛躍的なステップを踏み出すのである。こうした新羅の北朝・北斉《ほくせい》、南朝・陳《ちん》双方への遺使と授爵[*23]は、高句麗に対して、軍事的圧迫とともに多大の脅威を与えたことは推測にかたくない。新羅の台頭は、高句麗を対内的にも対外的にも危急の対応策に向かわせたのである。

◆高句麗の倭国外交　―聖徳太子のブレーントラスト

上述のようにみてくると、五七〇年に開始される高句麗の対倭外交は、このような情勢に対する高句麗の外交戦略であったことがわかる。五九五年から六一五年までの二〇年にわたって聖徳太子[*24]に近侍した僧慧慈《えじ》《ヘジャ》こそは高句麗の戦略を東アジア規模で展開すべく嬰陽《えいよう》《ヨンヤン》[*25]王《おう》《ワン》の意志によって倭に派遣された第一級の人物であり、彼が果たした役割は決して小さくはなかった。

慧慈は、高句麗の戦略的な外交の一環として、倭国における内政・外交の実力者であった聖徳太子に長きにわたって仕えたと推測されているが、このことは倭国が高句麗の思惑やその影響を一方的に受けていたことを意味するものではない。慧慈を受け入れた聖徳太子から見れば、百済との外交の回路を梃子に、倭国の実権を掌握していた、蘇我氏（馬《うま》子《こ》）を中心とする政体の変革をめざすとき、慧慈は倭国の外交の転換と内政の変革との双

＊23　北斉（五五〇～五七七）は北朝の王朝で、新羅からの遺使は五六四年で、このときには北斉からの授爵も行われた。陳（五五七～五八九）は南朝の王朝で、新羅からの遺使は五六六年に行われた。

＊24　五七四～六二二。用明天皇の第二皇子（厩戸皇子）で、推古天皇（大王）のもと摂政として天皇中心の国づくりを進めた。

＊25　？～六一八年。高句麗の第二六代王（在位五九〇～六一八）。

方に通じる格好のブレーントラストになりえたであろう。

実際に、そのような中で聖徳太子が[*26]推古大王《おおきみ》を補佐しながらめざしたものは、王権の確立であった。そのことを象徴するのは、聖徳太子の施策として著名な[*27]冠位十二階である。この倭国大王の下に組織された個人的身分制は、高句麗・百済・新羅の官等制にみられるように、支配共同体から王権の超越性を志向するところに本質があり、その位階の数のあり方から、宮崎市定氏は、つとに冠位十二階が高句麗の影響の下に成立したと[*28]指摘している。まさに慧慈の倭国滞在中に、高句麗の制度的影響を色濃く帯びた冠位十二階が確立したところに、慧慈と聖徳太子の共同の利害が潜んでいるように思われる。

慧慈を派遣した高句麗は自国を取り巻く国際環境の打開が切実な課題となっていたが、一方、倭国においては、蘇我馬子が[*29]崇峻大王を殺害したように、支配共同体内の王権と執権者間の葛藤が激化していた。高句麗と倭国の両者が抱えていた各々の歴史的な課題の解決を模索する中で、慧慈と聖徳太子との濃密な関係が成立したとみられるからである。

私見によれば、高句麗による対隋外交に先立って、あるいは対隋外交が進行する一定期間にわたって、主に慧慈を通して、高句麗は倭王権と緊密な紐帯関係を結んだと推定される。こうした時期における高句麗と倭国との間にみられる文化的影響関係について言及しておきたい。

一般に、推古期の政治形態および政治思想に、朝鮮半島諸国の影響が濃厚であることが

＊26　五五四～六二八。第三三代天皇で日本初の女帝（在位五九三～六二八）。

＊27　日本で初めての冠位・位階で、臣下を一二の等級に分け、冠の色の違いでその等級を表した。六〇四年制定、六〇五～六四八年まで行われ、その後も改変を経て律令制の位階制度となった。

＊28　宮崎市定「三韓時代の位階制について」（『朝鮮学報』一四、一九五九年）

＊29　？～五九二。第三二代天皇（在位五八七～五九二）。馬子に擁立され仏教の興隆につとめたが、のち対立して暗殺された。

指摘されてきた。倭の隋に対する第一回遣使（六〇〇年）の国書[*30]には、「天の子（天児）」を意味する「阿毎多利思比狐（アメタラシヒコ）」という倭王名が記されていた。また、文帝[*31]に対して使者が答えた言葉の中には、

倭王以天為兄、以日為弟、天未明時、出聴政跏趺坐、日出便停理務、云委我弟。

とある。これらの「天」や「日」の思想的背景は、まず高句麗に求められるべきであろうとの指摘[*32]がある。「天」や「日」を媒介とする王権思想は、五世紀初に遡って高句麗にはっきりと確認されるのであるから、こうした思想が慧慈とも関わっていたとみるのが自然ではなかろうか。

また、『隋書』にも記された倭国の個人的身分標識としての冠位十二階も、その構造上の分析から高句麗との関連が指摘されて久しい。その他にも、倭国の大臣制度をはじめ、推古期の政治形態および政治思想に関して、高句麗を媒介にした影響関係について解明すべき課題は少なくない。

例えば、飛鳥仏教に対する高句麗の役割については、すでに寺院の伽

図6◀高句麗人の画像。
①法隆寺金堂阿弥陀如来座像台座から発見された墨書の人物（線画模写）。（李成市「法隆寺金堂阿弥陀如来座像台座から発見された人物画像の出自」科学研究費報告書『アジアにおける国際交流と地域文化』一九九四年より転載）
②③高句麗使図。（②顧徳謙模『梁元帝蕃客入朝図』部分、③閻立本『王会図』部分）より）

藍配置などの比較検討がなされているが、当時の人的交流からも積極的に課題とすべき問題であろう。さらに、交流の具体的な痕跡として注目されるのは、一九九二年夏に法隆寺金堂の本尊の一つである阿弥陀如来坐像の台座から、壮年の男性を描いた墨書の画像が発見されたことである〔図6〕。人物画は、今日まで発見されている高句麗使図と比較すれば高句麗使臣のものであることは疑いようがない。聖徳太子の生存中の建造物に、高句麗人の画像が描かれていたことになるが、『日本書紀』には、聖徳太子摂政期に使節、僧侶などの高句麗人がしばしば訪れていたことが伝えられている。阿弥陀如来坐像台座の画像は、そのような事実を裏づけるものとして注目される。

三．新羅と日本との交流〔図7〕

◆新羅と倭国の使節交流

新羅と日本の交流は古くに遡るが、その画期として注目されるのは、『三国史記』[*33]に、倭典《わてん》の長官の設置が真平王十五年（五九一）と記されていることである。倭典の詳細は不明であるが、新羅の外交を掌《つかさど》る官司であった領客府の起源と伝わっており、倭国との外交機関とみなされてきた。しかも最近になって、新羅時代の港湾施設が蔚山《ウルサン》で発見され、そこで出土した瓦は慶州《けいしゅう／キョンジュ》中心地の建造物にみられる瓦と同一であり、この港湾施設の造営

＊30　元首の名で発行された国家間の外交文書。

＊31　四〇七〜四五三。南朝・宋の第三代皇帝（在位四二四〜四五三）。学問を奨励した。

＊32　山尾幸久「古代天皇制の成立」『天皇制と民衆』東大出版会、一九七六年

＊33　高麗一七代王仁宗の命により金富軾らが作成した、三国時代（新羅・高句麗・百済）から統一新羅末期までを対象とする歴史書。朝鮮半島に現存する最古の歴史書。一一四五年に完成、全五〇巻から成る。

は六世紀末に遡るものと推定されている。蔚山は、王都慶州から二〇キロメートルの位置にあり、倭国への港湾として利用されていた可能性がある。[*34] また、七世紀末は、高句麗が倭国との外交を開始した時期に重なり、百済と共に新羅に圧力を加える時期であることから、新羅と倭国の外交が七世紀末に本格化することを裏づけるものとして注目される。

七世紀前半の新羅と倭国の交流は必ずしも盛んであったとはいえないが、いわゆる統一新羅と日本との間には、一転して、相互に公的な使節が頻繁に交わされた。高句麗滅亡後（六六八年）から、公的関係を終えることになる七七九年の最後の新羅使来航までの約百年に行き交った両国の使節は、新羅から四七回、日本から二五回を数える。これらの使節の通交関係は、まず、聖武天皇[*35]即位後の天平期（七二九年〜）を画期に二分してその性格の変化を認めることができる。

さらに、前半期においても、六九七年の新羅から派遣された使節からは、「大使」「副使」といった使節の組織化がみられ、新羅側に制度上の整備があり、これに対応するように日本側の新羅使を迎接する態度が変化するので、ここに時期区分としての画期を設定して、

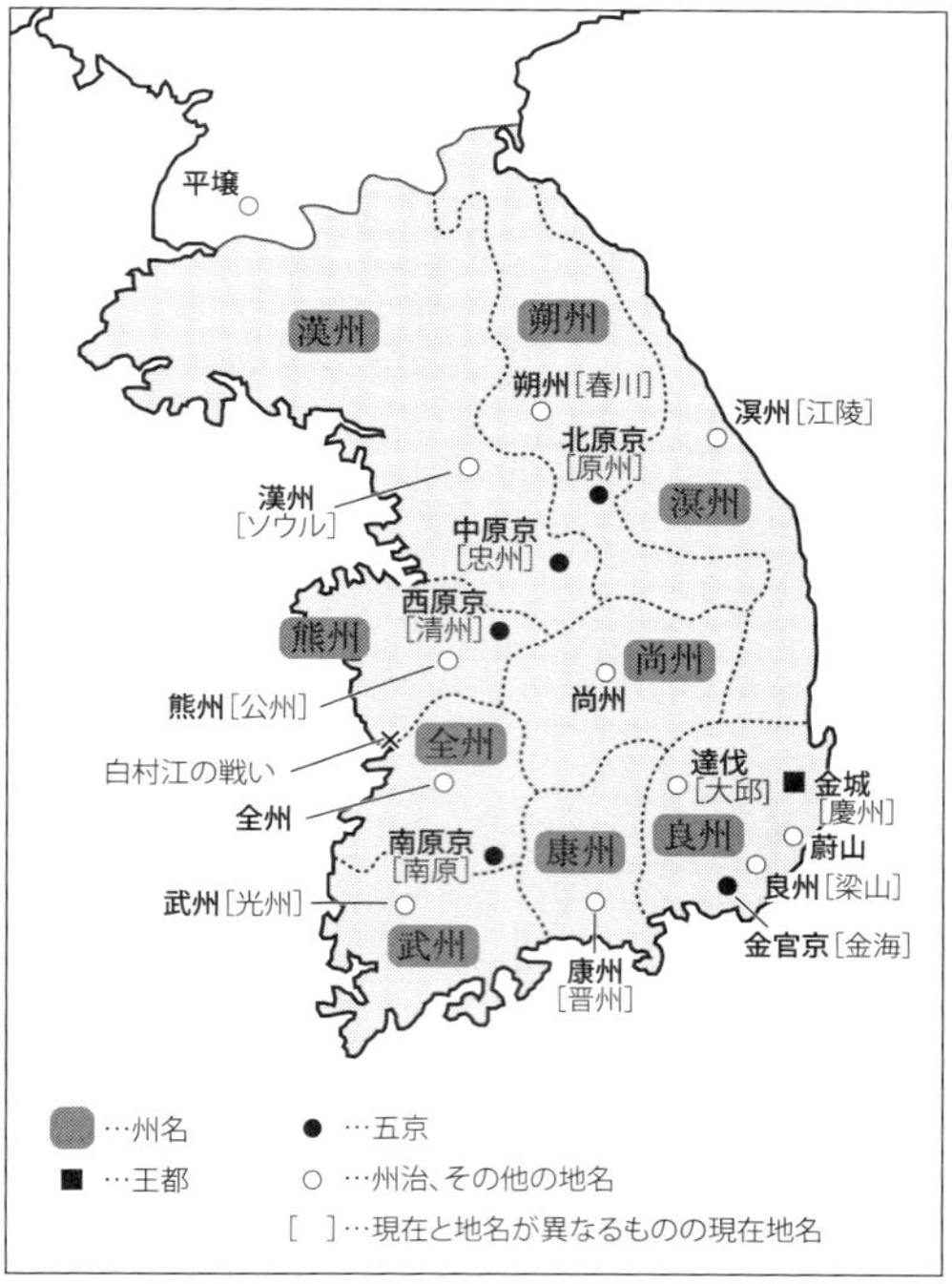

図7▲統一新羅時代（8世紀）の朝鮮半島

＊34　蔚山発展研究文化財センター『蔚山伴鷗洞遺跡』二〇〇九年、ウルサン

＊35　七〇一〜七五六。第四五代天皇（在位七二四〜七四九）。治世中の天平年間は災害や疫病が多く、仏教に深く帰依した。

前半期をさらに二分し、全体を三期に分けて両国の通交関係の推移をみることにする。

まずⅠ期の六六八年から六九六年までの二九年間に、新羅から二五回の使節が日本に派遣され、日本からは九回の使節が新羅にもたらされた。この時期の新羅の積極的な対日本外交は、唐との軍事緊張に対する備えという色合いが濃厚であった。すなわち、新羅は唐との連合軍により高句麗を滅ぼしたものの、*36白村江《はくそんこう》《ペクチョンガン》の戦い直後より、唐の旧百済占領地政策や、旧高句麗勢力への対応という重大な課題に直面していた。こうした過程で唐の軍事的圧力に抗して六七一年からは本格的な戦闘に入り、それは六七六年まで継続した。唐の新羅に対する討伐はその後も計画されたが、*37吐蕃《とばん》との交戦が継続していたこともあって見送られたに過ぎなかった。新羅にとって、この時期の対日本外交は、唐との対立をにらみ、後方の安全保障策という性格を帯びていた。

ついで、Ⅱ期の六九七年から七三一年までの三四年間には、新羅から日本へ一〇回、日本から新羅へ一〇回の使節がそれぞれ派遣されている。Ⅰ期との大きな違いは、新羅からの使節は、「大使」「副使」の組織をもって来航し、さらに日本側も使節を海陸両道から迎え、入京に際しては、儀仗騎兵を編成したり、朝賀の儀式に参列させたりしている。この時期の使節のほとんどが入京し、その後帰国している点は著しい特徴であり、Ⅰ期には使節はもっぱら*38筑紫《ちくし》で迎えられ、Ⅲ期もまた、入京した使節は三例にとどまる。

日本が中国的な外交儀礼によって新羅使節を迎えたのは、自国を「華夏」（中華）とし、

＊36　白村江は「はくすきのえ」とも。「白村江の戦い」は天智二年（六六三）八月に朝鮮半島の白村江（現在の錦江河口付近）で行われた、倭国・百済遺民の連合軍と唐・新羅連合軍による戦い。倭国・百済連合軍は大敗し、多くの百済遺民が倭国に渡った。この影響から倭国では国防体制・政治体制の変革と共に律令国家の建設が進み、七〇一年に大宝律令を制定、国号を「日本」に変更した。

＊37　七世紀初めから九世紀中ごろにかけてチベットにあった統一王国。

＊38　現在の福岡。

新羅を蕃国と位置づける日本の律令国家体制の国家構造を可視的に演出するためのものであった。この頃に整えられた律令国家体制を新羅に認めさせることは、日本の新たな国政の根幹に関わっていた。

一方、新羅にとって承伏しがたい儀礼に新羅使節があえて従い、日本側の要請に応じたのは、新羅北辺における渤海《ぼっかい》*39の建国にともなって発生した新たな脅威によるものであった。この時期は渤海の建国初期にあたっており、七二〇年代には、新羅と国境を接する境域での緊張が高まり、七三二年には唐による要請によって新羅は渤海に軍隊を派遣し、交戦に至っている。

そしてⅢ期には、七三二年から七七九年までの四七年間に、新羅から日本へ一二回、日本から新羅へ七回、使節がもたらされた。このⅢ期における通交の特徴は、新羅からもたらされる使節の大規模化と両国の政治的対立の先鋭化である。新羅使節は来貢しても、さまざまな理由をもって筑紫で「放還」あるいは、「返却」されている。日本が求める外交形式に新羅が従わなかったことがその要因でもあった。新羅にとって、唐との関係を改善し国力が安定してくると、辞を低くして外交を継続する必要は低下したが、あえて日本との関係を維持せざるを得なかったのは、引き続き緊張を増していた渤海への対応策という性格を帯びていたからである。七六二年に渤海との軍事同盟を前提に計画された藤原仲麻呂*40による新羅征討計画は、その象徴的事件であった。

＊39　六九八～九二六。中国北東部から朝鮮半島北部、現ロシアの沿岸部にかけて存在した国家。周囲との交易で栄えた。

＊40　天平宝字三年（七五九）、新羅が日本の使節に無礼をはたらいたとして、当時実権を握っていた藤原仲麻呂は新羅征伐の準備をはじめさせたが、後の孝謙上皇と仲麻呂との不和により実行されずに終わった。

◆学問と仏教に関する倭国と新羅の交流

上述のように、七世紀後半から一世紀以上にわたって展開された新羅と日本との公的な交渉は、政治的な緊張と、相互の思惑の相違もあって、必ずしも友好的な関係とはいいがたいものがあった。しかし、I期には、新羅に派遣された日本の使臣、留学生、留学僧たちによって、新羅の文物、制度、学芸などが日本に伝えられ、日本の律令体制の整備に少なからず影響をおよぼしたことは、多くの事例によって推定されている。

また、この当時の日本の仏教界では、新羅仏教の動向に敏感に反応しつつ、白鳳[*41]時代の仏教文化を育んだといわれている。六八五年から七〇六年まで、文献には、日本から新羅へ派遣された「新羅学問僧」の名が一二人見いだせる。ここでは、近年明らかにされた事実に基づき、学問と仏教に関する両国の交流の具体的な一面をみてみたい。

正倉院に伝来する新羅村落文書〔図8〕は、「華厳経論第一帙《ちつ》」と記された経帙の中から、反故紙《ほごし》として再利用されていたことが一九三五年の修理の際に判明した。これによって、華厳経の注釈書が新羅より将来されていたことが判明したのであるが、これまで村落文書の作成年代（乙未年）は、七五五年ないし八一五年と推定されてきた。しかし、七五五年当時において新羅では「年」字は用いられておらず、今日まで知られている同時代資料では「載」字が用いられているため、七五五年を作成年とする可能性はない。さらに、村落文書にみえる「壹月」は、唐において七世紀末に正月を壹月としていることに符合してい

*41　大化改新（六四五）から平城京遷都（七一〇）までをさす美術史上の時代。

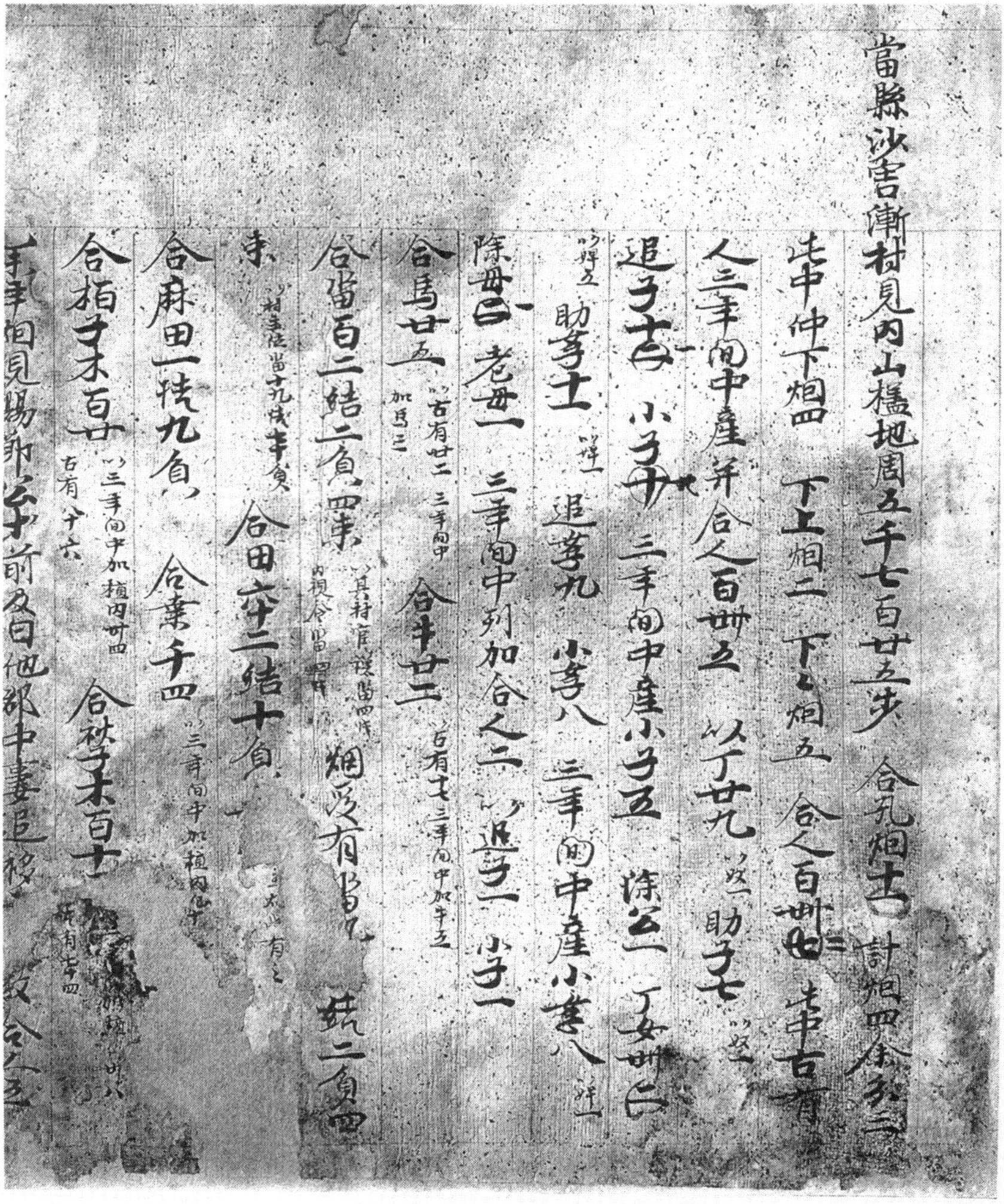

図8▲新羅村落文書。統一新羅時代の村落の概況を記録した文書で、新羅帳籍などとも呼ばれる。1933年（昭和8）に正倉院の「華厳経論帙」を修理した際、その布心に貼付されていたものが偶然発見された。3年に一度作成された調査記録の断片であり、現在の忠清北道清州付近に存在したと思われる4つの村の現状を記録している。作成年は明記されていないが、「乙未年」に戸口の調査をしたことが記されており、815年もしくは695年に比定されている。記載内容は、村名・村落の周囲の距離、戸口数・牛馬数・耕地面積・樹木数と続く。耕地面積を除いて過去三年間の増減も記載され、九等戸制（上々戸〜下々戸）による戸の区分と年齢による口の区分が実施されている。これによって、当時、10戸前後、人口総数100名前後の小さな自然村落を単位として把握していたことがわかる。（正倉院宝物／正倉院事務所編『正倉院の書蹟』日本新聞経済社、1969より転載）

ることなどを根拠に、あらたに六九五年作成説[*42]が唱えられていた。
一方日本では、この村落文書の書体が藤原宮木簡に記された「此」「奴」などの文字と酷似していることはこれまでも指摘[*43]されていたが、村落文書年代の有力な仮説である七五五年説に囚われたため、八一五年説を否定したものの、あえて村落文書の作成を七世紀に遡らせることはなかった。また、藤原宮木簡は、唐と没交渉の時代の独自の書風であって、それゆえ、その書風は新羅から学んだものではないかという指摘[*44]もなされている。新羅村落文書は、まさに藤原宮時代（七世紀）の日本の文字文化への新羅の影響を裏づける資料であり、統一新羅と日本との第Ⅰ期、Ⅱ期における交流を物語る資料になりうるのである。

また、八世紀後半には、七七九年に正使・金蘭孫《きんらんそん》《キムナンソン》、副使・金巖《きんげん》《キムウォン》、大判官・薛仲業《せっちゅうぎょう》《ソルジュンオプ》らの新羅使節が日本を訪れた。新羅からもたらされた最後の公的使節であり、七五二年の使節以来、二七年ぶりに入京が許された使節でもあった。この一行の中には七世紀の新羅を代表する人物ゆかりの人々が加わっていた。副使の金巖は、大将軍として百済・高句麗と戦った三国統一の功労者・金庾信《きんゆしん》《キムユシン》の玄孫であり、彼自身は宿衛として唐に滞在した経験をもち、その間に陰陽学を修め、帰国後には、司天大博士[*45]、郡太守、執事侍郎（次官）を歴任した人物であった。

さらに大判官の薛仲業は、新羅の高僧・元暁《げんぎょう》の孫であり、翰林《かんりん》[*46]（通文博士）の職にあった。元暁は、六八六年に七〇歳で他界したが、その子・薛聡《せっそう》《ソルチョン》は、独自の漢文解読法を確立

＊42　尹善泰「正倉院所蔵〝新羅村落文書〟の作成年代」『震檀学報』八〇、一九九五年、ソウル

＊43　東野治之「藤原宮木簡の書風について」『日本古代木簡の研究』塙書房、一九八三年（一九七七年初出）／鬼頭清明「藤原宮木簡と新羅の書風」『古代木簡の基礎的研究』塙書房、一九九三年（一九七七年初出）

＊44　＊43前掲書。

＊45　天文博士。

＊46　詔書や上表文の作成を司る博士。文章博士。

し、唐の学芸、とりわけ儒学の受容に寄与したことで知られている。翰林の職にあった薛仲業は、まさに祖父、父の教養を一身に継承していたことになる。

この新羅使節一行は、年末に平城京に至り正月朝賀に参内し約一ヶ月間滞在した。このとき新羅使節団と交歓した一人に淡海《おうみの》三船《みふね》[*47]がいた。大友皇子の曾孫にあたる淡海三船は、幼くして出家して元開と称したが、三〇歳にして還俗し、七七二年に大学頭に文章博士を兼ねるようになった。薛仲業に対して、淡海三船は、かつて元暁が著した『金剛三昧経論』を読みつつも、その著者にまみえることができず残念に思っていたが、いま元暁の孫である使臣に出会えた喜びを詩に託し贈ったという。この逸話の断片は両国に残され『三国史記』・『続日本紀』ともに伝わっていたが、永くこの二人には結びつかないままであった。ところが、薛仲業の帰国後に建てられた誓幢《せいしょう》《ソダン》和上《わじょう》《ファサン》碑の碑片が発見（一九一四、一九六八年）され、その後の分析によって、上述のような逸話が復元[*48]されることになった。

元暁をはじめとする新羅僧の著作の閲覧はもとより、新羅仏教、とりわけ新羅の華厳宗が日本に及ぼした影響については、これまでも諸方面から明らかにされてきた。とりわけ大安寺僧・審祥《しんじょう》は、東大寺の教学的な裏づけとして華厳経講義をおこなったが、その審祥こそは、新羅で仏教を学び帰国した留学僧であった。また審祥は、有数の経論所持僧として知られ、彼が所持していた膨大な所蔵本（『大安寺審祥師経録』）には、元暁の著作をはじめとする新羅僧の著作が含まれていた。

*47　七二二〜七八五。奈良時代の文人で、大学頭・文章博士・刑部大輔を歴任した。

*48　李基東「薛仲業と淡海三船の交歓」（佐藤長門訳）『国文学』一五一、一九九三年（一九九二年初出）

なかでも元暁の著作は、審祥の七〇〇巻以上といわれる蔵書の中でも三二部七八巻を占めており、隋の慧遠《えおん》、唐の法蔵《ほうぞう》の撰述本（著作）を凌駕している。審祥の膨大な蔵書の由来が、新羅留学にあるとする推定はそれなりの説得力がある。

ところで大谷大学所蔵の『判比量論《はんぴりょうろん》』の奥書には、次のようにあるという。

判比量論一巻　釈元暁述
咸亨二年歳在辛未七月十六日住行
名寺着筆租訖

経典の内容は、唯識学の経説を論じたもので、咸亨二年（六七一）に元暁が撰述した経典である。首尾を欠く巻子本であるが、「内家私印」が押され、光明皇后の蔵書であったことがわかる。この『判比量論』は確実に新羅からもたらされた写本であることが判明している。

というのも、この巻子本『判比量論』には、角筆[*49]による文字、省略字、節博士[*50]、声調符、合符[*51]などが確認され、それらが朱印の押される以前に書き入れられていること、漢字の墨が削られて角筆の凹みが入れられていることから、光明皇后の蔵品となる前に、新羅で書き入れられたと推定されている〔次頁図9〕。それらの符合が日本の八、九世紀に全く影

＊49　象牙などの棒の先端で紙面を押し凹ませて文字・符合を書く筆記具。
＊50　行間につけて節の高低・長短を示す符号。
＊51　一つの単語であることを示す線。

響を及ぼしていないことからも、この推定は[*52]裏づけられるという。

現在まで、韓国における角筆文献は、約五〇点が確認され、七世紀後半から十九世紀まで用いられていたことが小林芳規氏によって二〇〇〇年代に至り明らかにされた。また日本における[*53]オコト点、返読符、句切符、合符などの符合の共通性が指摘され、日本の古訓点への影響が本格的に検討され始めている。

光明皇后の蔵品に、新羅からもたらされた元暁の撰述本が含まれ、そこに新羅で書き入れられた角筆が検出された意義は大きい。『三国史記』によれば、元暁の子・薛聡は、「方言」によって経書を読んだというが、こうした独自の漢文訓読法と角筆との関連の解明は今後の課題である。いずれにしても、新羅で漢字の省略字を用いていたり、オコト点に類する角筆が確認されたりしていることから、訓点の発想が八世紀の新羅との交流に由来する可能性が高くなっている。

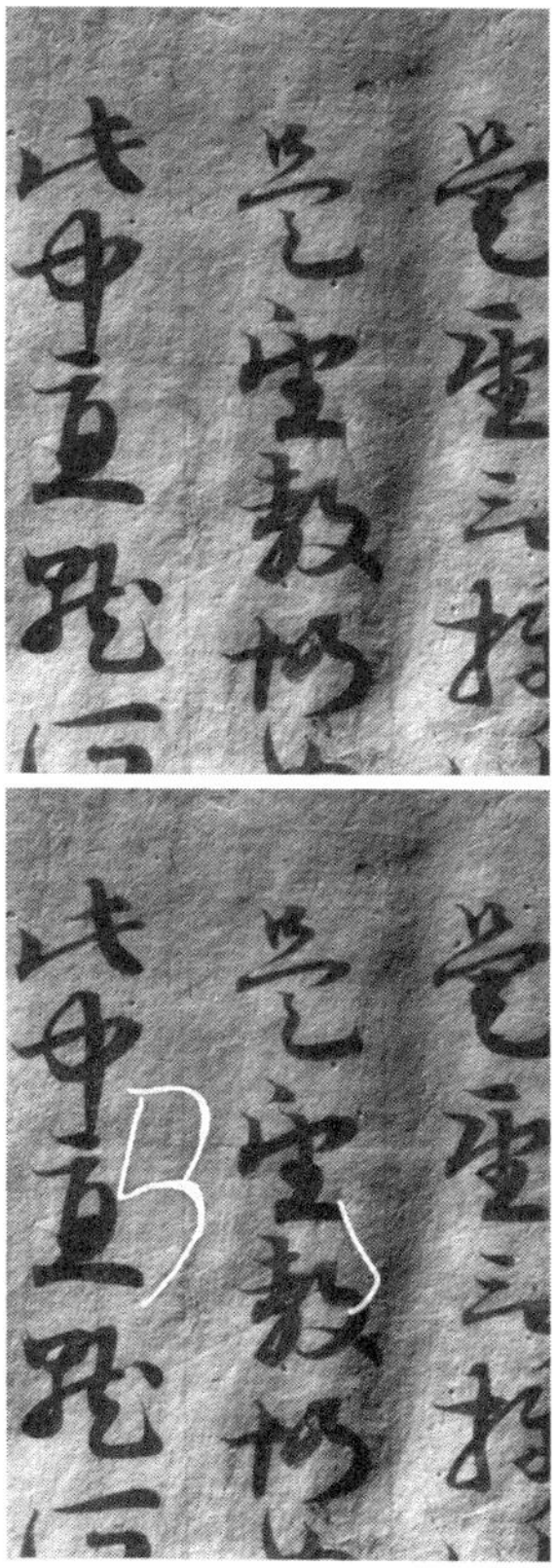

図9▲『判比量論』は新羅の僧である元暁が咸亨二年（六七一）に撰した唯識の書で、唐や日本での諸書に引用され大きな影響を与えたが、その本文は長らく亡われたものとされ、その内容が知られなかった。本巻は神田家旧蔵本で、現在は大谷大学が所蔵する。残巻ではあるが『判比量論』の現存唯一の写本で、その書風および光明皇后所用といわれる「内家私印」が捺されていることから、奈良時代の書写になるものと考えられる。角筆は紙のへこみであり、図版では確認しにくいため、下の図ではへこみ部分を白抜きで掲げた。（大谷大学蔵／小林芳規氏提供）

＊52　小林芳規『角筆文献研究導論　上巻　東アジア篇』（汲古書院、二〇〇四年）

＊53　文の文字の周囲に付けられた、読み下しの際にどのように訓読したらよいかを指示するための符号。助詞や助動詞などを表し、音節などの区切りを示す。平安時代の博士職が用いた符号が右上から時計回りに「ヲ、コト、ト、ハ、…」となることから、乎古止点（ヲコト点）などと呼ばれるが、さまざまな流派、種類がある。

このように学問、とりわけ仏教に関わって、新羅と日本の間で頻繁に交わされた外交使節がはたした役割は軽視できない。しかし、日本からの留学僧、留学生についても、大宝[*54]律令選定者のなかに、土師宿禰甥《はじのすくねをひ》、白猪史宝然《しらいのふひとほうねん》、伊吉連博徳《いきのむらじはかとこ》などの留学生がおり、また審祥のような留学僧がみられるように、決して軽視できない。

一方、新羅からも、六八〇年に「習語者」三人が来朝したとあったり、日本の風俗言語を学ぶために「学語」が送られたり（七六〇年）、常例にしたがって「学語生」が送られたりしており、「新羅学語」が朝賀に参列することもあった（七四〇年）。相互に相手国を学ぶための人的交流があったことは軽視されてはならない。

以上、概観してきたとおり、東アジアの古代文字文化の伝播と受容のありかたは、四世紀から八世紀の朝鮮半島と日本列島の政治状況に深く根ざしていた。とりわけ、楽浪郡の滅亡した四世紀から、高句麗は朝鮮半島北部より南進し、百済に対する軍事的な圧力を強め、両国間の軋轢が高まった。このことは、百済と倭国との政治的な連携を強め、倭国が朝鮮半島への政治的な関わりを深める契機となった。その後、六世紀における新羅の台頭は、三国の抗争を激化させ、三国が各々倭国との連携を模索し、相互の交流は輻輳《ふくそう》しながら複雑かつ濃密に展開する。

それに加えて中国において強大な隋・唐が成立したことは、三国の抗争を極点にまで到

＊54　大宝元年（七〇一）に制定された日本初の本格的な律令で、刑法にあたる六巻の「律」と、行政法および民法などにあたる一一巻の「令」から成る。唐の律令を参考にしたと考えられるが、原文は現存しておらず他文献に残存しているのみだが、七五七年の養老律令はおおむね大宝律令を継承しているとされる。

らせることになる。そして、唐と新羅の連合軍による百済・高句麗の滅亡、その間の白村江の戦い、その後の唐と新羅の戦争（六七一〜六七六）など多くの戦いを経て、大量の移民が周辺諸国に渡ることになり、日本列島へもそれまでにない規模の人口移動が生じた。

唐との緊張関係を背景とした七世紀後半においても、戦乱後は唐に支配されていた百済・高句麗故地の統合を目指す新羅と、壬申の乱後の天武・持統期における日本との関係はいっそうの深まりをみせるが、日本は七世紀末から八世紀初頭に「日本」国を成立させ、従前の朝鮮諸国との交流から唐との直接交流へと大きく舵を切ることになる。[*55] それでも、日本が蕃国と位置付けた新羅との交流は、渤海国の成立（六八七年）もあって、七七九年までの国家間の公的な関係が継続する。

総じて、古代文字文化の交流は、上述のような東アジアの国際情勢、とりわけ朝鮮半島の情勢に規定され、諸国間の関係やヒトの移動により、各々の地域から特色ある文字文化がもたらされ、それらが日本独自の文字文化の源流になったのである。

＊55　鐘江宏之「藤原京造営期の日本における外来知識の摂取と内政方針」鐘江宏之・鶴間和幸編『東アジア海をめぐる歴史的展開』東方書店、二〇一〇年

第二部

日本・韓国出土文字研究最前線

日韓気鋭の若手研究者たちにより、
発掘や研究の現場から具体例が報告される。
続々と発見される出土資料からは、何が読み解かれるのか。

〔日本〕

6C 7C 8C 9C 10C 11C 12C 13C 14C

都の中の文字文化

市 大樹

現在、日本で出土している木簡は三八万点以上。七世紀前半の最古級の木簡は、主に都の周辺から一〇〇点弱が見つかっているに過ぎないが、当時すでに木簡のバリエーションは文書・記録・荷札・習書など多岐にわたっている。木簡の出土例は七世紀後半の天武朝以降に爆発的に増加、政治行政面での文字利用が浸透していくことがわかる。本稿では、朝鮮半島の木簡文化がどのように持ち込まれたかに留意しつつ、都の木簡のさまざまな実例を見ていこう。

はじめに

私は四年前まで奈良文化財研究所に在籍し、主に飛鳥や藤原京から出土した、一三〇〇年以上も昔の木簡を整理していた。「都の中の文字文化」というテーマを頂戴したが、ここでは木簡を中心に考えてみたい。なお、都から出土する木簡は、①都で作成・使用された木簡、②地方で作成され、都にもたらされた木簡に分けられる。前者は、文書木簡、記録木簡、習書木簡が、後者は税物に付けられた荷札木簡が代表的である。私の関心に従って、若干の話題を提供してみたい。

一・日本における木簡使用の始まり

◆年号の書かれた「日本最古の木簡」

二〇一二年十二月現在、日本での木簡の出土点数は、小断片や削屑も含めて、三八万点以上にも及ぶ。このうち「日本最古級の木簡」は、当時の都であった飛鳥と難波を中心に出土している。年号の書かれた木簡としては、*1難波宮《なにわのみや》跡北西部の谷から出土した、「戊申年」と書かれた木簡が最も古い〔図1〕。

この木簡は、文字の太さ、墨色の濃淡の違い、字配りなどから、四回分の書写が想定さ

＊1　現在の大阪市中央区上町台地上にあった宮殿。孝徳天皇による大化改新に伴って造営を開始、白雉三年（六五二）に宮殿が完成（難波長柄〔ながら〕豊碕〔とよさき〕宮＝前期難波宮）。朱鳥元年（六八六）火災により焼失するが、神亀三年（七二六）聖武天皇が再建（後期難波宮）。一時皇都とされたこともあるが、延暦三年（七八四）の長岡遷都に伴って解体された。

・「□」「稲稲」（別筆1）（別筆2）　戊申年□□□　□□□□□□〔連カ〕

・「　　　」（別筆3）佐□□十六□　支□乃□」

長さ（二〇二）ミリ×幅（二七）ミリ×厚さ三ミリ

図1◀大阪府難波宮跡北西部谷出土。現在最古の年号が記された木簡。「戊申年」は大化四年（六四八）にあたる。何度か書き込みが重ねられている。（大阪府文化財センター提供）

れる。表裏の前後関係は不明であるが、表面に関していえば、下半分の「戊申年」以下が最初の記載とみて間違いない。「戊申年」は西暦六四八年で、大化四年に相当する。その後何度か書き込みがなされ[*2]（別筆）、最後はゴミとして廃棄された。木簡が出土した谷からは六六〇年代頃の土器がたくさん出土しており、この木簡もその頃に捨てられたのかもしれない。内容的に、当初は記録木簡であったと推定される。

◆実質的な「年号の書かれた日本最古の木簡」、法隆寺金堂釈迦三尊像の台座墨書銘

発掘調査で出土した木簡ではないが、次に示す法隆寺金堂釈迦三尊像の台座墨書銘は、実質的な「年号の書かれた日本最古の木簡」ということで、大変注目される〔図2。釈《しゃく》[*3]文《もん》は一部私見による〕。

「辛巳年」は推古二十九年（六二一）にあたる。元来は建物の扉材として使われたものを、釈迦三尊像の台座の補足材に転用したものである。五カ所でてくる「段」は、当時、田地の面積の単位としては使用されなかったので、おそらく布の単位と考えられる。そうだとすれば、建物とは布などを収納したクラということになる。つまり、この墨書銘は、クラの扉材にメモ書きされた、布の出納記録と推定される。

墨書銘のうち私が特に注目しているのが、「椋費《くらのあたい》」という記載である。これは従来「福費」と読まれてきたが、写真版をもとに「椋費」に改めた。「椋」は物を収納しておくク

＊2　別人の手（筆跡）による文字であること。別筆の典型的な具体例としては図8に掲げた藤原京木簡の裏面を参照。

＊3　もとは仏教の経論を解釈した文句を「釈文」というが、木簡や金石文の研究においては、資料から読み取った文字を並べたものをいう。原資料の筆跡が不鮮明で読み取りにくかったり、字体にバリエーションがあったりすることから、一定の釈文に定まっていないこともある。本書における釈文の記載ルールは巻頭の凡例に示したので参照されたい。

＊4　「藤原」「源」などのウジ名の下に付す、古代の政治的称号。大化改新以前のカバネには、臣〔おみ〕・連〔むらじ〕・君〔きみ〕・別〔わけ〕・直〔あたい〕・造〔みやつこ〕・首〔おびと〕などがあった。六八四年に天武天皇が、皇族を中心に新たな身分秩序を規定するため、真人〔まひと〕・朝臣〔あそん〕など「八色〔やくさ〕の姓〔かばね〕」を定めた。奈良時代を過ぎるとほとんどの有力氏族の姓が朝臣となり、八色の姓も形式的なものとなった。

＊5　渡来系の東漢〔やまとのあや〕氏や国造〔くにのみやつこ〕層などが多く賜ったカバネ。

ラを意味する文字で、朝鮮半島で独自に作り出されたことが知られている。「費」はカバ[*4]ネのアタイ[*5]である。アタイの表記は「直」が有名であるが、古くは「費直」や「費」であった。この「椋費」は、クラでの出納業務を職掌とした渡来系氏族を指す。まさに、こうした職掌をもつ氏族の名前が、クラでの出納記録に登場するのは、極めて興味深い。

あとで三上喜孝さんが稲の貸付制度である出挙《すいこ》木簡について詳しく紹介することになっ

図2◀奈良県法隆寺金堂釈迦三尊像の台座墨書銘（釈文は一部私見による）。「辛巳年」は推古二十九年（六二一）。建物の扉材が釈迦三尊像の台座の補足材に転用されている。二番目に掲げた写真に「椋費」の文字が見える。（法隆寺蔵／法隆寺昭和資財帳編纂所『法隆寺昭和資財帳調査概報一五　伊珂留我』小学館、一九九四年より転載）

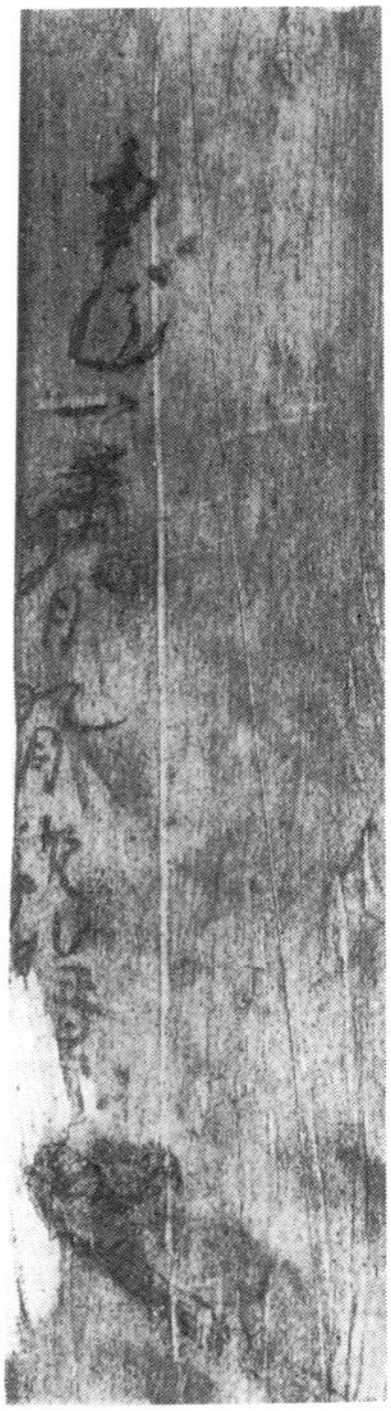

辛巳年八月九月作□□□□

椋費二段

辛

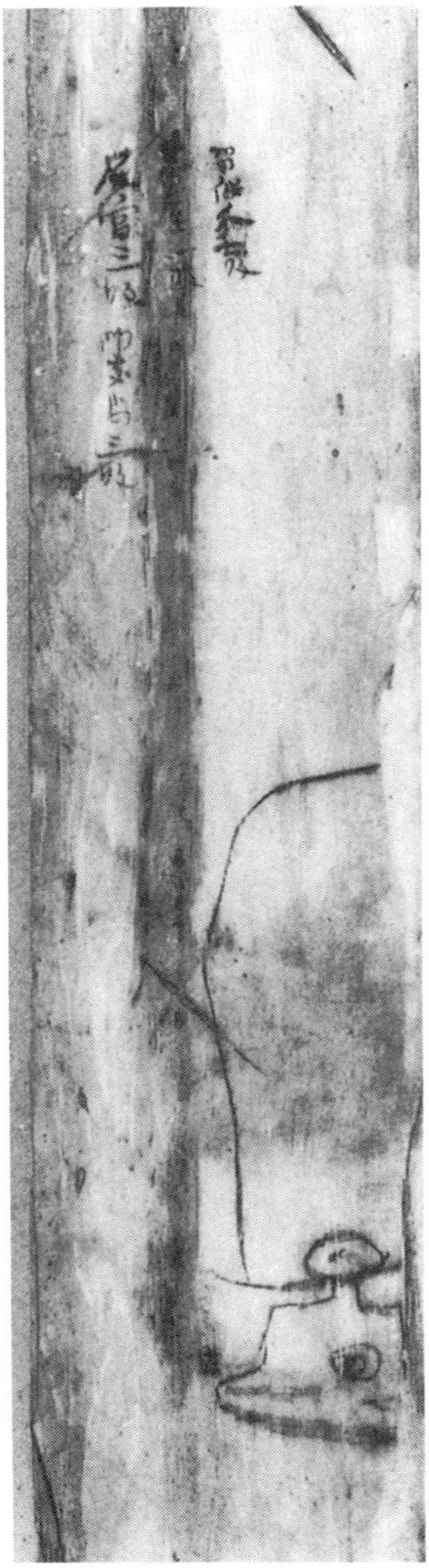

留保分七段
書屋一段
尻官三段　ツ支与三段

ているので、そこで触れられるかもしれないが、物品の出納・管理がおこなわれるクラは、木簡が特に多く使われる場所であった。詳細は別に委ねたいが、日本における木簡使用の始まりを考察するにあたっては、クラでの物品管理・出納にともなう文字使用に着目する必要があると考えている。

◆朝鮮半島のノウハウを踏襲した、初期の木簡使用

さて、「日本最古級の木簡」を考える際には、年号が書かれていない木簡にも目を向けなければならない。上之宮遺跡、山田寺下層、阿倍山田道調査（以上、奈良県桜井市）、石神遺跡下層、飛鳥池遺跡下層、飛鳥寺南方遺跡、雷丘《いかずちのおか》北方遺跡（以上、奈良県明日香村）、難波宮跡下層、桑津遺跡（以上、大阪市）などからは、一緒に出土した土器の年代観などから、六四〇年代頃と推定される木簡が出土している。

これら「日本最古級の木簡」は、文書・記録・荷札[*6]・付札・呪符・習書など多彩な木簡から構成されており、削屑も含まれている。その後につながる木簡使用の基本的なあり方は、すでに六四〇年代の時点で確認できる。

日本の七世紀木簡、つまり飛鳥時代の木簡が朝鮮半島からの強い影響を受けていることは、近年多くの研究が明らかにしている。六世紀の日本は、中国との間に国交がなく、七世紀もその交流は断続的なものであった。これに対して、朝鮮半島との交流は長くて深い。

＊6　荷物に荷札として付けられた木簡全般を「付札木簡」という。さらにそれを、動く荷物（主に税として全国から納められた貢進物）に付け送り主と宛先を記す「荷札木簡」（貢進物付札）、保管時に付けてラベルのような役割を果たしていたと考えられる「付札木簡（狭義）」に分類して区別する。

朝鮮半島では、すでに六世紀代から木簡が多用されていた。日本は朝鮮半島に蓄積されていた木簡使用のノウハウを効率よく摂取できたため、初期の段階から多様な木簡が存在し得たのだと思われる。

ところで、日本における木簡の出土点数は、天武天皇・持統天皇が営んだ飛鳥浄御原《きよみはら》宮の時代（六七二〜六九四）になると爆発的に増加し、それまで数百点にすぎなかったのが、一気に一万点を突破するようになる。六六三年の白村江《はくそんこう》敗戦*7、六六八年の高句麗滅亡を受けて、百済・高句麗の人々が多く日本に渡ってきた。また、六六九年から七〇二年まで、日本は唐との間に国交はなかったのに対し、新羅との間では活発な交流が展開された。日本古代国家の諸制度が整備されていくこの時期、日本は朝鮮半島を介して多くのことを学んだのである。木簡使用が天武・持統朝に増加するのも、朝鮮半島との新たな交流という視点から捉え直す必要がある。

二．前白木簡と告知札　―都で作成・使用された木簡―

◆前白木簡の源流は朝鮮半島

七世紀の典型的な文書木簡に、「某の前に白《もう》す」という形式の上申文書*8があり、「前白《ぜんぱく》木簡」と呼んでいる。飛鳥京跡苑池遺構（明日香村）から出土したものを例示しよう〔図3〕。

＊7　一九頁＊36参照

＊8　下位の者が上位の者へ申し述べる（上申）ために出す文書を、一般に「上申文書」という。

これは「大夫[*9]の前に恐《かしこ》みて万段頓首《よろずたびとんしゅ》して白《もう》す。僕真乎《やっこまを》、今日、国に下《くだ》り行く故に、道の間の米无《な》し。寵命《おおみこと》に坐《ま》せ、整え賜え」と訓読できる。急遽地方へ下向することになった真乎なる者が、道中の食料米の支給を願い出たものである。

これに関連して、韓国の慶州の月城《げつじょう》《ウルソン》（新羅の王宮）から出土した、七世紀前半頃の木簡を取り上げてみたい〔図4〕。これは四側面に墨書があり、どのような順番で読むべきか議論があるが、私の見解に従って並べてある。日本風の試訓と試訳を示しておこう。

【試訓】大鳥知郎の足下《そっか》に万拝《よろずおが》みて白《もう》し白す。経に入用と思《おぼ》しめし、白にあらずと雖《いえど》も紙一二斤を買えと、牒《ちょう》を垂《た》れ賜えと教《きょう》在り。後事は命《めい》を盡《つく》さんことを。

【試訳】大鳥知郎の足下で常に拝んで、次のようにお願い申し上げます。経で必要となる紙を、たとえ白紙でなくてもよいので、一二斤買いなさい、という牒を垂れ賜えという命令がありました。（したがって、この命令の旨を取り次ぎ、牒を発給していただくよう、お願い申し上げます。）後の事は命令の意を十分に察した上で処理して下さい。

両者を比較すると、「大夫—大鳥知郎」、「前—足下」、「万段—万」、「頓首—拝」、「白—白々」という対応関係に気がつく。韓国の月城出土木簡〔図4〕は「前」字こそ使っていないが、

＊9　日本の律令制下では、五位以上の男性官吏を指す称号であるが、木簡では目上の者に対する尊称として用いられるのが一般的。この木簡の場合は、米の出納責任者に対する尊称。

◀いずれも七世紀の上申文書の木簡。図3：日本の例で、奈良県飛鳥京跡苑池遺構から出土した前白木簡。（奈良県立橿原考古学研究所提供）図4：韓国の例で、慶州月城垓子出土木簡（面の並べ順は私見による）。文型や用語に類似点が見られる。（文献［2］より転載）

図3

・大夫前恐万段頓首白　□〔僕カ〕真乎今日国

・下行故道間米无寵命坐整賜

長さ二九三ミリ×幅三一ミリ×厚さ六ミリ

図4

・大鳥知郎足下万拝白々

・経中入用思買白不雖紙一二斤

・牒垂賜教在之 後事者命盡

・使内

長さ一八九・五ミリ×幅一二ミリ×厚さ一二ミリ

前白木簡とほとんど変わらない。ともすれば前白木簡は日本独自とみられがちだが、その直接の源流は朝鮮半島にあると考えるべきであろう。

◆「読むばかりではない"小道具"」としての前白木簡

さて、日本の前白木簡の大きな特徴として、

(a)宛先が冒頭に書かれる
(b)宛先は地位・尊称・官職が一般的で、なかでも「大夫」などの普通名詞が多い
(c)差出はしばしば省略される（ただし飛鳥京跡苑池遺構出土木簡〔図3〕のように、差出が文中で一人称の形で登場することはある）
(d)日付はほとんど書かれない

といった点があげられる。このうち(b)~(d)の特徴は、当時者どうしのやりとりを想起させる。

それもあってか、具体的な要件が書かれていない前白木簡も存在する。飛鳥池遺跡（明日香村）から出土した前白木簡の一点は、冒頭に「官大夫前白」と記し、その下から裏面にかけて一一人の名前を列挙するだけである。これはやや極端な事例かもしれないが、詳しい事情まで書かれていない木簡は決して珍しくない。実は飛鳥京跡苑池遺構出土木簡〔図3〕も、真乎がどの国へ下向するのか、どれだけの道中の米の支給を望んでいるのか、まっ

たく書かれていない。

　こうした記載内容の不十分な木簡をみると、木簡に記された文字は実際に読まれることを前提としていた、とは必ずしもいえないのではないか。それにもかかわらず、上申時にはあえて前白木簡を作成しているのは、興味深い現象である。具体的な論証は難しいが、前白木簡は、上申時に使用される小道具としての意味合いもあったように思われる。

◆告知札

　これに関連して、平城宮跡の若犬養門《わかいぬかいもん》[*10]の前から出土した告知札に注目したい。その内容は、常陸国那賀郡の公子部《きみこべの》牛主《うしぬし》という人物が、今月二七日の夜に大学寮の近辺で馬を盗まれたことを、大学寮の生徒たちに告知し、もし発見者がいたならば申し出てほしい、と記したものである〔図5〕。

　告知札は平城京や長岡京などからも出土していて、

⑴ 極めて長大である
⑵ 下端部を尖らせている
⑶ 下方に墨書が及んでいない
⑷ 厚みはさほどない
⑸ 片面のみの記載である

＊10　大内裏（宮城）南側西方の門で、若犬養連が守衛したことからこの名がある。弘仁九年（八一八）の殿門改号により、唐風の「皇嘉門〔こうかもん〕」に変更された。

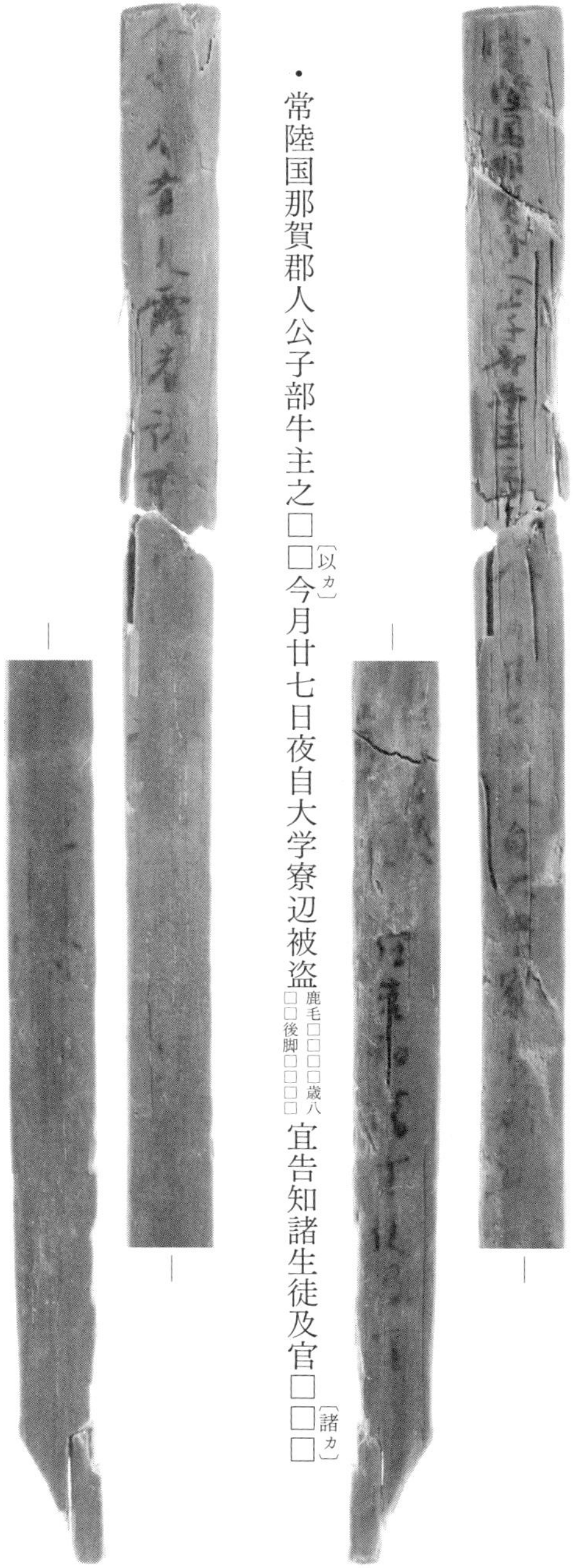

・常陸国那賀郡人公子部牛主之□□〔以カ〕今月廿七日夜自大学寮辺被盗鹿毛□□□□歳八 □□後脚□□□□宜告知諸生徒及官□□〔諸カ〕□

・人等若有見露者諸□〔聆カ〕□□□□□□□□□□□□□□□□□□〔天平宝字八年六月廿八カ〕日

長さ七〇二ミリ×幅三二ミリ×厚さ六ミリ

図5▶奈良県平城宮跡若犬養門前出土。告知札は掲示を前提とするため、通常は片面のみの記載で「告知」の文字が冒頭にあり、不特定多数の人々に対するメッセージが記されるが、それには当てはまらない例。（奈良文化財研究所提供）

⑹基本的に冒頭に「告知」と記す

⑺「往還諸人」など不特定多数の人々を告知の対象とする

⑻遺失物の捜索願いを内容とするものが多い

などの特徴が指摘されている。

ところが、若犬養門前から出土した告知札の場合、

(ア) 記載が両面にある
(イ)「告知」の語が文中にある
(ウ) 不特定多数に対してではなく、大学寮関係者への告知を依頼している

となっており、少し勝手が違うことがわかる。

これについて馬場基《ばばはじめ》さんが、中世の制札[*11]のなかには、正文《しょうもん》[*12]として保管される制札、つまり掲げられない制札があることにヒントを得て、興味深い仮説を提示している。私なりに要約すると、「告知札の作成は、相手側が、その記載内容を読み、理解し、その上での対応を期待したものではないのではないか。法律上告知すべきとされた事態が発生した際に、法律上もしくは慣習上必要とされた手続きとして、告知札は作成されたのであって、それが実際に機能することはあまり期待されていなかったのではないか。のちに紛失物が発見された際、その正当性を主張するために、それが実際に機能することがあまり期待されないにもかかわらず、あえて告知札を作成したのではないか」――このように馬場さんは問題提起[*13]をしている。

[*14]太政官符《だいじょうかんぷ》などの法令をみると、京・畿内・畿内周辺国を中心として、交通の要衝などに掲示することを指示したものが出てくる。地方社会に比べて、都城とその周辺部では識字率は比較的高かったと考えられる。したがって、不特定多数に文字情報を伝達する機能が、告知札に備わっていたことは認めてもよいであろう。しかし、告知札にこうした一面

＊11　禁制を木札に書いたもの。中世において、法令の発布や戦乱の際に、権力者が禁令・法規などを木札に箇条書きに記し、道端や寺社の門前などに掲げた。制札は初め縦長、後になると横長になり、近世の高札にひきつがれた。

＊12　発給されて現実に機能を発揮することを期待された（正式）文書。

＊13　馬場基「〈木簡の作法〉論から東アジア木簡学に迫る為に」（角谷常子編『東アジアの簡牘と社会』平成二十一年度〜二十五年度科学研究費補助金（基盤研究(A)）成果報告、二〇一二年）

＊14　律令下において、太政官（司法・行政・立法を司る中央の最高機関）が諸官庁・諸国衙へ発令した公文書。官符とも。「符」は、官庁が自らの管轄下の官庁に出す命令文書を指す。

があることは確かであるが、もう一方では、告知札の存在そのものによって正当性を示すという、実用とは少し離れた側面もあったように思われる。こうした正当性という側面は、前白木簡にも認めることができるのではないか。

三．荷札木簡　—地方で作成され、都にもたらされた木簡—

◆荷札木簡は勘検・検収に使用されたのか

今度は、諸国からの税物に付けられた荷札木簡に目を向けてみよう。荷札木簡の基本的書式は、七世紀段階は「日付＋地名＋貢進者＋税目＋品目＋数量」、八世紀段階は「地名＋貢進者＋税目＋品目＋数量＋日付」であった。荷札の用途として、これまで主として、中央政府での勘検・検収（チェック）のための実用的な利用が想定されてきた。

しかし七世紀の荷札は、各項目をきちんと書いたものは少ないというか、ほとんどなく、このような不十分な記載内容では、勘検・検収に利用するのは困難と言わざるを得ない。一例をあげてみよう〔図6〕。

これは七世紀の荷札のなかでも、丁寧につくられたもので、貢進者である「大山五十戸造ム下部知ツ」という名前のみならず、おそらく補助作業者である「田部児安」の名前まで書かれた珍しい事例である。しかし、それにもかかわらず、肝心の物品の名前や数量が

＊15　馬場基「荷札と荷物のかたるもの」『木簡研究』三〇、二〇〇八年

書かれていない。

八世紀になると、記載の整った荷札木簡が格段に増えてくる。記載が整ってくれば、勘検・検収に利用することも可能だと思うかもしれない。かつては、二点同文の荷札の存在を根拠にして、荷物を勘検・検収する際に、荷札の一点が抜き取られ、もう一点は最終消費段階まで残された、という見方が有力視されてきた。だが馬場基さんが指摘[15]したように、一点は荷物の外側に装着された外札《そとふだ》、もう一点は荷物の内側に入れられた中札《なかふだ》として理解できる。

また、これまで出土した膨大な数の荷札木簡をみても、長岡京跡の太政官[16]厨《ちゅう》家《け》跡とみられる場所から出土した地子《じし》[17]の荷札を除いて、検収者の署名が書き加えられたものは発見

＊16　太政官の厨房およびこれを管理する官司。太政官における食事関連の業務のほか、その材料や費用に充てる公田地子の管理、太政官勤務官者の給与の支払などもおこなった。

＊17　律令制で、公田の余り地を人民に貸し付けて耕作させ、収穫の五分の一を地代として国家が収納したもの。

・乙丑年十二月三野国ム下評

・大山五十戸造ム下部知ツ
　従人田部児安

長さ一五二ミリ×幅二九ミリ×厚さ四ミリ

図6◀七世紀の荷札の例。奈良県石神遺跡出土。「乙丑年」は天智四年（六六五）にあたる。貢進者名と、補助作業者と見られる人物の名が記されているが、肝心の物品名や数量は書かれていない。（奈良文化財研究所提供）

されていない。長岡京跡の事例は、収納および消費をおこなう太政官厨家の特殊性、ないし平安時代初頭の時代性によるものであり、一般化はできないと思われる。

◆物品進上との比較

これと対照的なのが、物品を送る際に使用された物品進上状である。その本来の役目を終えた物品進上状は、孔が二次的に入れられて他の木簡と束ねられ、物品の進上記録として二次活用されることが多かった。また、一部の物品進上状には、照合した際の印である合点が付けられたり、「了」などの文言が入れられたものもある。平城宮跡から出土したものを例示しよう〔図7〕。

この物品進上状の場合、下部に孔が二次的に入れられているだけなく、合点や「了」の文言も確認される。物品を進上するという本来の役目が終わったら、ただちに用済みとなるのではなく、その後は物品進上記録として活用されたのである。しかし、荷札の場合、二次活用された事例はほとんどない。

そもそも税物の中央での検収の際には、調庸物[*18]を例にとれば、①賦課《ふか》徴収見込み量が記された「計帳目録」、②実際の貢進量が示された「調庸帳」、③実際の貢進物を納入先ごとにまとめた「門文《かどぶみ》」、④調庸物の実物、これらを相互につきあわせることになっていた。しかし、計帳目録・調庸帳・門文は国単位で総量が記され、さらにその内訳が郡単位で示

＊18 律令下の税のうち、調は土地の特産物、庸は労役の代わりに納める布など。

図7◀物品を進上する際に付けられた木簡の例。神亀六年は七二九年。奈良県平城宮跡出土。(奈良文化財研究所提供)

・北□〔坊カ〕所進　挙鋋十六隻長三寸半　牒□六隻長四寸
⊔尻塞卅四枚　鐶二隻　○

・位并尻塞四枚本受鉄卌三斤十両　損十一斤十両
合卅二斤　「了」　神亀六年三月十三日足嶋　○

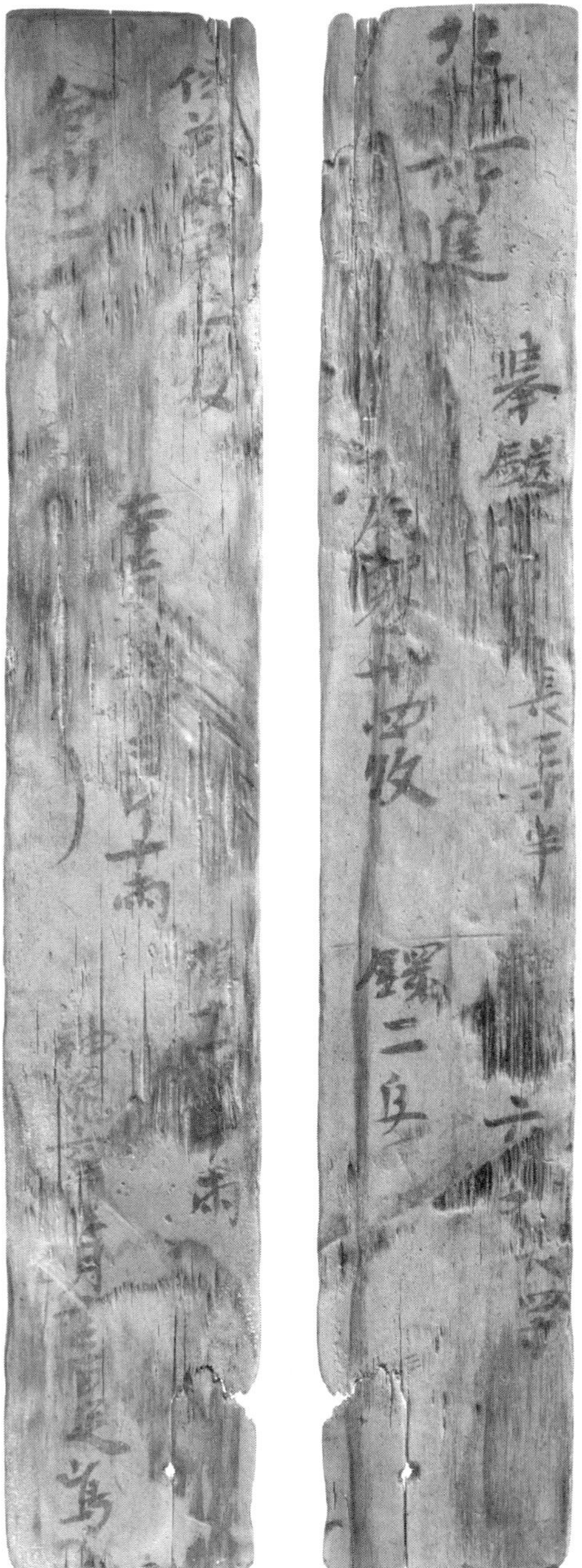

長さ三〇三ミリ×幅四九ミリ×厚さ四ミリ

されるが、貢進者名は書かれることはない。これに対して、調庸物の墨書銘・荷札には基本的に貢進者が記されており、これらの帳簿を用いて、その記載内容が正しいかどうか、チェックできないのである。

ではなぜ、あえて荷札木簡を作成したのか。おそらく、国や評（郡）において、しかるべき手続きを経た上で中央に貢進される荷物であることを明示するためだと思われる。受理する中央政府の側では、荷札の文字をいちいち読むわけではないが、あえて文字化させることに意味があったのであろう。これも正当性に関わる事項である。

四．大宝令施行のインパクト

◆画期としての大宝元年

少し話題を変えよう。大宝元年（七〇一）の遣唐使の任命（派遣は翌年に延期）を契機に、日本は同時代の中国に、より直接的に向き合うようになった。その結果、木簡表記のレベルでも、たとえばクラ字が「椋」から「倉」に変わったり、地方行政区画のコホリが「評」から「郡」に変わるなどの変化が認められる。また、日付を書く位置も文頭から文末へ移動するし、前白木簡の使用も下火になるなどの顕著な変化が認められる。これらは七世紀までの朝鮮半島的な要素を消し去ろうとする、日本側の強い意志が働いているように思われる。
いうまでもなく、大宝元年は大宝律令が制定・施行された年である。そのインパクトをうかがう上で興味深い木簡が、藤原京左京七条一坊にあった衛門府跡から出土している。衛門府は、藤原宮の大垣に取り付く宮城十二門を警備した役所である。それぞれの門には詰め所が置かれ、藤原京左京七条一坊には全体を統括する本司が置かれていたことが、出土した約一万三〇〇〇点の木簡の分析を通じて明らかになった。これらの木簡の大半は、大宝令が施行された直後の、大宝元年・同二年のものである。そのなかに、物品を搬出する際に使用された門牓《もんぼう》木簡がたくさん含まれていた。

宮衛令《くえいりょう》*19によれば、武器十事以上を宮内に搬入したり、すべての物品を宮外へ搬出しようとすると、「門牓」と呼ばれる通行許可証が必要とされた。中務省《なかつかさ》は衛門府の門司《もんのつかさ》、つまり宮城門の警備を担当する部署に門牓を付し、門司は門牓と実物を照合する。ただし、別勅賜物（天皇からの特別の賜り物）の場合、門牓は必要とされなかった。

*19 宮城・諸門の警衛法、行幸時の警護法などを定めた令の規定。

◆門牓木簡の実例

実例によると、門牓木簡は、(1)物品を宮外へ搬出する機関が、門牓を申請する木簡を中務省に提出し、(2)それを受け取った中務省が判を書き加え、搬出の許可を与える、という手順で作成された。ここで一例をあげておこう〔図8〕。

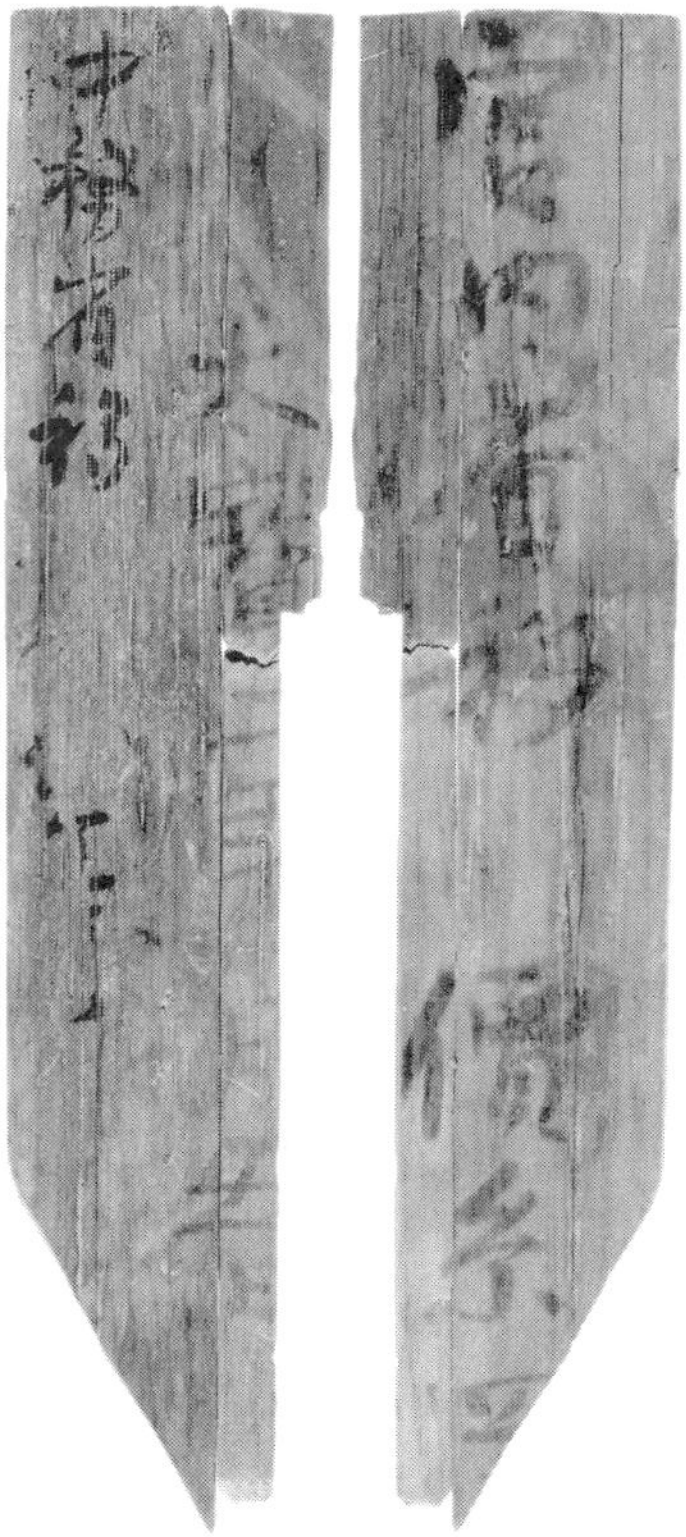

・宮内省移　価糸四□
　　太宝二年八月五日少□
・「中務省移[　]□〔勘カ〕宜耳」

長さ（二七〇）ミリ×幅五五ミリ×厚さ三ミリ

図8▶奈良県藤原京衛門府跡出土の門牓木簡。裏面は別筆のわかりやすい例となっている。（奈良文化財研究所提供）

これは下端が二次的に削られて尖っているが、本来は短冊形の木簡であったと推定される。「価糸」は交易用の糸である。それを宮内省がおそらく藤原京の市に運びだす際に使用された木簡である。

冒頭に「宮内省移（宮内省移《い》す）」とあるが、「移」はほぼ対等の官司どうしのやりとりの際に用いる文書様式で、大宝令で成立したものである。「移」の下に宛先が書かれるべきであるが、「中務省」であることは自明なため、ここでは省略されている。宮内省は中務省に対して、「価糸」を搬出することの許可を求めたのである。これを受けて、中務省は別筆によって、「中務省移[　]勘宜耳（中務省移す。……勘《かんが》うべし）」という文言を書き加えることによって、宮内省からの申請に対して許可を与えた。ここでも「移」とあるが、門牓制度の仕組みを念頭におけば、その宛先は衛門府の門司ということになる。

このように門牓木簡は、元来は門牓申請木簡として作成されたが、中務省の判が加えられることで、門牓木簡に転化したのである。

実例をみていくと、中務省による判の文言は何種類かあるが、そのひとつに「中務省移如令勘宜耳（中務省移す。令の如く、勘うべし）」がある。「令の如く」という文言からは、大宝令施行を強く受け止めた官人の息づかいが聞こえてきそうである。

◆厳格運用から簡略運用へ

さて、門牓木簡は、宮城門の門司が搬出物との照合を経たのち回収された。門司は回収した門牓木簡をもとに、宮城門ごとに通過記録を作成し、これを衛門府の本司《ほんし》に送り届けた。その際には、通過記録の根拠となる回収した門牓木簡も、あわせて衛門府の本司に回送している。

しかし、こうした厳格な運用は、わずか数年間しか続かなかった。中務省は門牓の発給に関与しなくなり、物品を搬出する機関が宮城門の門司に門牓木簡を直接宛てるようになる。また、宮城門の門司が回収した使用済みの門牓木簡についても、衛門府の本司に送られなくなってしまう。

これは藤原宮の「猪使門《いかいもん》」[*20]と呼ばれた北面中門のすぐ近くから出土した門牓木簡である

＊20　猪養門とも。大内裏（宮城）北側中央の門で、猪養連が守衛したことからこの名がある。平安京では弘仁九年（八一八）の殿門改号により、唐風の「偉鑒門〔いかんもん〕」に変更された。

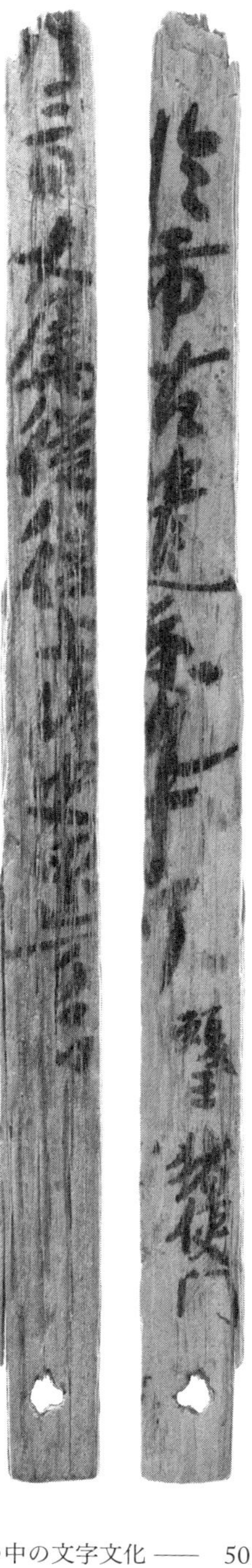

長さ（二五四）ミリ×幅（一八）ミリ×厚さ四ミリ

図9▶藤原宮跡猪使門前出土の門牓木簡。（奈良文化財研究所提供）

・□於市□〔沽カ〕遣糸九十斤　蝮王　猪使門　。
・□月三日大属従八位上津史岡万呂　。

〔図9〕。「市沽遣糸（市《いち》に沽《う》りに遣《つかわ》す糸）」とあり、前に掲げた衛門府跡出土門牓木簡の「価糸」と同じく、交易用の糸を藤原宮外の市へ運び出す際に使用されたものである。しかし中務省による判はみられず、また回収後に衛門府に送られてもいない。『続日本紀《しょくにほんぎ》』[*21]という歴史書をめくってみると、早くも慶雲年間（七〇四～七〇八）に、律令の施行にともなう矛盾が露呈し、いくつかの修正が試みられたことがわかる。こうした時代的風潮のなか、門牓制の運用方法も見直されたのだろう。この転換は偶然残された木簡から判明したもので、この種の小規模な変更は各方面でみられたものと思われる。

以上、駆け足であったが、日本における木簡使用の始まりについて簡単に触れたのち、

＊21『日本書紀』に続く勅撰史書で、六国史の二番目。文武元年（六九七）～延暦十年（七九一）までを含む全四十巻から成り、延暦十六年（七九七）に完成した。

前白木簡、告知札、荷札木簡、物品進上状、門牓木簡を取り上げてみた。特に結論めいたものがあるわけではないが、識字率の比較的高かったとみられる都においても、文字が読まれることを必ずしも前提としない木簡が存在することについては、あえて注意を促しておきたい。木簡には文字が記されていることから、つい文面を中心に検討してしまいがちであるが、木簡の存在そのものが与える視覚効果についても注意を向けなければならない。また、このこととも関連するが、木簡の機能として、実用的な側面にばかり目を向けるのではなく、象徴的な側面についても考えてみる必要があるように思われる。「文字文化」を字面だけでなく、形状も含めて相対としてとらえ直す試みが、今後求められるであろう。

〔韓国〕

近年発見された韓国古代文字資料の概要

6C 7C 8C 9C 10C 11C 12C 13C

近年の日本では、木簡や墨書・刻書土器など断片的な文字資料が出土する例はあるものの、まとまった文字数を持つ新たな古代文字資料の発見はまれである。しかし、朝鮮半島では現在でも、毎年のように驚くような新資料が見つかっている。本稿では、近年発見され話題となった三つの古代文字資料を紹介する。

李　鎔賢

本稿では、近年、韓国において発見された古代文字資料のうち、次の代表的な三点について紹介する。長年行方不明となっていた金銅版の「昌林寺無垢浄塔願記」、現存する最古の新羅碑「浦項中城里新羅碑」、百済の村落名を記した木簡や韓国では初の封緘木簡を含む「羅州伏岩里木簡」である。金属・石・木という異なる素材に記されたものであるが、それぞれ興味深い内容を含んでいる。

＊1　創建年代は明らかでなく、元聖王七年（七九一）以前に遡る。三層石塔・双頭の亀趺・石燈蓮台・礎石などが残っており、大寺刹であったことが推測される。三層石塔は高さ六・五メートルで、南山一帯では最大のもの。

＊2　七世紀末〜八世紀初頃に唐僧・三蔵弥陀山が漢訳した密教経典。六種の陀羅尼（＝密教の呪文）と、仏塔修造の功

① 昌林寺無垢浄塔願記〔図1〕

二〇一一年三月に報道された、この年最大の発見である。朝鮮半島の東南部に、かつての新羅の都、慶州《けいしゅう》《キョンジュ》がある。慶州には新羅の王城である月城《げつじょう》《ウォルソン》があったが、その南の南山《なんざん》《ナムサン》西麓に、*1昌林寺《しょうりんじ》《チャンニムサ》という寺の跡があり、現在も三層の石塔が残っている。一八二四年、石工がこれを倒壊、その際に*2無垢浄光大陀羅尼経《むくじょうこうだいだらにきょう》とともに金銅版の*3発願文《ほつがんもん》を発見した。当時、

徳を説く。日本でも、称徳天皇によって発願され宝亀元年（七七〇）に完成した百万塔陀羅尼が有名。

＊3　造寺・造塔・造仏・写経・埋経や仏事などに際し、神仏に祈願の意を伝えるための文書。願文、願書とも。

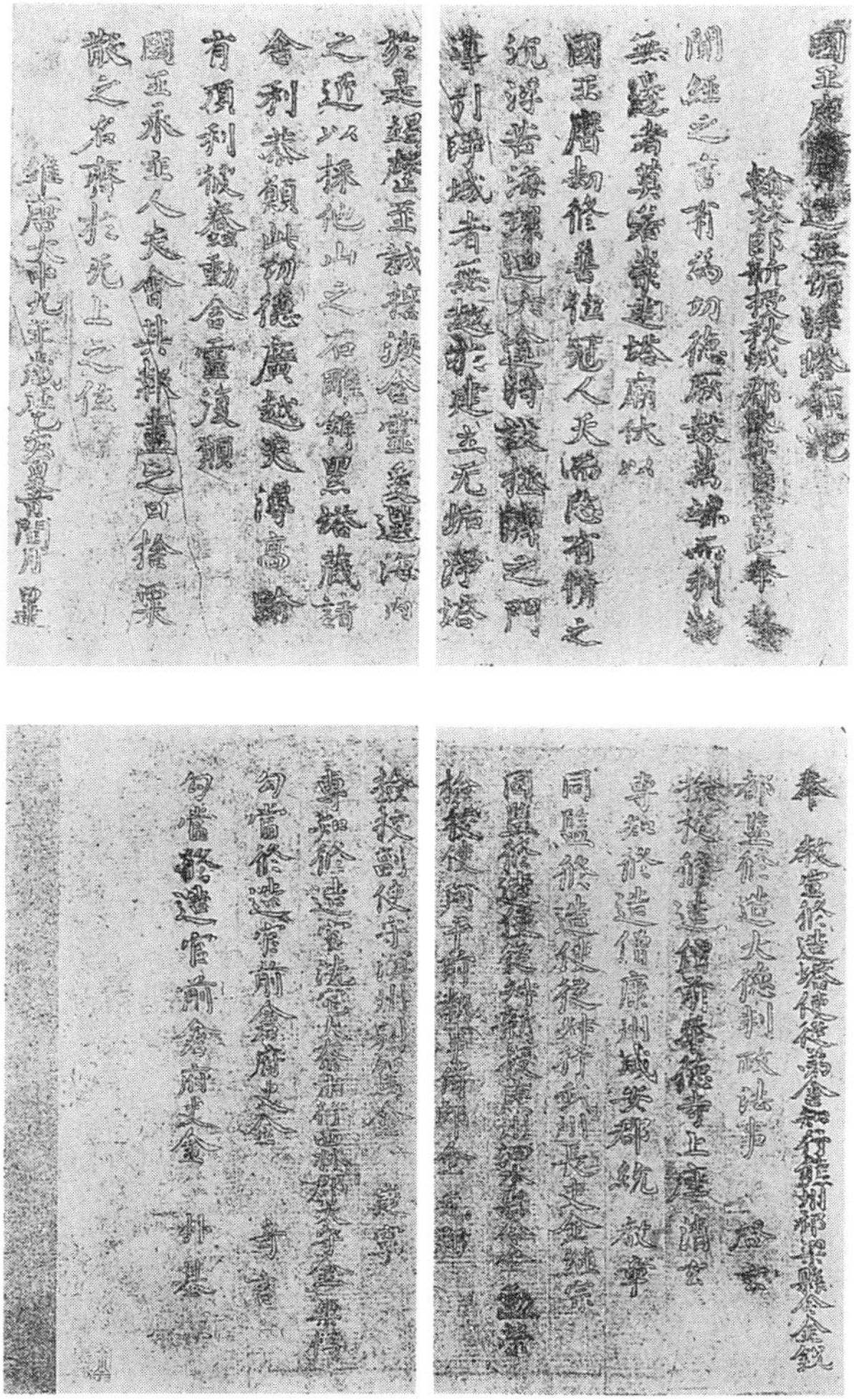

図1▲昌林寺無垢浄塔願記。発願文を記した金銅版は、縦二二・四センチ、横三八・二センチ、厚さ〇・八ミリの純銅板に鍍金を施しており、表面に塔を建設することになった背景などが、裏面に造塔に関与した人物らが記録されている。一九六八年に京畿華城龍珠寺末寺の霊源寺（利川市）大雄殿を解体した際に基壇から発見され、その後、霊源寺に秘蔵されていたものが、二〇一一年龍珠寺孝行博物館に寄託された。図版は秋史金正喜による模写。（文献［6］より転載）

金石学の大家であった[4]秋史金正喜《しゅうしきんせいき》《チュサキムジョンヒ》によって模写され、その模写本は『慶州南山の仏蹟』[5]に収録され伝えられているが、[6]原本の行方は不明であった。

ところが、仏教文化財研究所が全国の関係資料を調査する事業の中で、二〇一一年に実物が発見された。検証の末、二〇一二年二月末日に公開、三月初めにマスコミ報道されるに至った。本格的な公開は、二〇一三年上半期に報告書が予定されている。

金銅版の厚さは〇・〇八センチと非常に薄く、二二センチ×三八センチくらいの大きさである。縦横に線が施され、文字が彫り込まれている。金正喜の記録によると、石工が石塔を壊したとき、陀羅尼経・玉・銅鏡など五点の遺物を発見し、その中に金銅板一枚があったという。金銅版の表面には石塔を作った事実、裏面には勧進者の名前が綴られ、両面一面に文字があり、模写と実物の内容は一致している。

記載の内容は、唐・大中九年（八五五）、国王慶膺《けいよう》、すなわち[7]文聖王《ぶんせいおう》の命によって塔を造ることになったこと、[8]金立之《きんりつし》という当時有名な学者が文章を書き、国王と民のために、国王の生前に塔を造ることになったことが記されている。また、国王の親戚の王室グループ、仏教機構の責任者である僧侶グループ、財政や地方行政の実務を担当する役人グループの人名が記されている。このように、この塔は高位の人物たちによる国家事業として建てられたと考えられる。

文字の彫り方は[9]「双鉤法《そうこう》」と呼ばれる統一新羅時代に銅版に文字を刻む際に好んで使わ

＊4　朝鮮後期の官吏、金石学者・書芸家。字は元春、号は秋史、阮堂。多様な分野で研究と業績を積んだ知識人で、官僚としても出世した。五十五歳で党派争いの犠牲となり流刑となるが、流刑生活中も研鑽を積み、「秋史体」と呼ばれる書体を完成させた。

＊5　小場恒吉『慶州南山の仏蹟：朝鮮宝物古蹟図録第二』朝鮮総督府、一九四〇年

＊6　末松保和「昌林寺無垢浄塔願記」『新羅の政治と社会（下）』吉川弘文館、一九九五年

＊7　？〜八五七。新羅の第四十六代の王（在位：八三九〜八五七）。姓は金、慶膺は諱〔いみな〕。

＊8　生没年不詳。八二五年に唐に入った一二人の留学生の一人で、帰国後は政治面・文化面で活躍した。

＊9　細線による輪郭線で文字を表す方法。

れた技法で、国立春川《しゅんせん》《チュンチョン》博物館所蔵の金銅版にも類似例があり、比較研究が期待される。

② 浦項中城里新羅碑〔図2〕

二〇〇九年、慶尚北道《けいしょうほくどう》《キョンサンプクト》浦項市《ほこうし》《ポハンシ》北区《きたく》《プクク》興海邑《こうかいゆう》《フンヘウプ》中城里《ちゅうじょうり》《チュンソンリ》で、道路の拡張工事の際に発見された。二〇一一年に報告書が刊行され、現在、国立慶州文化財研究所が保管している。

碑文に記された「辛巳年」という干支年は、五〇一年に比定されている。その二年後の五〇三年には、この碑の発見場所から西へ八・七キロの地点に、迎日冷水里《げいにちれいすいり》《ヨンイルネンスリ》新羅碑が建てられており、一九八九年に発見された。

注目されるのは、*10「葛文王《かつぶんおう》《カルムンワン》」すなわち新羅国王と併存していた「王」を中心に、*11「六部《ろくぶ》」が命令である「教《きょう》」を下す内容となっていることである。「教」という文字が他より大き

辛巳□□中折盧□
喙部習智阿干支沙喙斯德智阿干支
教沙喙尒抽智奈麻喙部夲智奈麻　夲牟子
喙沙利夷斯利白争人喙評公斯弥沙喙夷須牟旦
伐喙斯利壹伐皮末智夲波喙柴干支弗乃壹伐金評
沙干支祭智壹伐使人奈蘇毒只道使喙念牟智沙
喙鄒須智世令于居伐壹斯利　蘇豆古利村仇鄒列支
干支沸竹休壹金知那音支村卜岳干支走斤壹金知
珎伐壹昔云豆智沙干支宮日夫智宮奪尒今更還
牟旦伐喙作民沙干支使人果西牟利白口若後世更
噵人者与重罪典書与牟豆故記
沙喙心刀里□

図2▲最大高一〇四センチ、最大幅四九センチ、厚さ一二～一三センチ、重さ一一五キロ。全一二行、二〇三文字が片面に陰刻されている。碑文には、六部のほか、地方の村名、官等・官職名の「阿干支」「干支」「道使」等が確認される。碑の内容から「辛巳年」は五〇一年もしくは四四一年と推定されたが、五〇一年である可能性が高いと考えられている。（国立慶州文化財研究所蔵、文献［1］より転載）

＊10　新羅における王族の称号のひとつ。発生の経緯や機能については未詳であるが、三国時代に集中してみられる。『三国史記』などでは、王の父をはじめ、王母の父・王妃の父・王の同母弟・女王の配偶者など、王位につけなかった王の近親者に使われているが、六世紀前半の碑文には本文にもあるように「教」を下す主体となっている。

＊11　新羅の建国神話によると、新羅の建国は王畿内の六部（旧小国）が連合したものであるという。新羅貴族は主としてこの六部出身で、その後も王畿内に居住し地方住民より政治的地位が高かった。六世紀前半には新羅の国制整備とともに、この六部を対象に十七等からなる官位制（京位）を設け、王権のもとに支配者層の結集が計られた。

く書かれる点も注目される。

主な内容としては、「辛巳年（五〇一）、葛文王が、六部の喙《たく》《フェ》部・沙喙《さたく》《サフェ》部の第一人者たちと教を下す」「かつて牟旦伐（人名と推定される）のものを他人が奪ったが、その真相を調べて、真実を明らかにする」「奪われたものを返し、二度と異議を唱えてはいけない。（もし異議を唱えた場合は）懲罰を加える」「このような過程と内容を現地に頒布して、その地域民・後世の民への警告とする」というようなことが記され、最後に文字を記した人物名が記されている。碑文には文章となっている部分が非常に少なく、ほとんどは人名の羅列である。

中央の支配者が地方に対して「教」や「令」の命令を下しており、口頭伝達や命令伝達の一端が伺える。『三国史記』によれば、五二〇年に律令が頒布されたとあるが、その基[*12]礎となる行政制度がそれ以前から整備されつつあったことがわかる。また、六部の表記法が、これまで知られた金石文とは異なっているものがある。なかでも、部名に見える「喙」や「評」は、『梁書』新羅伝に見られる「其の邑の内に在るを啄評という。（中略）国に六啄評有り」との関わりから注目される。

新羅の一番早い段階の石碑としては、この五〇一年の中城里新羅碑のほかに、先述した五〇三年の冷水里新羅碑、そして、五二四年の蔚珍鳳坪《うっちんほうへい》《ウルチンポンピョン》新羅碑がある。それぞれの形状を比較してみると、蔚珍鳳坪碑が最も碑石らしい形状をしているのに対して、冷水里碑は背

＊12　李鎔賢「中城里碑の基礎的研究」『考古学誌』一七、二〇一一年

が低く、そして中城里碑は他の物と比べて形状が整っておらず、単独では建てることができない。書かれている内容からも、この三碑は、新羅における石碑文化の発達段階をよく示しているといえよう。三碑の比較により、六世紀第一四半期新羅の政治史が復元されることが期待される。

③ 羅州伏岩里遺跡出土木簡

韓国南西部の全羅南道《ぜんらなんどう》《チョルラナムド》羅州《らしゅう》《ナジュ》市は、[*13]栄山江《えいざんこう》《ヨンサンガン》流域の歴史的な町である。伏岩里《ふくがんり》《ボクアムリ》遺跡は、伏岩里古墳群の傍らで発見され、二〇〇六年から発掘調査が行われた。二〇〇八年の調査で木簡が出土し、二〇一〇年に[*14]報告書が刊行された。墨書が確認された木簡は合計一三点で、銘文土器も二点が発見されている。木簡には、「庚午年」という年紀が記されたものがあり、共伴する土器や木簡の内容から、六一〇年にほぼ間違いないとされている。戸籍や計帳と関わる文書木簡もあったことから、伏岩里遺跡には百済の地方官衙があったと推定される。これまでほとんど実態の分からなかった百済の地方行政の様子をよく示す貴重な資料である。[*15]二〇一〇年のシンポジウムにより研究が進められ、また[*16]日本の木簡とも比較されている。特徴的な木簡をいくつか紹介しよう。

◇二号木簡〔図3―①〕

上端は破損しているが、下端は完形である。一番下に大きな文字で書かれた「定」は、

＊13　五世紀から六世紀にかけての栄山江流域では、前方後円墳や大型甕棺を埋葬施設として使用するなど百済の文化と異なる独特の古墳文化が見られ、当時の日本列島との交流の深さが推測されている。

＊14　『羅州伏岩里遺跡Ⅰ―1～3次発掘調査報告書―』国立羅州文化財研究所、二〇一〇年

＊15　金聖範「羅州伏岩里遺跡出土木簡の判読と意味」、平川南「日本古代の地方木簡と羅州木簡」、李成市「韓日古代社会における羅州伏岩里木簡の位置」、渡辺晃宏「日本古代の都城木簡と羅州木簡」。以上ともに、国際学術大会「6～7世紀栄山江流域と百済」（国立羅州文化財研究所、二〇一〇年一〇月二八日、韓国羅州）に所収。なお、伏岩里木簡の釈読は複数の案が提示されているが、本稿ではこれら論文収録の平川南・李成市による釈文を掲載した。

＊16　畑中彩子「日本古代の木簡を用いた官営工房運営の源流―長登銅山出土木簡と韓国羅州伏岩里出土木簡の比較検討―」『東洋文化研究』一四、学習院大学東洋文化研究所、二〇一二年

図3◀羅州伏岩里遺跡出土木簡。（文献［4］より転載）

①二号木簡

兄將除公丁　婦中口二　小口四
□兄定文丁　妹中口一
前□□□

「定」

長さ（二八一）ミリ×幅五〇ミリ×厚さ三ミリ

②五号木簡

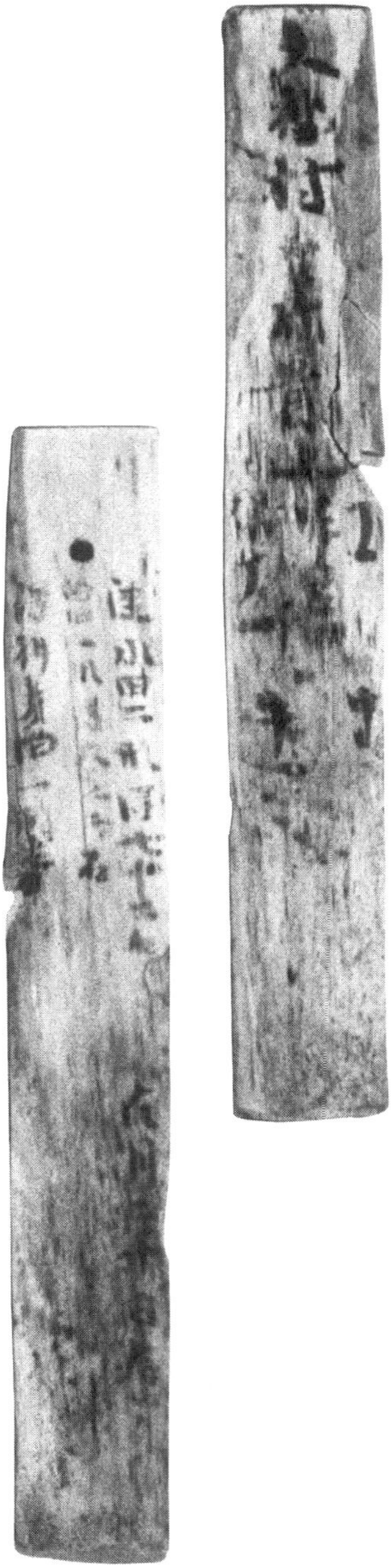

丁一　中口□
・大祀○村□〔主カ〕弥首山　□□四
□丁一　牛一

・
□水田二形得七十二石　在月三十日者
○畠一形得六十二石
得耕麦田一形半

長さ一八五ミリ×幅二七ミリ×厚さ六ミリ

③六号木簡

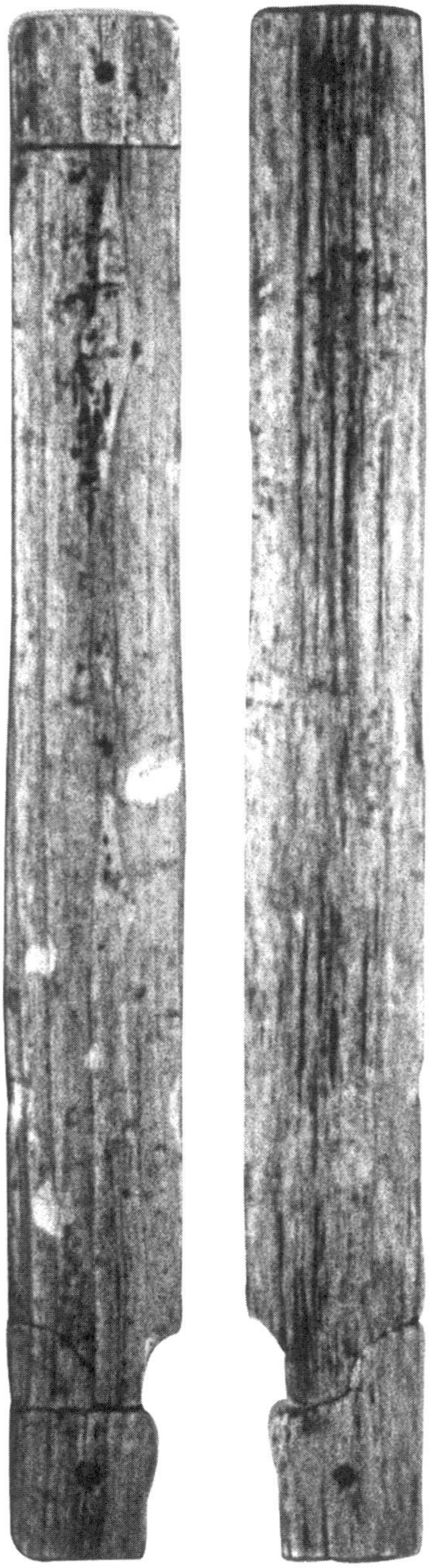

・○上

・○十二□

長さ二九七ミリ×幅三五ミリ×厚さ五ミリ

④八号木簡

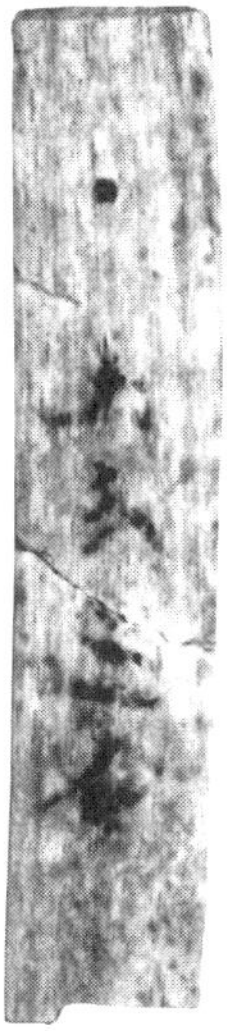

○上去　三石

長さ（一四二）ミリ×幅二一ミリ×厚さ六ミリ

⑤十号木簡

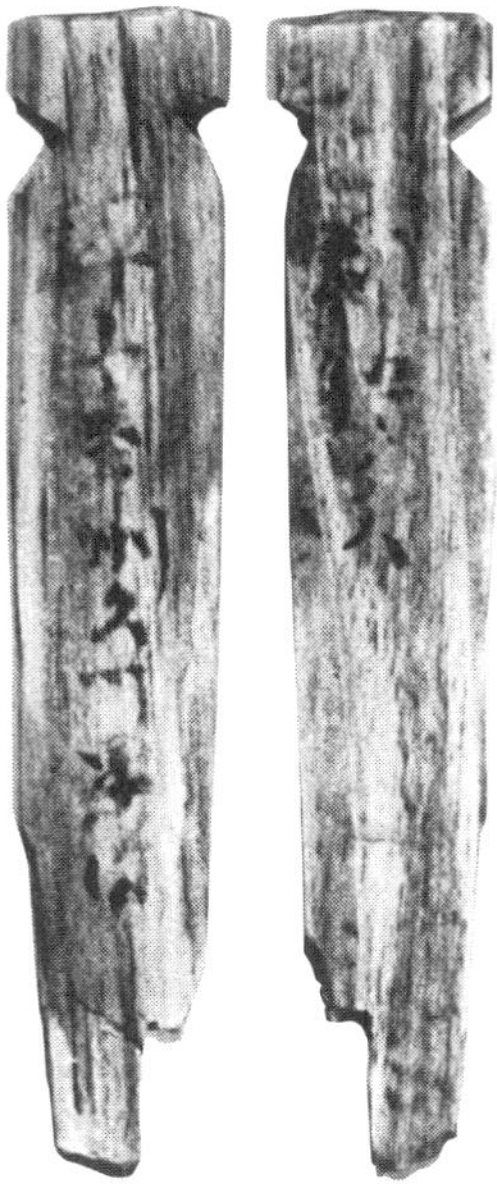

・＜郡得分

・＜□子□州久門米付

長さ一五三ミリ×幅二九ミリ×厚さ七ミリ

正倉院文書の事例を参照すると、「決済ずみ」「勘定ずみ」を意味すると推測される。こうした用例は、韓国では初めてである。木簡は二行に記されており、第一段には、人名の下に成人男性を意味する「丁」と記されている。第二段冒頭の「婦」は、「婦人」であり、第一段の「丁」の妻である可能性がある。「婦」および二行目の「妹」につけられた「中口」、第三段の「小口」は、後述のとおり「丁」の下の年齢区分である。「小口」には、男女の区別が記されていない。

◇五号木簡〔図3—②〕

　穀物栽培と労働に関する月別の報告帳簿と思われる。百済木簡で初めて「村」という文字が見え、百済の村落文書といえる。この木簡にも「丁」や「中口」という文字が見え、二号木簡と合わせて、「丁／婦—中—小」の[*17]年齢区分による人口把握を行っていたことが窺える。新羅の計帳様文書として知られる[*18]「新羅村落文書」は、村落の範囲、人口、樹木と牛馬の数、またその増減が三年ごとに調査記録され、人口は「三歳以下—小子（小女子）—丁（丁女）—助子（助女子）—追子（追女子）—除公—老公」という年齢男女区分で記録されており、類似点と相違点が見られる。

　この木簡の発見により、一九九五年に出土した扶余[*19]宮南池《きゅうなんち》《クンナムジ》百済木簡の釈読についても、修正と補完が可能になった。すなわち、従来「歸（帰）人」と読んで「帰化人」「帰還した人」等と解釈していた部分は、年齢性別区分の「婦人」であることが分かった。また、「形」

＊17　当時、東アジアでは中国の律令制に倣い、年齢男女区分による人口把握を行っていた。たとえば日本の養老律令（天平宝字元年（七五七））では、男女三歳以下を黄、十六歳以下を小、二十歳以下を中、男子六十一歳以上を老丁、六十六歳以上を耆（き）とし二十一歳から六十歳までの心身健全な男子を正丁とした。

＊18　二二頁参照

＊19　宮南池は百済の別宮にあった苑池で、韓国初の人工池とされ、現在は復元され公園となっている。木簡の発掘地点は農耕地で、道路および木製水槽施設が確認された。

は、土地に関する単位であると確定できるようになった。以上から、宮南池木簡も文書木簡であると考えられる。

◇六号木簡〔図3—③〕

韓国で初めて発見された封緘木簡である。

◇八号木簡〔図3—④〕

古代における「上」の用例としては、従来、「佐官貸食記」[*20]の「上一石」、正倉院佐波里[*21]加盤付属文書表面の「上米一石一斗」などが知られていた。これらにおいて、「上」は、穀物を官に返却するという意味で使用されているが、本木簡では、単純に「進上」の意味と解釈すべきであろう。

◇十号木簡〔図3—⑤〕

上部に切り込みがあり、下端が一部欠損している付札木簡である。「郡得分」の「分」は、武寧王[*22]陵王妃銀製釧（五二〇年）にも「庚子年二月多利作。大夫人分、二百三十主耳。」の例がある。

④その他の資料

以上の他に、近年発見された主な出土文字資料を掲げておく。

◇扶余双北里遺跡「氏名＋丁」百済木簡

＊20　扶余の双北里遺跡から二〇〇八年に発見された木簡で、「佐官貸食記」と題する百済における米の貸借の公文書とされている。六一八年と推定される年紀がある。詳細は八六頁参照。

＊21「佐波理」は銅と錫の合金、「加盤」とは鋺を何重かに重ねて入れ子にしたものを言い、正倉院には八六組が残る。これらの加盤の一つに新羅の古文書である厚手の楮紙が挟んであった。統一新羅の村落における穀物収納・支出に関する公文書が反故紙となり、梱包材に転用されたものと見られる。

＊22　武寧王（四六二〜五二三）は百済の第二十五代王で、一九七一年に忠清南道公州市の宋山里古墳群から墓誌が出土し、陵墓が特定された。王妃が合葬されており、棺材が日本にしか自生しないコウヤマキであったことでも話題となった。約三〇〇〇点の華麗な遺物が出土している。

二〇一二年九月、朝鮮半島中西部よりやや南に位置する、忠清南道《ちゅうせいなんどう》《チュンチョンナムド》扶余《ふよ》《プヨ》郡扶余邑双北《そうほく》《サンプン》里《り》《ニ》から発見された。扶余は、百済最後の都・泗沘《しひ》《サビ》があった場所である。六世紀から七世紀半ばの文書木簡片で、ここでも伏岩里二号木簡と同様に「人名＋丁」の用例が見られる。

◇扶余旧衙里遺跡　「太公西美前部赤米二石」百済木簡

二〇一一年一月、扶余邑の旧衙里《きゅうがり》《クアリ》にある教会の増築現場で、扶余郡文化財調査センターの発掘調査により百済木簡八点が出土した。うち一点に「太公西美前部赤米二石」とあり、「太公西美」は人名、「前部」は王京内の地域区分である。「赤米」は、古代日本の宮都木簡や正倉院文書の貢進物によく見られる米の種類であるが、韓国では初めての例で、百済の農業に関する貴重な資料である。

◇扶余双北里百済碑石

二〇一二年夏、扶余郡文化財調査センターにより、石築山城の石の中から発見された（報道のみ）。「石」「記」の文字が見られるが、摩滅がひどく詳細は明らかでない。築城関係の石碑と見られる。

◇公州百済公山城　黄漆甲冑の赤筆

忠清南道公州《こうしゅう》《コンジュ》*23にある公山城《こうさんじょう》《コンサンソン》で二〇一一年に発掘され、二〇一二年一月に学会で発表された。「…行貞観十」「九年四月二十一日」などの文字が見られる。貞観十九年（六四五）が製作年代なのか、過去の叙述であるかは不明である。「戦争のような緊迫した状況で廃

*23　扶余に隣接し、五世紀から六世紀前半にかけて百済の都であった。当時の地名呼称は「熊津（ゆうしん／ウンジン）」で、公山城も熊津城と呼ばれた。なお百済は三度にわたって都を変えており、四世紀ごろにはソウル近くの漢山城、四七五年に錦江中流の熊津（現・公州）、五三八年に錦江下流の泗沘（現・扶余）に遷った。

棄もしくは秘蔵されたのではないか」（公州大学博物館）と推測されている。

◇泰安馬島遺跡高麗木簡

馬島《まとう》《マド》は忠清南道泰安郡近興面《たいあんぐんきんこうめん》《テアングンクヌンミョン》にある島で、この海域から三隻の高麗時代の沈没船が発見されている。二〇一二年八月から九月に引き揚げられた三号船の資料について、二〇一二年十一月に報告書[*24]が刊行された。荷札木簡をはじめとする三四点の木簡と竹札を公開、一二六五年から一二六八年に比定されている。詳細は林敬熙氏の報告を参照していただきたいが、林氏が発表した資料以外に、小石に文字の記された石製の将棋の駒四六点、「為維南」と読める墨書の貝殻五点が報告されている。

◇咸安城山山城新羅木簡

城山山城《じょうさんさんじょう》《ソンサンサンソン》は、朝鮮半島中西部に位置する慶尚南道《けいしょうなんどう》《キョンサンナムド》咸安郡《かんあんぐん》《ハマングン》伽倻邑《かやゆう》《カヤウプ》にある六世紀半ばの新羅の山城である。

二〇一一年と二〇一二年の調査で合計二〇点余りが出土した。六世紀半ばの荷札木簡である。詳細は梁淑子氏の論文を参照されたい。

最後に一点、古代朝鮮資料の方から、日本の新資料についてひとつの解釈を加えたい。

二〇一二年の木簡学会でも報告され話題となっている、[*25]太宰府市国分松本遺跡出土の戸籍木簡についてである。現在、表面の「又附去」を「また附す。去…」、裏面の「又依去」

＊24　国立海洋文化財研究所『泰安馬島三号船』二〇一二年

＊25　福岡県太宰府市にある遺跡で、周辺には筑前国分尼寺跡・筑前国分寺跡がある。二〇一二年六月に、国内最古と見られる戸籍木簡が出土した。詳細は二二八頁参照。

を「また去るによる」と読[*26]んでいるが、新羅村落文書に見える「追移去」「廻去」「无去」のような「動詞」＋「去」の用法から見ると、「又、附き去る」「又、依り去る」と読めるのではなかろうか。正倉院の佐波理加盤付属文書にも「汚去」の用例がある。

この点に注目するきっかけとなったのは、現在勤務する春川博物館の所蔵品の一つ、禅林院の統一新羅の鐘（八〇四年）の銘文に「願旨是者法界有情皆佛道中到内去」とあることである。これは、「願旨は、法界の有情が皆な佛道に到りて去ることである」と解釈される。古代の韓国と日本で、共通する文章表現を行っていた可能性があろう。

このように、韓国と日本の古代史料は、互いに類似する点が多い。特に、本稿で扱った伏岩里木簡を初めとする百済の木簡は、日本の木簡よりも一〇〇年近く先行するにもかかわらず共通点が多い。韓日の資料を積極的に比較検討することによって、これまで以上に研究が進展するものと期待される。

＊26　坂上康俊「嶋評戸口変動記録木簡をめぐる諸問題」『木簡研究』三五、二〇一三年

昌寧・火旺山城蓮池出土木簡について

宋 義政

前稿に続き韓国からの報告である。祭祀に関わる多彩な遺物が発見された、昌寧の火旺山城蓮池遺跡について紹介する。出土状況や議論すべき点なども整理されており、日本の類例とのさらなる比較が期待される。本稿の次に所収する三上氏による論考やシンポジウムでも言及があるので、あわせてお読みいただきたい。

昌寧《しょうねい》《チャンニョン》・火旺山城《かおうさんじょう》《ファワンサンソン》の蓮池は、二〇〇二年から二〇〇五年まで三次にわたり慶南文化財研究院によって発掘調査された遺跡である。蓮池内部からは、統一新羅時代に属する土器類とともに、木簡四点が出土した。そのうち、人形《ひとがた》木簡（四号木簡）と一緒に、朝鮮半島でもっとも古い「符籍[*1]（符籙）」（一号木簡）が発見されて注目を集めた。また、これら木簡とともに鐎斗《しょうと》[*2]、茶研《ちゃけん》[*3]や茶盒《ちゃごう》など茶文化を反映する道具、鉄製壺鐙《つぼあぶみ》、轡《くつわ》などの馬具類と鉄製太刀、鉄製札甲《さねよろい》片などの武具類が一緒に出土している。

＊1　護符、呪符のこと。

＊2　中国から伝わった容器で、注口が付いた円形の器に三脚と長い柄が備わる器形が多い。下から火を当てて中の液体を煮沸する。

＊3　茶研は茶葉を細かく碾〔ひ〕く道具。茶盒は茶葉を入れておく容器。

以下、韓国の学界で議論となっている遺物を簡単に紹介したい。

①四号木簡（遺物番号一九六）人形木簡〔七〇頁図1〕

この木簡は、丸木を削って頭と体を表現し、女性の体と顔を描いた人形木簡である。頭頂・首・両胸・両手の合計六カ所に鉄釘を刺した穴があり、頭頂・左胸・左手には三本の釘が刺さったまま残っている。出土当初から、呪術的行為に使用された遺物と注目[*4]されている。

その後、金在弘《きんざいこう》《キムジェホン》は、木簡の墨書を詳細に検討し、「龍王開祭」と「六月廿九日」という日付に注目[*5]して、祈雨祭に使用された木簡としている。具体的には、祈雨祭の主体である地方有力者を意味する「真族」の体に鉄釘を刺す行為によって、蓮池に住んでいる龍を刺激する意味を持っていたか、有力者または龍王に光と熱を当てたり焼いたりすることで呪術的な力を極大化する「暴露儀礼」を人形に行っていた可能性を提起した。また、二面上端の「□古仰」は、符籙に該当する文字と理解した。

これに対して金昌錫《きんしょうしゃく》《キムチャンソク》は、地方有力者や龍王を女性に表現した理由が分からない点から、暴露儀礼に使用されたという解釈[*6]に疑問を投げかける。そして、龍が伝染病を退けて治病する存在としても観念されていたことや、日帝[*7]強占期に人体と患部を針で刺したり傷つけたりして病魔を退治する呪術的行為である刺傷法が行われたことを挙げて、祭祀を行った

＊4　朴成天・金始桓「昌寧・火旺山城蓮池出土木簡」『木簡と文字』四号、二〇〇九年（邦訳は『木簡研究』三五、二〇一三年）

＊5　金在弘「昌寧・火旺山城龍池出土木簡と祭儀」『木簡と文字』四号、二〇〇九年（邦訳は『木簡研究』三五、二〇一三年）

＊6　金昌錫「昌寧・火旺山城蓮池出土木簡の内容と用途」『木簡と文字』五号、二〇一〇年

＊7　一九一〇から一九四五年の日本による植民地統治時代のこと。

地方有力者の婦人や娘の治療のために使用された木簡とみている。

しかしながら、鉄釘が特定の患部ではなく全身の急所に刺されているという点から、治療用とみるのは難しいだろう。ただ、なぜ女性を描いた人形が作られ、それが実際の儀礼の場でどのような役割を果たしたのかについての検討は必要であろう。

②一号木簡（遺物番号一六四）符籙〔七一頁図2〕

三点から構成されたこの木簡は、短頸壺内部からみつかった。一枚の木簡を三つに切った後に重ねて鉄釘で固定し、木製の栓で蓋をした短頸壺のなかに入れている。この木簡について金在弘は、墨書内容が文字というよりは道教の符籙のようなもので、祭儀に使用する呪文と関連づけて理解することを主張した。そして、その呪文は祭文に該当し、祭儀を終えた後に壺に入れて投棄する行為は、祭祀を終えて祭文を燃やす行為と同じ意味をもつとした。

これに対して金昌錫は、木簡全体を符籙とみるのではなく、一部に符籙が含まれているものとした上で、「太王」という文字を新たに判読して、国家の平安を祈願する祭文と理解した。

そのほか、河南《かなん》《ハナム》・二聖山城《にせいさんじょう》《イソンサンソン》A地区の二次貯水池でも土器のなかに木簡が入れられている事例があるため、[8]斎串《いぐし》のような用途で龍王のための祭祀に活用された可能性も[9]提示さ

＊8　木の枝などを串状に作ったもの。神を招くときの依代、神への供物、また災いを除ける祓いの道具などとして用いられた。

＊9　李在院「伝仁容寺址出土「龍王」木簡と井戸・蓮池における祭祀儀式」『木簡と文字』七号、二〇一一年

れている。

③二号木簡（遺物番号一七三）

扁瓶[*10]内部から、動物の肩胛骨と推定される獣骨とともに出土した。金属の釘（刀）が二点刺さっており、四号木簡と同様、呪術的な行為に使用されたものと推定される。

金在弘は、この木簡が男根形であるとみて、二面に「龍王」と書かれているとしている。

*10 胴が扁平な壺形の容器。

④三号木簡（遺物番号一八二）

板状の形で一面に数行の墨書が確認される。

金在弘は、「龍王」「井」などの墨書を判読し、その内容が祭儀の対象と祭場を表すとみて、ほかの木簡と同様、祭祀に使用された長文の祭文である可能性を提示している。

◆検討すべき問題点

①これらの木簡は、すべて同じ目的で製作、使用されたものか?

木簡が出土した蓮池は、護岸石築の上面で一四メートル四方、底面で一二・五メートル四方で、発掘調査報告書では堆積層を二七に細分している。しかし、木簡をはじめ統一新羅時代の遺物は、出土位置が異なっているとはいえ、ほとんど同時期のものであると判断される。すなわち、この池で発見される層位は、各層位が一つの年代を反映するとみることは難しく、層位が異なる遺物も同時期に廃棄された可能性がある。したがって、四点の木簡をはじめとする統一新羅時代の遺物は、たとえ発見された層位は異なるとしても、かなり短期間に製作、使用された可能性が高いと考えられる。そうした点から、四号木簡と一〜三号木簡がそれぞれ異なる目的で製作、使用されたものとみることは難しいと思われる。

②木簡の使用目的

墨書の詳細な判読案を持たないため断言することは難しいが、発掘初期から指摘されたように、やはり、祈雨祭との関連からとらえるべきであろう。特に、四号木簡の「六月廿九日」の判読が正しいならば、『三国史記』新羅本紀で祈雨祭の大部分が陰暦五月と六月に集中することとよく符合している。また、韓国古代史において、龍は水を象徴する場合が多く、馬は水神である龍王に捧げられる祭物であるという点から、池で出土した馬具の意味もある程度推定できるため、その可能性が高いと思われる。

③古代東アジアにおける井戸（池）と龍の祭祀に関する比較の可能性

火旺山城のみならず、慶州《けいしゅう》《キョンジュ》・仁旺洞《じんおうどう》《インワンドン》の伝仁容寺《にんようじ》《インヨンサ》址出土木簡、国立慶州博物館美術館敷地の井戸とそこで出土した人骨などからみると、統一新羅時代には井戸や池が龍と非常に密接な関係をもっていたと推測できる。日本古代においても、多様な型式の祈雨祭が行われており、その際には、絵馬や斎串のような祭祀遺物が使用されたであろう。そうした点から、統一新羅の遺物や遺跡と比較、検討する余地があると思われる。

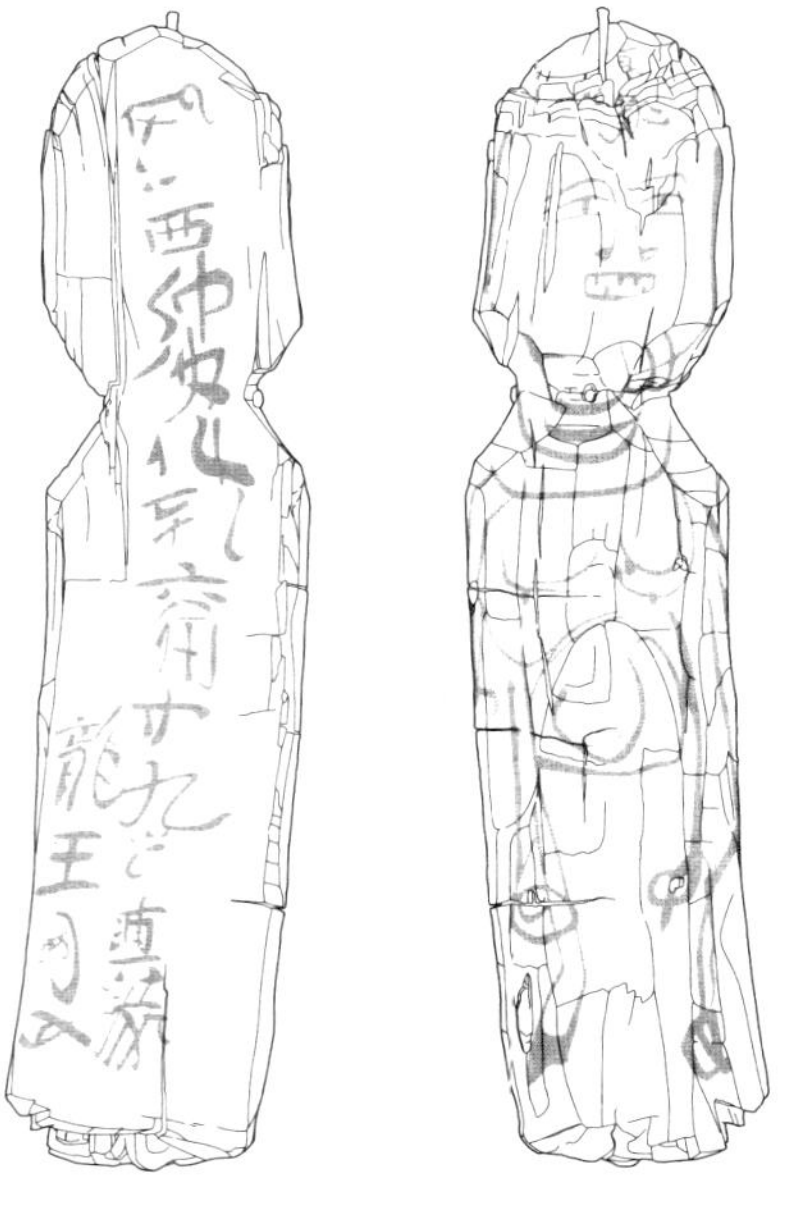

図1◀四号木簡（文献［7］より転載）

◆釈読

①四号木簡

〔金在弘案〕

（一面頭頂）　真族

（二面）　□古仰□□年六月廿九日真族
　　龍王開祭

〔金昌錫案〕

（表面）　□（□）古□仗□剖六用廿九歳真族
　　龍王開祭

（裏面）　真族

②一号木簡

〔金在弘案〕

（一面）尸尸尸人六口口夫〔天カ〕口口口口口口安九九爪□□

（二面）尸口口口九九九安　前夫〔天カ〕　答王□

〔金昌錫案〕

（表面）戸口□北拳安□□太王□

（裏面）為人先□□安九□□□□

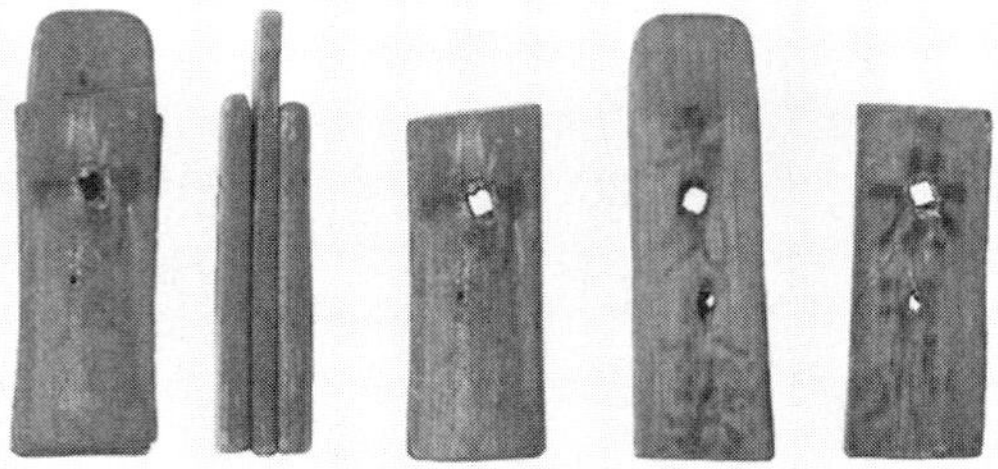

図2◀一号木簡（文献［7］より転載）

〔日本〕〔韓国〕

6C 7C 8C 9C 10C 11C 12C 13C 14C

古代地方社会と文字文化

学ぶ・記録する・信仰する

三上喜孝

各地から出土する古代木簡により、地方社会においても、教養学習・農業・宗教など、多岐にわたって文字に関わる事例が存在していたことが明らかになってきた。韓国木簡を中心に、漢字を共通の基盤とする東アジアの文字文化研究から、これらの事例を広い視野でとらえ直す。

はじめに

古代日本列島の文字文化は、七世紀後半以降、地方社会にも広がりを見せはじめる。それまで文字をもたなかった地方社会において、文字はどのように受容され、広まっていったのか。ここでは、近年注目されている韓国出土木簡との関連にとくに注目して、古代地方社会における文字文化の広まりが、東アジア世界との関わりでどのようにとらえることができるのか、三つの事例をもとに考察してみたい。

一・七世紀後半における「論語」の広がり　―東アジアの中の論語木簡―

◆文字の習得と『論語』

七世紀後半の文字文化の受容を考える上で見のがせないのが、中国の文字テキストを習得するために書かれたと思われる木簡である。古代日本では、『論語』『千字文』といった中国のテキストを書いた木簡がこれまで数多く出土している。なかでも『論語』の一節を記したいわゆる論語木簡は、都城のみならず地方からも出土しており、現在のところ、出土点数は三〇点をゆうに超える。その時期は七世紀後半から八世紀前半に集中しており、文字の習得と論語木簡の存在は、密接に関わるとみてよい。

◆朝鮮半島の論語木簡

近年韓国でも論語木簡が出土している。ひとつは、慶尚南道金海市《けいしょうなんどうきんかい》《キョンサンナムドキメ》の鳳凰洞《ほうおうどう》《ボンファンドン》地区、もう一つは、仁川《じんせん》《インチョン》市の桂陽山城《けいようさんじょう》《ケヤンサンソン》から、各一点ずつ、『論語』公冶長[*1]《こうやちょう》篇を書いた多角柱状の木簡が出土している。さらに朝鮮民主主義人民共和国の平壌からは、楽浪郡[*2]《らくろうぐん》時代の墳墓から『論語』が書かれた冊書[*3]が出土したという報告がある。いずれも、当該地域で文字が

＊1　『論語』は五一二の短文が全二十篇で構成されているが、「公冶長篇」はその第五。篇の名称は各篇の最初の文字を採ったものであり、本篇は門人や古今の人物評が主な内容となっている。公冶長は孔子の弟子の一人。

＊2　漢の武帝が、朝鮮半島中部・北部に、真番郡・臨屯郡・玄菟郡とともに設置した地方行政機構の一つ。前一〇八～後三一三まで存在した。

＊3　竹簡・木簡を紐で綴じて書物の形にしたもの。紙が普及する以前の中国で用いられていた。日本での例は知られていない。

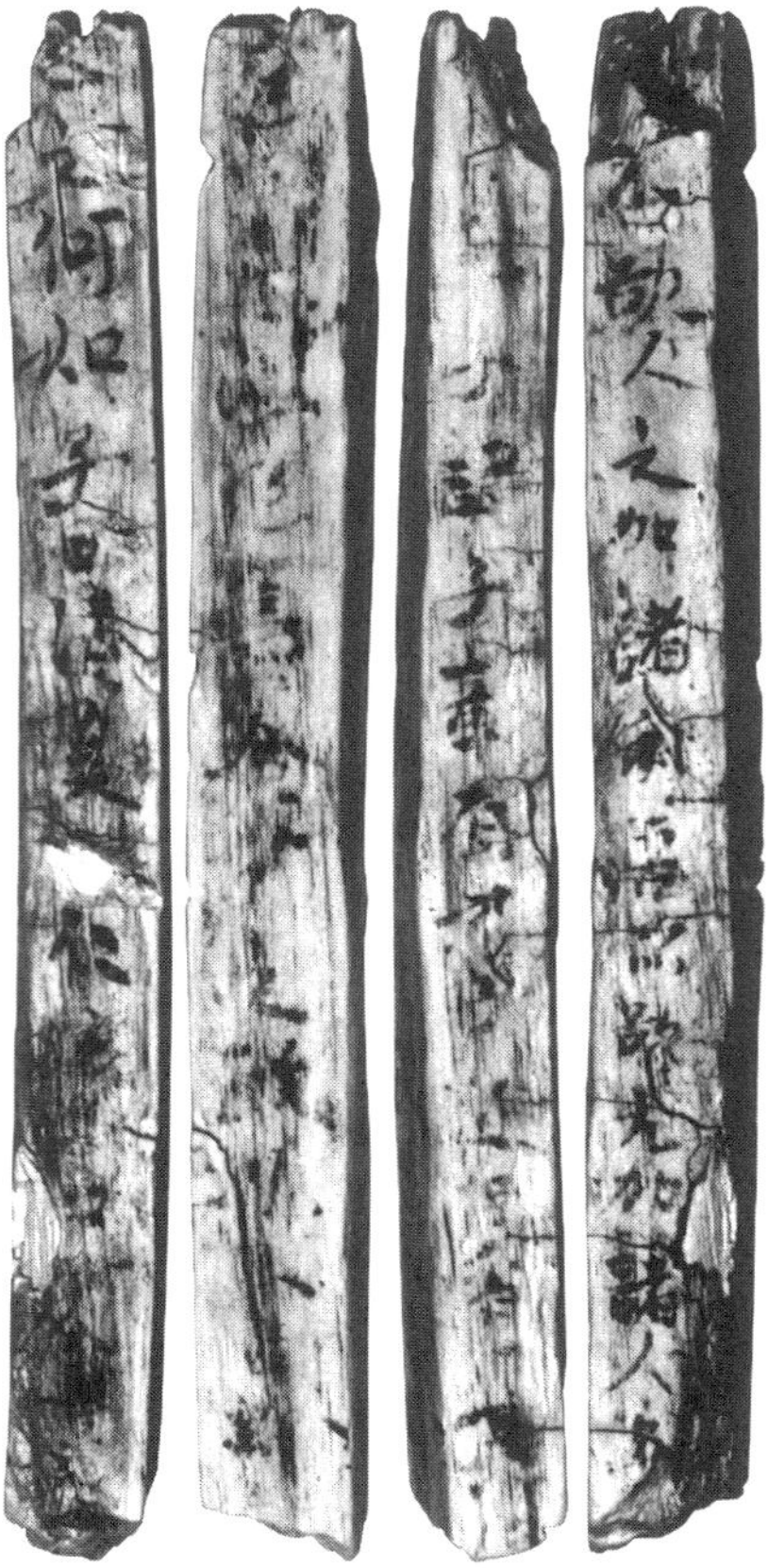

・不欲人之加諸我吾亦欲无加諸人子
・文也子謂子産有君子道四焉其
・已□□□色旧令尹之政必以告新
・違之何如子曰清矣□仁□□曰未知

長さ（二〇九）ミリ×幅一九ミリ×厚さ一九ミリ

・賤君子［　　］
・吾斯之未能信子□
・□不知其仁也求也
・［　　］
・［　　］子曰吾

長さ（一三八）ミリ×
各面幅＝一五・九ミリ
一八・五ミリ
一一・九ミリ
一八・七ミリ
一四・〇ミリ

図1▶韓国から出土した二点の論語木簡。右は金海市鳳凰洞地区から出土したもので、六〜八世紀のものと推定される。四面に文字が記されている。左は仁川市桂陽山城から出土したもので、三国時代〜統一新羅時代のもの。五面に文字が記されている。（文献［2］より転載）

利用されはじめた時期に対応していると考えられる。このうち、韓国から出土した二点の論語木簡を掲げる〔図1〕。

どちらも断片的なものだが、興味深いのは、その形状が共通した特徴をもっていることである。一メートル程度の棒状の木材の表面を四面ないし五面といった多面体に加工して、そこに論語の文章を一行ずつ書いていくというものだ。木簡自体は断片的なものであるが、書かれている文章から全体を復元していくと、だいたい一メートルほどの棒状の木簡として復元できるわけである。

しかもこの二点の木簡は、出土した場所はまったく別々のところなのだが、ともに『論語』の公冶長篇の一節が書かれている点も共通していることで、この点も注目されている。こうして、楽浪郡時代の朝鮮半島北部や、新羅といった朝鮮半島南部の地域からも文字テキストとしての『論語』の存在が確認され、『論語』はまさに、東アジア世界における文字文化の広まりを象徴するテキストであるといえる。

◆日本列島の論語木簡

一方で、日本の各地から出土する論語木簡をみてみると、いくつかの共通する特徴が指摘できる。一つは、出土する遺跡の性格である。ここでは、四つの遺跡から出土した論語木簡をとりあげたい。

・□□依□□乎□止□所中□□

・子曰　学而習時不孤□乎□自朋遠方来亦時楽乎人不□亦不慍

・□□□□乎

・□用作必□□□□□人□□□□

長さ（六三五）ミリ×幅二九ミリ×厚さ一九ミリ

〔学而篇冒頭部分拡大〕

図2▲徳島県観音寺遺跡出土の木簡。棒状の木簡を四角柱状に成形して文字があり、左側面に『論語』学而篇の冒頭部分が書かれている。下部は破損している。七世紀半ば前後のもの。（徳島県埋蔵文化財総合センター提供）

徳島県徳島市観音寺遺跡出土の七世紀の論語木簡は、その形状が興味深い。棒状の木簡を四角柱状に成形したところに、『論語』学而[*4]《がくじ》篇の冒頭部分が書かれている。この形状は、韓国から見つかった二点の論語木簡と、よく似ている。ただし、字形は謹厳なものとはいえず、きわめて特異である〔図2〕。

二つめは、兵庫県袴狭《はかざ》遺跡から出土した八世紀の木簡である。この遺跡からは、二点の論語木簡が出土している。この木簡で興味深いのは、もともとは行政用に記録した木簡の裏に、『論語』の一節や表題が書きつけられている〔図3〕。

上の木簡の表面《おもて》は、『論語』公冶長篇の冒頭の習書である。裏面の「蠲符《けんぷ》」とは、課役

＊4　『論語』全二〇篇の第一。篇の名称は各篇の最初の文字を採ったものであり、本篇は門人や古今の人物評が主な内容となっている。公冶長は孔子の弟子の一人。

の免除に関わる文書をさす言葉で、つまりは、行政文書に関わる文言である。木簡の観察から、まず行政文書に関わる木簡として作成され、その後、論語の習書が行われたと考えられる。

下の木簡は、表面に人名を列記した帳簿が書かれており、裏面に『論語』の習書が記されている。表面にみえる「大□」は、「大帳」と判読できる可能性があり、とすれば、これは課役の集計帳簿として国府が作成する大帳に関わる木簡である可能性がある。この木簡の場合も、まず帳簿木簡として作成されたのち、帳簿が用済みになったあと、論語の習

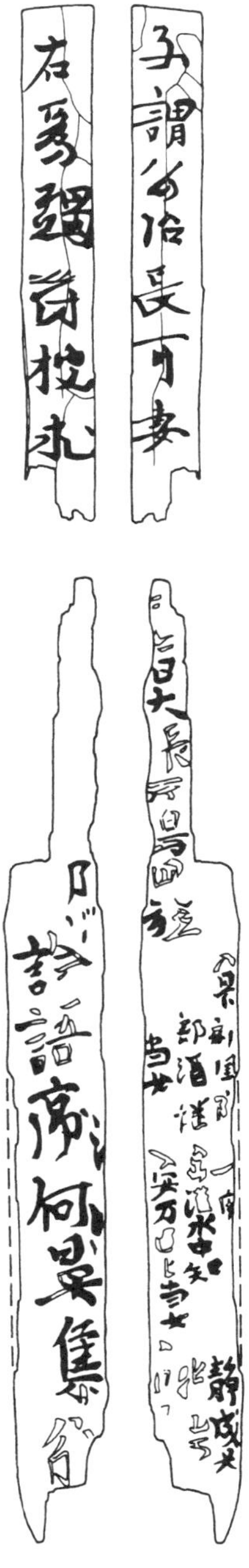

・「子謂公冶長可妻」
・右為蠲符捜求□
長さ（一九六）ミリ×幅二六ミリ×厚さ五ミリ

・□□日大□□□□□□〔所カ〕
入日下部国□〔族カ〕　□□□　静成女
□□部酒継　入□□水中知　□□□
□当女　入安万呂□当女　入□

「　□□
・□□　論語序何晏集□〔解カ〕」
長さ（三三二）ミリ×幅（三二）ミリ×厚さ五ミリ

図3◀兵庫県袴狭遺跡出土の八世紀の木簡。ともに、行政用に使用した木簡の裏に『論語』の一節や表題が書きつけられている。上の木簡は下部が破損している。下の木簡に見える「何晏（かあん）」は、中国・魏の人物で、現存最古の論語の注釈書である『論語集解（しっかい）』の著者。（兵庫県教育委員会『袴狭遺跡（兵庫県文化財調査報告第一九七冊）』、二〇〇四年より転載）

図4◀長野県屋代遺跡群出土の論語木簡。七世紀後半。（長野県立歴史館提供）

・亦楽乎人不知而不慍

・□

長さ（一九六）ミリ×幅（一〇）ミリ×厚さ七ミリ

子曰学而時習之不亦
乎有朋自
遠方来不亦楽乎
人不知而不慍不亦君
子乎
子
曰其為人也孝悌

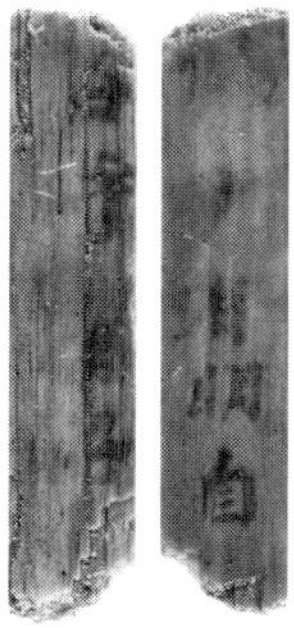

・悦乎 有朋自

・子乎 有子

長さ（一〇〇）ミリ×幅二四ミリ×厚さ七ミリ

図5▶兵庫県柴遺跡出土の論語木簡。八世紀〜九世紀前半ごろのもの。（兵庫県立考古博物館提供）

書がなされたと考えられる。

三つめは、長野県千曲市の屋代遺跡群から出土した七世紀後半の論語木簡である。これには、『論語』学而篇の冒頭部分が記載されている〔図4〕。

さらに、兵庫県朝来《あさご》市の柴遺跡からも、『論語』学而篇を表裏両面に記した八世紀〜九世紀前半ごろの木簡が出土している。表面には、冒頭の一節が記され、裏面には表面に続く部分が記されている。現状では、上下端が欠損しているが、両面の文字の配列から、片面に二〇〜二一文字が記され、文字部分だけで四〇センチ弱となり、木簡の全長はそれ以上の長さであったと推定される〔図5〕。

◆論語木簡と初期国府

これらの遺跡に共通した特徴として興味深いのは、いずれも初期の国府[*5]、あるいは国府官人と何らかの関わりをもつ遺跡と考えられることである。徳島県観音寺遺跡は、初期の阿波国府が置かれていたのではないかと考えられている。兵庫県の袴狭遺跡も、但馬《たじま》国府との関係が考えられている。出土した木簡の記録の様子からも、当時の行政区画でいうところの「郡」のレベルよりも一つ上の、「国」のレベルの行政が行われていたらしいという推測もなされている。長野県千曲市の屋代遺跡群についても、ここに初期の信濃国府があったのではないかという可能性が指摘されている。

兵庫県の柴遺跡は、出土木簡の記載内容から、駅家《うまや》[*6]に関わる遺跡ではないかと考えられている。駅家とは、中央の官人が地方と行き来するときに使用する施設のことで、つまり中央の官人がひっきりなしにその施設を訪れているのである。しかも駅家は国府が管理していたと考えられ、その意味でも国府レベルの官人が関与している施設であるといえる。

二〇一二年に「最古の戸籍木簡の発見」[*7]で話題となった福岡県太宰府市の国分松本遺跡からも「論語」と記された七世紀後半の木簡が出土しているが、この遺跡もまた、筑前国府の前身施設ないし筑紫大宰《つくしのおおみこともち》[*8]の関連施設があった可能性が想定されている。

このようにみてくると、いずれも、国府の前身施設や初期の国府といわれている遺跡から論語木簡が出土している傾向がうかがえる点は、見逃すことができない。これは、七世

＊5　奈良時代の地方行政区分として「国」があった。延喜式によると六八国を数える。国司が政務を執る行政機関を国衙〔こくが〕または国庁〔こくちょう〕といい、国衙を中心とするエリアが国府である。

＊6　「えきか」とも。古代日本の五畿七道の駅路沿いに原則として三〇里（約一六キロ）ごとに設置され、馬を常備し、宿泊や休憩を取るための施設があった。

＊7　二二八頁参照

＊8　九州に置かれた地方官で、律令制における「大宰帥〔だざいのそち〕」の前身。九州の国宰を統轄した。

紀後半において『論語』が地方社会に広がっていく際に、この当時中央から地方へ派遣される国宰《くにのみこともち》[*9]という役人が果たした役割が大きいことをうかがわせる。

◆テキストの冒頭が書かれる習書木簡

もうひとつの共通する特徴は、学而篇、それも冒頭部分を記した事例が顕著であるという点である。冒頭部分を記す傾向は、『論語』にかぎらず、ほかの文字テキストを記した木簡についても同様である。

『論語』と並んで、中国のテキストを書き写した木簡として、『千字文《せんじもん》』[*10]がある。現在まで残っている木簡や正倉院文書にみえる『千字文』の習書をみていくと、やはり冒頭の部分を書いたものがほとんどなのである。

こうした特徴は、テキストを実用的に習得する、というよりもむしろ、テキストの冒頭部分を暗唱できたり文字化できたりすることに大きな意味があったことを示している。つまり『論語』は、文字文化を習得する官人たちにとって象徴的な意味をもっていたテキストだったのである。これは、七世紀段階における、列島社会の文字文化の特徴と密接に関わる問題である。

*9　律令制の「国司」に相当する地方官。大化改新以前の地方には、国造〔くにのみやつこ〕・県主〔あがたぬし〕などが在地勢力として存在しており、朝廷が必要に応じて国宰を地方に派遣したとされる。

*10　一〇頁*15参照。

◆古代日本の地方社会に広まった中国の文字テキスト

七世紀後半の地方社会に、なぜ『論語』が広まっていったのか。受容された背景に、律令国家の成立による支配論理の転換があったことは容易に想像できるが、そうした支配論理の転換とは、具体的には国家が儒教的な合理主義に基づいて土地と人民を支配することを意味していた。

中央から地方へ派遣された国宰たちにより地方社会にもたらされた『論語』は、支配論理の転換をせまられた地方豪族たちにも積極的に受け入れられていったと思われる。『論語』を積極的に学ぶ姿勢をみせることが、地方豪族たちが律令国家の支配論理に従う上で不可欠であったのである。その際、全部を暗記する、ということではなく、冒頭部分を文字化できることが、非常に大きな意味をもっていたのではないだろうか。

中国の文字テキストは八世紀以降も地方の拠点的な官衙を中心に広まっていく。東北地方の古代城柵《じょうさく》[*11]遺跡を例にとれば、宮城県多賀城市の市川橋遺跡は、古代陸奥国の城柵である多賀城のすぐ南側に展開する遺跡だが、この遺跡からは、中国・唐代に作られた手紙の模範文例集である『杜家立成雑書要略《とかりっせいざっしょようりゃく》』[*12]の冒頭部分が書かれた習書木簡が出土している。ちなみに奈良・東大寺の正倉院宝物にも、光明皇后が書写したと伝えられる『杜家立成雑書要略』の写本が伝わっている。

このほか、秋田県秋田市の秋田城跡からは、中国・梁の時代に作られた『文選《もんぜん》』[*13]の一節

＊11　七世紀から十一世紀までの古代日本において大和朝廷が築いた軍事的防御施設。特に北東で蝦夷に、南西で隼人に対する備えとして置かれ、行政機能を併せ持つものを言う。

＊12　隋末唐初の学者、杜正蔵による書簡文例集。「杜家」は編者を指し、「立成」は「速成」の意。三六種七二篇から成る。

＊13　梁の昭明太子によって編纂された詩文集。全三〇巻、周から梁に至る代表的な詩文約八〇〇篇を収録。後に唐の李善が注を付けて六〇巻とした。中国古代文学の規範の一つであり、中国古代文学研究の主要資料。

を書いた木簡が、岩手県奥州市の胆沢《いさわ》城跡からは、『孝経《こうきょう》』の注釈書である「古文孝経」[*14]が書かれた漆紙文書が出土している。城柵と中国の文字テキストは、一見すると結びつきがたいように思われるが、地方社会における先進的な支配拠点には、中国の文字テキストの受容が必要不可欠であったことをこれらは示している。『論語』は、その最も基礎的なテキストとして、地方社会の支配拠点に受容されていったのである。

ひるがえって、朝鮮半島の場合を考えてみると、韓国から出土した二点の木簡は、いずれも地方の山城から出土している。これもやはり、日本列島と同様の傾向がうかがえるのではないだろうか。この点に、東アジアの文字文化の特徴がみてとれるのではないだろうか。

二. 地方社会の出挙運営とその記録 ―百済・佐官貸食記と日本の出挙木簡―

◆古代日本における稲の貸し付け記録の木簡、「出挙木簡」

地方から出土する木簡で顕著なものの一つに「出挙《すいこ》木簡」がある。出挙とは、春に種稲を民衆に貸し付け、秋の収穫時に五割の利息とともに返納させる稲の貸付制度で、古代地方社会では早い段階から出挙の慣行が存在したとされている。地方の豪族たちが、種稲を確保するのが難しい民衆に対して稲を貸し付け、収穫したものを利息とともに回収するの

*14 「孝経」は経書の一つで、孔子と曾子の対話形式により、儒教倫理の中心である「孝」について説いたもの。秦の始皇帝の焚書坑儒により一時所在が不明となり、前漢に入って二種類の系統の本が再発見され、その字体からそれぞれ「古文孝経」「今文孝経」と呼ばれた。

である。七世紀後半以降になると、これを積極的に地方社会の財源として位置づけるようになり、八世紀以降には一種の税制度として整備されていくのである。

この際に、誰にどれだけの稲を貸し付けたか、という記録が必要になってくるわけである。古代地方社会において、出挙運営を文字記録に書きとどめるという技術は、比較的早い段階から行われていたと考えられる。

その事例としてまず、福岡県太宰府市の大宰府跡から出土した七世紀後半の木簡をとりあげる。ここでは、「貸稲」という表現がみえる。「出挙」は八世紀以降に使われる言葉で、七世紀段階では「貸稲」という言葉が使われていた。つまりこの木簡は、出挙の記録である。「貸稲数」の文字の下には、稲を貸し付けられたと思われる人の名前が、小さい字で二行に分けて書かれている〔図6〕。

滋賀県西河原遺跡群から出土した七世紀末から八世紀初頭ごろの木簡にも「貸稲」とい

八月□〔廿カ〕日記貸稲数　□　財
　　　　　　　　　　　　財ア人　物

長さ（一五三）ミリ×幅三二ミリ×厚さ七ミリ

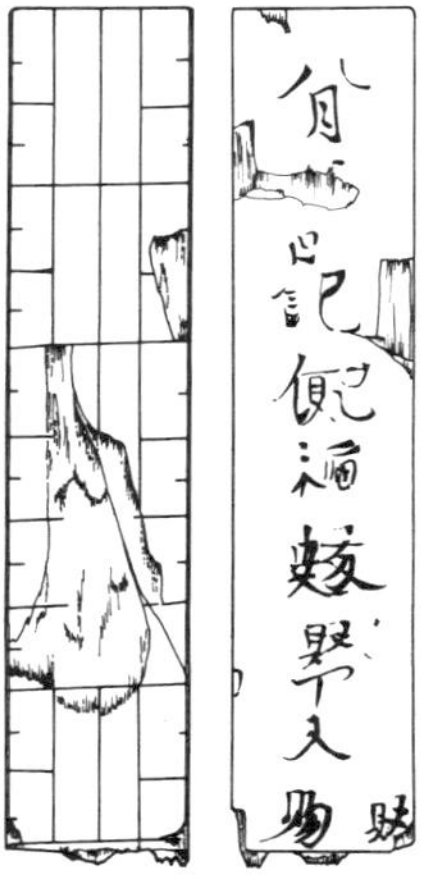

図6▲福岡県大宰府跡から出土した七世紀後半の出挙木簡。裏面が物差しに転用されている。（九州歴史資料館提供・赤外線写真は中村一郎氏撮影による）

図7▲滋賀県野洲市西河原遺跡群から出土した、七世紀末から八世紀初頭にかけての木簡。ともに「貸稲」の文字がみえる。右は西河原宮ノ内遺跡、左は西河原森ノ内遺跡のもの。（滋賀県立安土城考古博物館提供）

・□刀自右二人貸稲□□〔十斤カ〕稲二百□〔斤カ〕又□□稲卅□〔斤カ〕貸。

・[ ]人佐太大連
　[ ]首弥皮加之二人知　文作人石木主寸文通。

長さ（二八九）ミリ×幅四五ミリ×厚さ五ミリ

・[ ]□□
　□申□□□首□稲□□□[ ]
・[ ]
　□□首貸稲大卅束記

長さ三二八ミリ×幅三七ミリ×厚さ九ミリ

う表現がみえる。これも稲を貸し付けたさいの記録であろう〔図7〕。

さらに兵庫県の山垣遺跡から出土した木簡にも、「貸給」という表現がみえる。年紀のところが欠けていて読めないが、おそらくは八世紀初頭、大宝令が施行された直後のものと考えられる〔図8〕。

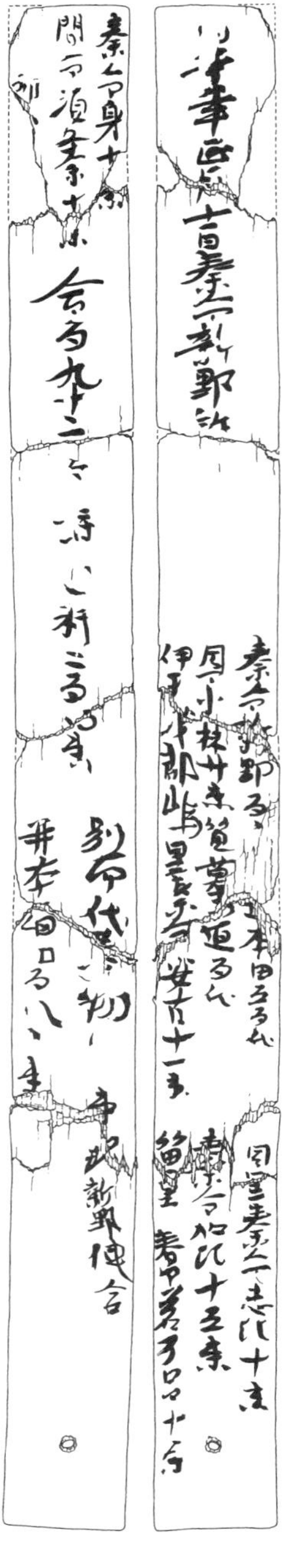

図8◀兵庫県丹波市山垣遺跡出土木簡。八世紀初頭のものか。「貸給」という表現がみえる。(兵庫県教育委員会『山垣遺跡発掘調査報告書(兵庫県文化財調査報告書第七五冊)』、一九九〇より転載)

・□□年正月十一日秦人部新野□□□貸給
　秦人部新野百□［　　］本田五百代　同里秦人部志比十束
　同部小林廿束［　　］墓垣百代　秦人部加比十五束
　伊干我郡嶋里秦人部安古十一束　竹田里春部若万呂十束　。

・　秦人部身十束
　間人部須久奈十束　合百九十六束椋□〔留カ〕二百四束
　［　　］
　　別而代□物八十束□〔勘カ〕新野貸給
　　并本□四百八十束　。

長さ六九七ミリ×幅五七ミリ×厚さ八ミリ

◆百済における米の貸借帳簿の木簡、「佐官貸食記」

こうした出挙の記録が各地でさかんに行われていたことがわかるが、最近、韓国でも、百済の都が置かれていた扶余の遺跡から、「佐官貸食記《さかんたいしょくき》」という表題が書かれた木簡が出土した〔図9〕。

冒頭に「戊寅年」と書かれているが、これは六一八年、つまり七世紀前半にあたる年代だと考えられる。この年の六月に、「佐官」と呼ばれる、おそらく官人に相当する人たちに「貸食」、つまり食を貸し付けたことを記録した、というのが、表題の意味であろう。この「貸食」という言葉が、七世紀後半代に日本列島の出挙木簡にみられる「貸稲」とよく似ている表現として注目される。

またこの木簡には、穀物を、誰にどのくらい貸して、それが返されたのがどのくらいあって、まだ返されていないのがどのくらいあるのか、という記録が、事細かに書かれている。これを詳細に検討すると、さまざまな興味深いことがわかる。

木簡の記載内容を表にまとめた〔表1〕。これによると、人名が一〇名確認されるが、その人名の下にはそれぞれ、貸し付けた穀物の石数が記される。さらにその下には「上」「未」という表現がみえる。「上」は「たてまつる」と読み、借りた穀物を返した額を意味し、「未」は未納分を意味する。返した額と、まだ返していない額が、各人名の下に記されているのである。

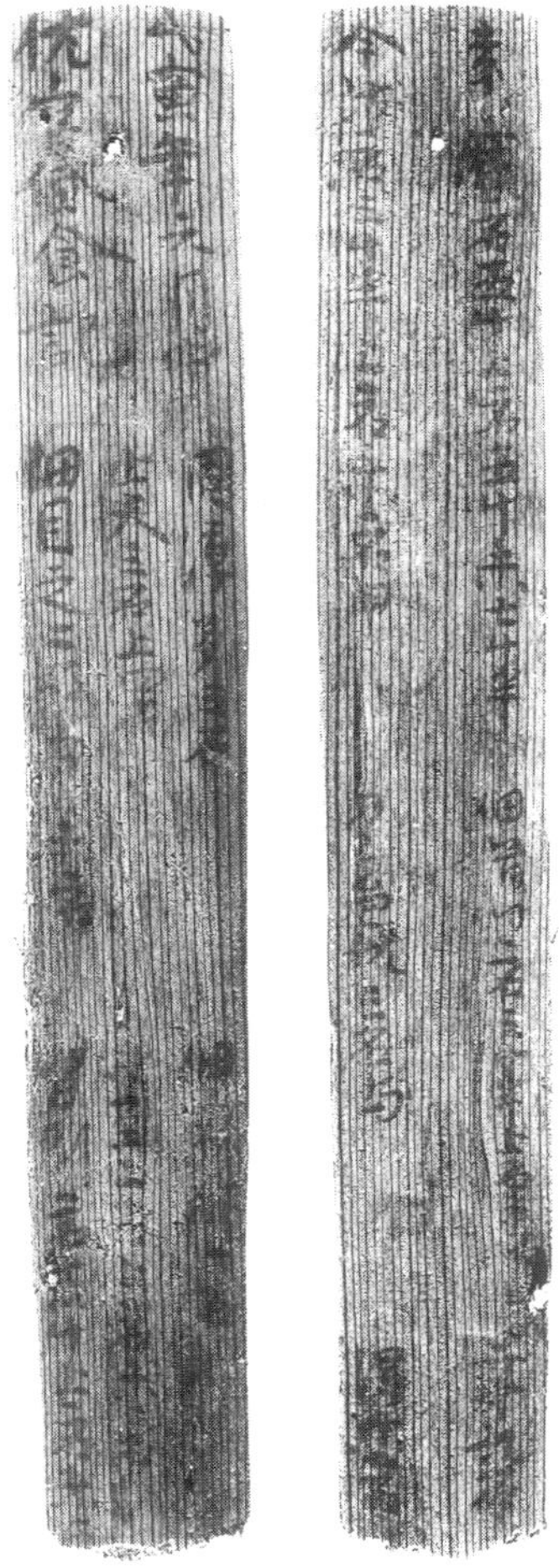

	人名	石数	「上」石数	「未」石数
①	固淳夢	三石		
②	上夫	三石	四石□	
③	佃目之	二石	二石	一石
④	佃麻那	二石		
⑤	比至	二石	一石	二石
⑥	習利	一石五斗	一石	一石「
⑦	素麻	一石五斗	一石五斗	七斗半
⑧	今沽	一石三斗半	一石	一石甲
⑨	佃首行	一石三斗半	一石	一石□
⑩	刀己邑佐	三石与		
合計		一九石一七斗	一一石五斗＋α	

表1▲木簡の記載内容（三上喜孝「古代東アジア出挙制度試論」『日本古代の文字と地方社会』吉川弘文館、二〇一三年より）

・戊寅年六月中　　固淳□〔夢カ芆カ〕三石　　佃麻那二石
　　　　　　　　　上夫三石上四石□　　　比至二石上一石未二石
・佐官貸食記　　　佃目之二石上二石未一石　習利一石五斗上一石未一石□

・素麻一石五斗上一石五斗未七斗半　　佃首行一石三斗半上一石未一石甲　　并十九石□
・今沽一石三斗半上一石未一石甲　　刀己邑佐三石与　　得十一石□

長さ（二九一）ミリ×幅四二ミリ×厚さ四ミリ

図9▲扶余の双北里遺跡から2008年に発見された木簡で、「佐官貸食記」と題する百済における米の貸借の公文書とされている。「戊寅年」は618年と推定される。複数の人物に穀物を貸し付け、返納させた際の記録が書き付けてある。釈文の横棒は刻線。（文献［2］より転載）

この数字を検討していくと、各個人に対する穀類の貸付額の五割が、利子として設定されていたということがわかる。貸付額の五割を利息とする、という慣行が、七世紀前半の百済において存在したということが、この木簡により確認されたのである。

古代の日本でも、八世紀以降の律令制下では、貸し付けた稲の利息を五割とするということが定められていたが、百済ではすでに七世紀前半の段階で、そのことが確認されたのである。

それればかりでなく、佐官貸食記には、借りた穀物を返納することを「上《たてまつる》」と表現し、未納分を「未」と表現している点も、これまで確認されている日本古代の出挙木簡の表現と共通している。

さらに「佐官貸食記」には、穀物の単位として「半」「甲」といった見慣れない表現がみえるが、これはそれぞれ「半」＝五升（一斗の二分の一）、「甲」＝二升五合（一斗の四分の一）と考えれば、計算が合う。

実はこうした独特の表現も、古代日本の七世紀代の木簡に共通してあらわれている。例として鳥取県倉吉市の大御堂廃寺出土木簡を掲げた〔図10〕。木簡が出土した層からは、七世紀後半～八世紀前半の土器が含まれており、木簡の年代もこの時期に比定できるであ

・○三日仏
　　　聖□
・○一升半口七
　一升小甲口

長さ（九〇）ミリ×幅四四ミリ×厚さ三ミリ

図10▶「半」や「甲」の単位が記された日本の木簡。鳥取県倉吉市大御堂廃寺出土。七世紀後半から八世紀前半のもの。（倉吉市教育委員会提供）

ろう。ここでは、数量単位として「半」と「甲」が用いられている。とくにここでは「小甲」という表現が使われており、おそらくここでは、「一升の四分の一」という数量を意味する単位ではないだろうか。

これまでこの「甲」については、その意味がよくわからなかったが、「佐官貸食記」の検討により、「四分の一」をあらわす単位であることが明確になったのである。

◆古代日本と百済で共通していた出挙運営

こうした一つ一つの細かな記載表現は、出挙運営に関する記録技術そのものが、日本と百済で大きく共通していたことを示している。

「佐官貸食記」が七世紀前半のものであることをふまえると、七世紀後半以降に日本の古代地方社会で作成されるようになる出挙木簡は、百済の記録技術の影響を受けている可能性が高い。もちろん出挙は、同時代の中国や朝鮮半島で行われていたことは文献上でも確認されており、古代東アジアに共通する農業慣行であったことはまちがいないが、これまではその運営の仕方、すなわちどのように貸し付け、返納させたか、という具体的な部分まで踏み込んで考えることはできなかった。

そうした具体像がわからなかったために、古代日本の出挙は、東アジアの農業慣行の影響を受けつつも、独自の要素が強い、という言い方がなされてきた。だが「佐官貸食記」

の存在は、固有の問題としてとらえられがちだった古代日本の出挙が、東アジア世界の枠組みのなかでとらえられなければならなくなったことを、私たちに教えてくれているのである。

三．信仰の広まりと文字文化 ―「龍王」銘木簡と古代東アジア世界―

◆韓国の祈雨祭祀

文字文化は、古代社会の政治・行政分野にのみ影響を与えたのではない。とりわけ古代地方社会では、文字そのものが、ときに権威をあらわしたり、あるいは文字そのものに不思議な力を見出していたこともいわれている。最後に、文字の広まりを信仰という観点から考察してみたい。

ここで注目したいのは、近年韓国で出土した二点の「龍王」と記された木簡である。「龍王」とは、水をあやつる神であり、雨乞いの祭祀などに登場する神である。

一点は、昌寧《しょうねい》《チャンニョン》・火旺山城《かおうさんじょう》《ファワンサンソン》の池跡から出土した円筒形の人形状の木製品に記されたものであり、もう一点は、慶州《けいしゅう》《キョンジュ》・伝仁容寺《にんようじ》《イニョンサ》の井戸跡から出土した、刀子状の木製品に記されたものである。いずれも年代は、九世紀ごろのものと考えられている〔図11〕。

前者は、「龍王開祭」という、龍王に関わる何らかの祭祀が行われたことを記す文言とともに、「六月廿九日」という日付が書かれている。古代朝鮮の歴史書である『三国史記』[*15]には、夏の五月や六月の時期に祈雨祭祀を行ったという記述がしばしばみられる。六月二十九日という日付も、日照りなどにより雨乞いの儀式が必要となった時期に祈雨祭祀が行われたことを意味するのだろう。

後者は冒頭に「大龍王」とみえ、やはり雨乞いのために龍王に祈願したさいに書かれたのであろう。二行目は、「所貴公歳卅」「金〔候〕公歳卅五」と、二人の名前とそれぞれの年齢が書かれている。

＊15　一七頁＊33参照。

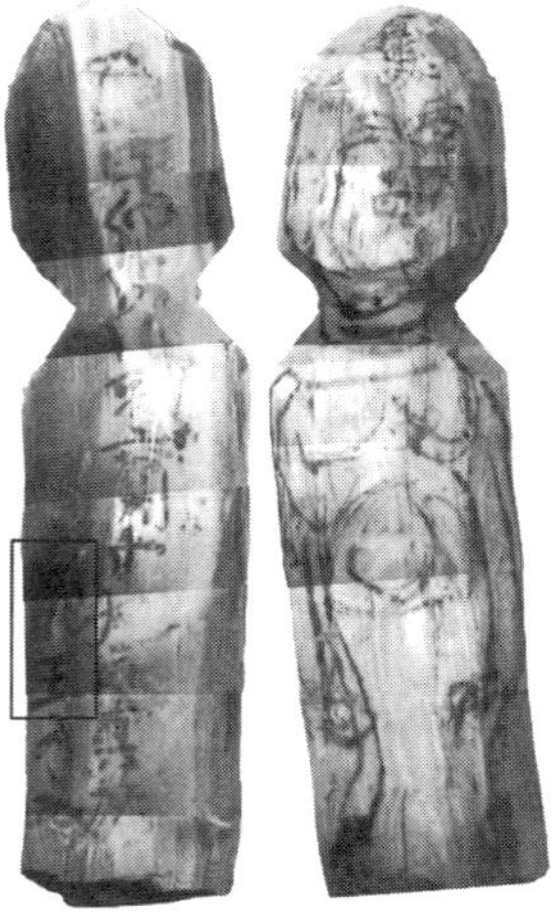

（一面）真族

（二面）□古仰□□年六月廿九日真族
龍王開祭

長さ四九一ミリ×径一〇六ミリ

・大龍王中白主民渙次心阿多乎去亦在

□〔者〕所貴公歳卅金□〔候〕公歳卅五

・是二人者歳中人亦在如□与□□右□

長さ一五八ミリ×幅一三・八ミリ×厚さ七・七ミリ

図11◀韓国で出土した、雨乞いに関する木製品。いずれも九世紀ごろ。
上：新羅の山城である火旺山城の池跡から出土したもので、円筒形の人形状の木製品に文字が記されており、線で囲まれた部分に「龍王」の文字がある。（文献［7］より転載）
下：新羅の仁容寺の跡とされる遺跡の井戸跡から出土したもので、刀子をかたどった木製品の表裏に文字が記されている。（文献［8］より転載）

興味深いのは、この二点がいずれも、人形状木製品、刀子状木製品に墨書されていることである。これらは、おそらくは祈雨祭祀にともなって用いられた祭祀具に直接書いたのだと考えられる。とくに伝仁容寺出土の刀子状木製品の墨書に注目すると、一行ごとに文字が天地逆に配され、明らかに通常の文書木簡とは記載様式を異にしている。一行ごとに天地逆に記すという記載様式は、日本の呪符木簡にもみられる特徴である。

◆日本の「龍王」銘木簡

こうした「龍王」の文字が記載されている木簡は、日本では藤原京跡をはじめ、静岡県浜松市伊場遺跡、群馬県富岡市内匠《たくみ》日向周地《ひなたしゅうち》遺跡、山形県米沢市馳上《はせがみ》遺跡、山形県山形市梅野木前《うめのきまえ》Ⅰ遺跡など、各地から出土している。このうち、藤原京跡出土木簡と、内匠日向周地遺跡の例をあげよう〔図12〕。

藤原京出土木簡で興味深い点は、この中に二人の婢の名前と年齢がみられることである。これは、さきにみた、韓国慶州の伝仁容寺出土木簡の記載とも類似している。一度の龍王祭祀に二人の人物が関与していると思われることや、年齢が祭祀に重要な意味を持っていたことなどがうかがえる。

内匠日向周地遺跡出土木簡からは、「奉龍王」と書かれているように、水の神である龍王に、何らかの奉納が行われていることがうかがえる。これらの木簡は、一連の祭祀行為

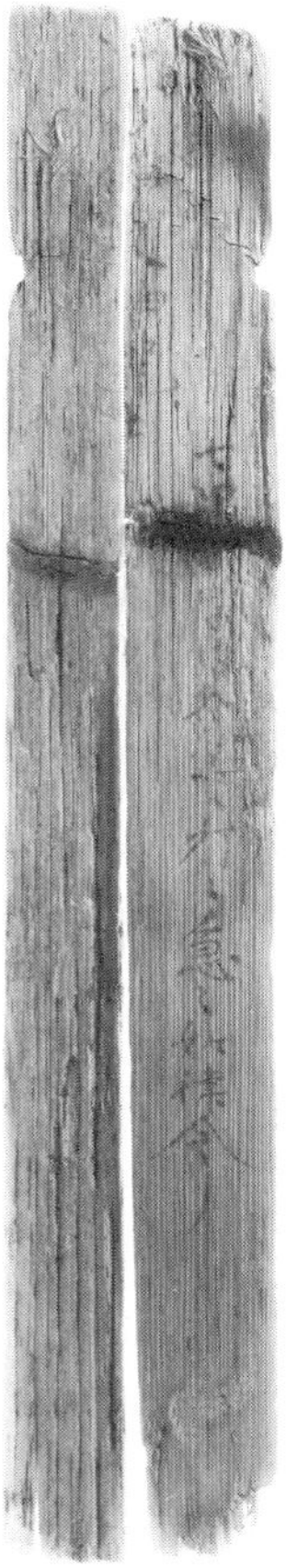

・＜四方卅□大神龍王
七里□□内□〔外カ〕送ミ打ミ急ミ如律令

・＜東方木神王
南方火神王（人物像）
中央土神王

婢麻佐女生年廿九黒色
婢□□女生年□□□□〔色カ〕
（人物像）

長さ四六七ミリ×幅八三ミリ×厚さ七ミリ

図12◀日本出土の「龍王」木簡。
右：藤原京跡九条四坊出土。（橿原教育委員会蔵、奈良文化財研究所提供）
左：群馬県富岡市内匠日向周地遺跡出土。（『（財）群馬県埋蔵文化財調査事業団調査報告第一八八集 内匠日向周地遺跡・下高瀬寺山遺跡・下高瀬前田遺跡』1995年より転載）

□□蛟□奉龍王
長さ（一五〇）ミリ×幅二三ミリ×厚さ四ミリ

□□□蛇奉龍王
長さ（一四五）ミリ×幅二三ミリ×厚さ七ミリ

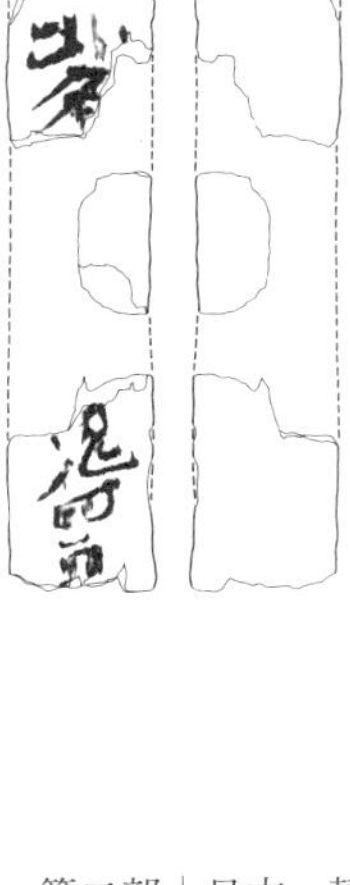

□□□×鬼□□
長さ（四二＋五三）ミリ×幅二五ミリ×厚さ六ミリ

を、文字により明示している点に大きな特徴がある。

こうした地方出土の龍王木簡は九世紀代のものが多く確認され、木簡を用いた龍王祭祀が、九世紀を通じて地方社会に広まっていったことがわかる。この点は、朝鮮半島においても同じような広まりの仕方をみせていた可能性がある。東アジアの農耕社会においては、祈雨・止雨に関する祭祀はとりわけ重要であり、古代地方社会でもそれは切実な問題であった。龍王信仰、ならびにそれにともなう祈雨・止雨の祭祀の広まりの背後には、古代地方社会における文字文化の広まりが大きく関係しているように思われる。

おわりに

以上、「文字を学ぶ」「文字を記録する」「文字と信仰」という三つの観点から、韓国出土木簡と日本古代の地方木簡を比較しつつ、古代地方社会における文字文化の広まりについて検討した。日本の古代地方社会の文字文化は、古代東アジア世界、とりわけ古代朝鮮半島の文字文化と、実はかなり直接的で密接な関係を有している、ということが、これらの事例からうかがえる。しかも文字文化は、文字そのものだけではなく、その背後にある思想、理念、精神性、記録技術などをも含み込んで、古代地方社会に広まっていったのである。

咸安城山山城発掘調査と出土木簡

梁 淑子

朝鮮半島の南部、釜山の西に位置する咸安城山山城遺跡。本書でもたびたび言及されるように、本遺跡からは六世紀の荷札木簡が大量に出土し、日本木簡との比較という観点からも大きな注目を集めている。本遺跡はかつて阿羅加耶の山城ではないかとされてきたが、発掘の結果、新羅の山城であったことが判明し、日本書紀の記事との関連も推測されている。本稿では、長らくこの遺跡の発掘に関わってきた調査者の立場から、実際の発掘調査がどのように行われたか、また、木簡が大量に出土した遺構がどのようなものであったかを報告する。

一・遺跡の概要

咸安城《かんあんじょう》《ハマンソン》山山城《さんさんじょう》《サンサンソン》〔図1〕は、慶尚南道《けいしょうなんどう》《キョンサンナムド》咸安郡《かんあんぐん》《ハマングン》伽倻邑《かやゆう》《カヤウプ》の中心部から南に約二・五キロ離れた、海抜一三九メートルの鳥南山《ちょうなんさん》《チョナムサン》に築かれた三国時代[*1]の石築山城であり、史跡第六七号に指定されている。咸安の伽倻邑を中心とした阿羅加耶[*2]の中心地に位置しており、周辺には[*3]末伊山《まついさん》《マリサン》古墳群など加耶の首長級大形古墳が隣接している。そのため、阿羅加耶の政治お

＊1　四〜七世紀ごろ、朝鮮半島および中国東北に、高句麗・百済・新羅の三国が鼎立した時代。三国に先行・並行して扶余・沃沮・加耶などの小国があった。戦乱が多く、山城が多く作られた。韓国では高麗時代の史書に依拠し、紀元前一世紀から紀元後七世紀を三国時代とする。新羅の統一で終わりを告げた。

よび軍事的主要拠点と推定されてきた。このような歴史的重要性により、山城の構造と性格を把握するために一九九一年から現在まで十六次にわたり国立加耶文化財研究所が学術発掘調査を実施している。調査の結果、加耶の山城ではなく、新羅によって築かれた山城であると判明した。

城山山城は、周囲約一・四キロ、内部面積一〇万二八五五平方メートル規模の山城で、鳥南山の内部を包み込むように稜線の頂上部に沿って築造された鉢巻式山城[*4]である。山城の内部は、北から南に向かって低くなってからまた少し高くなり、西から東に低くなる地形をしている。そのため、城内の水は、自然に中央に集まってから東に抜ける。

城山山城に対する文献記録は、『咸州誌』[*5]古跡条に「伽倻国旧墟、在郡北五里許城山之上。周回四千三百八十三尺、至今城基宛然。隆慶己巳、張侯範建書院于此。今移琴川。（伽倻国の旧墟、郡の北五里許りの城山の上にあり。周回四千三百八十三尺、今に至るも城基宛然たり。隆慶己巳、張侯範、書院を此に建つ。今琴川に移る。）」というものが唯一である。また、『日本書紀』巻十九・欽明天皇二十二年（五六一）条に、「故新羅築城於阿羅波斯山、以備日本（故に新羅、城を阿羅波斯山に築き、以て日本に備う）」という記録があり、城山山城の築城年代推定の端緒を提供している。

図1▶咸安城山山城
上：遠景
下：航空写真

＊2　三国時代の朝鮮半島東南部にはいくつかの小国があり、「加耶」（伽揶・加羅・任那などとも）と総称されるが、その有力なものとしていわゆる「六加耶」があった。阿羅加耶はそのひとつ。

＊3　咸安中心部の丘にある古墳群で、かつては道項里古墳群と末山里古墳群と呼ばれたが、末伊山古墳群と総称される

二．発掘調査の概要

咸安城山山城は、隣接する末伊山古墳群とともに、早くから加耶の代表的な山城として継続的に関心をもたれてきた遺跡である。こうした重要性から、国立加耶文化財研究所では、加耶文化圏学術調査の一環として一九九一年に発掘に着手し、二〇一二年まで十六次にわたり調査を進めてきた。発掘調査は、三段階に分けて進められた。

一九九一〜一九九四年まで進められた第一段階調査は、咸安城山山城の性格を究明するための最初の調査であり、城壁の築造手法を確認するとともに、出入施設である東・南門址一帯に対する確認調査が行われた。二〇〇〇〜二〇〇二年まで進められた第二段階調査は、咸安城山山城の構造と性格、特に、一九九二年に木簡が出土した推定低湿地の性格をより明確にするための調査が行われた。二〇〇三〜二〇一〇年までは、人工貯水施設および国内での最多木簡出土地である東門址内部の性格を究明するために中長期調査が行われた。

その結果、咸安城山山城は、六世紀後半から七世紀初め頃、新羅によって築造されたことが確認された。調査過程で南門址と東門址、西門址の位置および形態が確認され、内・外壁の築造分岐点と外壁補強構造物、城壁内外部排水施設など城壁構造と関連する多様な事実を明らかにすることができた〔図2〕。特に、一九九二年の調査で出土した四点の木

ようになった。一〇〇余りの大型古墳と一〇〇〇基を超える中小の円墳がある。

＊4　山城には、頂上部を中心に城壁を巡らせる「鉢巻式」と、谷を包み込むように築く「包谷式」がある。

＊5　一五八七年に咸安郡守の鄭逑が編纂した邑誌。現存する邑誌のなかで最も古い。

簡をはじめ、二〇〇二年に実施された東門址付近の調査で九〇点もの木簡が出土したことで、国内最多の木簡出土地として注目されることとなった。層位学的方法により進められた二〇〇六年からの調査を通じて、木簡などの木製遺物の出土遺構が、貯水池ではなく東城壁内側の一部区間に人為的に埋め立てられたものであるという事実が確認された。その後、集中的に進められた調査を通じて、木簡集中出土地は、城壁の築造と旧地表面造成のための基盤施設であり、*6敷《しき》葉《は》工法《こうほう》の典型的な特徴を有しているという事実が確認された〔図3〕。

三．十六次発掘調査

二〇一〇〜二〇一二年まで行われた十五、十六次発掘調査は、咸安城山山城を復元するために基礎的資料を確保することが目的であった。調査は、大きく東城壁区間、南城壁区間、西門址区間に分けて行われた。本稿では、東城壁区間の調査成果のうち、流水管理施設に関する内容を中心に述べることとする。

東城壁は、鳥南山の渓谷部を塞《ふさ》いで築造した城壁である。東城壁が位置する渓谷部は、鳥南山の頂上部でもっとも低くなっている。こうした地形的要因によって、この辺りには斜面に沿って持続的に地表水、地下水などの水が流入してきて川のようになる。これまで

＊6　古代東アジアの圧密沈下排水技法のひとつで、中国・韓国・日本でいずれも確認されている。堤防施設の下部に多く施工される工法で、韓国では、ソウルの風納土城や扶余羅城のように土城の下部で施工された例があり、山城では咸安城山山城ではじめて確認された。堤・土塁・道路などを盛土する際に、葉の付いた枝・筵〔むしろ〕・樹皮などを一種の補強材として使用し、粘土や砂と版築状に締め固めて、強固な地盤や効率的な排水などを確保する。古代中国春秋戦国時代頃が起源と考えられ、葉の有無・枝の方向や組み方・杭の打ち方などにさまざまなバリエーションがある。日本には渡来人によってもたらされたと考えられ、弥生時代から現代まで低地開発の土木技術に広く用いられている。

の調査および実験を通じて、敷葉工法は、こうした地形的脆弱点を克服するための方法と理解されてきた。現在までに調査された東城壁区間は、八六メートルである。東城壁は、自然地形をそのまま活用して自然岩盤の上に石築した城壁であり、二重構造の城壁と外壁補強構造物で構成されている。

今回の調査は、これまでの調査成果に基づいて東城壁区間の北側区域に集中して行い、二〇〇六～二〇〇九年に調査が完了した南側区域に対する補充調査を同時に進めた〔図4〕。

今回の調査の結果、これまでの調査で知られていた敷葉工法区間だ

図2▲咸安城山山城
①：南門址　②：外壁補強構造物　③：西城壁

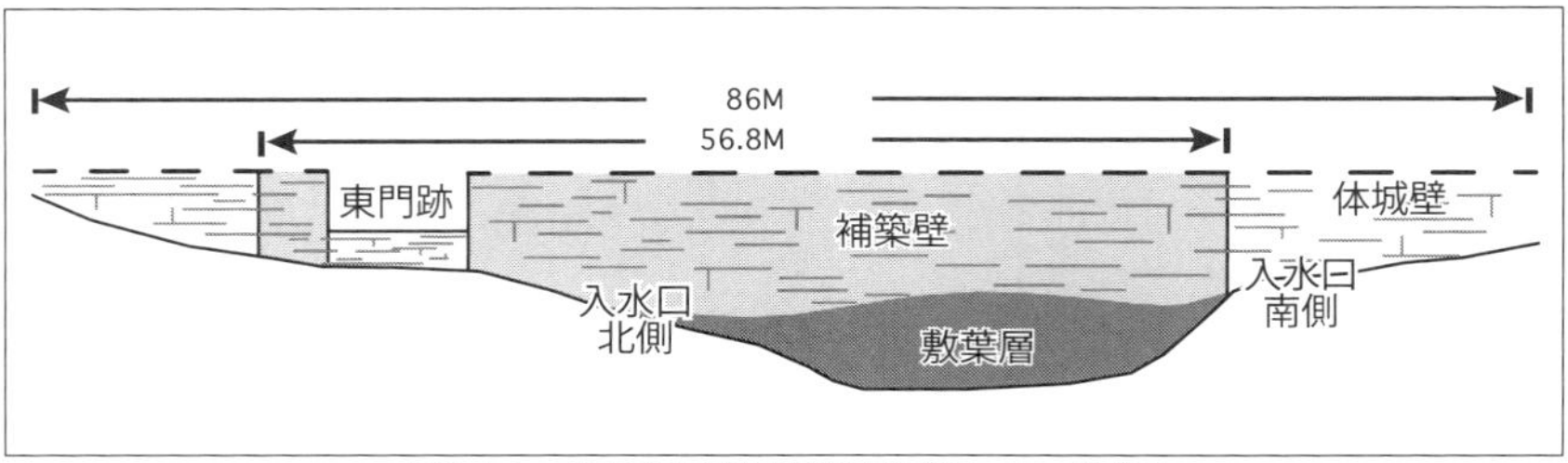

図3▲上：咸安城山山城東城壁内部全景　下：模式図

けではなく、東城壁区間全体から東城壁区間の地形的脆弱点を克服するための流水管理施設が確認された。

　東城壁区間の排水施設は、大きく地下水処理施設と地表水処理施設に区分できる。地下水処理施設としては、地下に砂利を敷いた*7盲暗渠《めくらあんきょ》施設と、東門址前のL字形導水路、敷葉層と城壁下部自然石を利用した暗渠施設がある。地表水処理施設としては、Y字形導水路などで連結された北側入水口と出水口、西側から流入する水を誘導するものと推定される石築導水路、北側入水口と出水口を挙げることができる〔図5〕。

　東門址内側の上部傾斜面からはじまる砂利層すなわち盲暗渠施設は、今回の調査で初めて確認された。傾斜に沿って長さ一六メートル、幅一一・五メートルにわたって設けられており、浅いものは一層、厚いものは一メートルほどもある。東門址のすぐ前の平坦地域にL字形導水路を通じて集められてから、さらに東側と南側に分けられて、東側は城壁下部の暗渠施設に、南側は南の敷葉層と繋がっている。盲暗渠施設の上部は、粘性が強い風化岩盤土を盛土して水が出てこないように密封し、そ

図4▲東城壁北側区域航空写真

図5◀東城壁区間内
地表水処理施設

＊7　湧水や浸透水を排水するための地下排水溝。溝を掘って、竹や粗朶（そだ）（直径数センチ程度の細い木の枝を集めて束状にしたもの）に砂を詰めて埋め戻す。地表面に管路が見えないためこのような呼び名がある。現在では透水管に砕石や砂などを用いる。

の上に風化岩盤土を厚く盛土して旧地表面を形成している〔図6〕。

一九九二年度に一部のみ確認されていたY字形導水路をはじめとする北側地域の入水口は、三つからなっている。実際に入水口の形で作られたのは二つであり、もっとも北側すなわちY字形導水路と連結する入水口は、補築城壁に導水路の側壁をつけた形で、大きな自然石を活用した暗渠施設とみられる。Y字形導水路の両側側壁は、板石を整然と積み上げていて、導水路の底に蓋石と底の板石を備えた一つの出水口がさらに作られている特異な形態である。

現在まで東城壁は、東城壁区間の渓谷部を中心に全八六メートルが調査され、このうち下部を暗渠施設として利用した補築城壁が付けられた区間は、五六・八メートルと確認された。この補築城壁は、後付けされた城壁というよりは城壁が二重に構成されたものに近く、城壁を築造した際に計画的に同時に築いたものと確認された。これまでの調査結果からみると、敷葉工法が施工された敷葉層の築造から旧地表盛土、体城壁および補

図6▲東城壁区間内地下水処理施設（北側地域導水路および暗渠施設細部）

築城壁築造、排水施設設置などの作業は、築造工程上の先後関係はあるものの、単一の計画の下に築かれたと推定できる。

こうした城山山城の東城壁区間の排水施設は、現在でも作用しており、多量の雨天時でも城山山城東城壁が現在まで保全されている理由を推測させる〔図7〕。

四　咸安城山山城出土木簡

咸安城山山城は、韓国で最多の木簡が出土した遺跡であり、国内はもちろん日本でも有名である。これまで咸安城山山城で出土した古代木簡は全二九九点であり、国内で出土した古代木簡の三分の二ほどがここから出土していることになる。木簡が多量に出土した区域は、東城壁区間内部の中央渓谷部であり、低湿地、木簡集中出土地などと呼ばれた地域や、最近の調査成果を通じて敷葉工法区間と命名された区間である。

これまでの調査結果をみると、木簡が集中して出土した敷葉工法区間は、二つの機能を兼ねていたものと推定される。最初の役割は、これまでの研究でも集中して浮き彫りにされてきた内容で、旧地表の形成と関連する役割である。

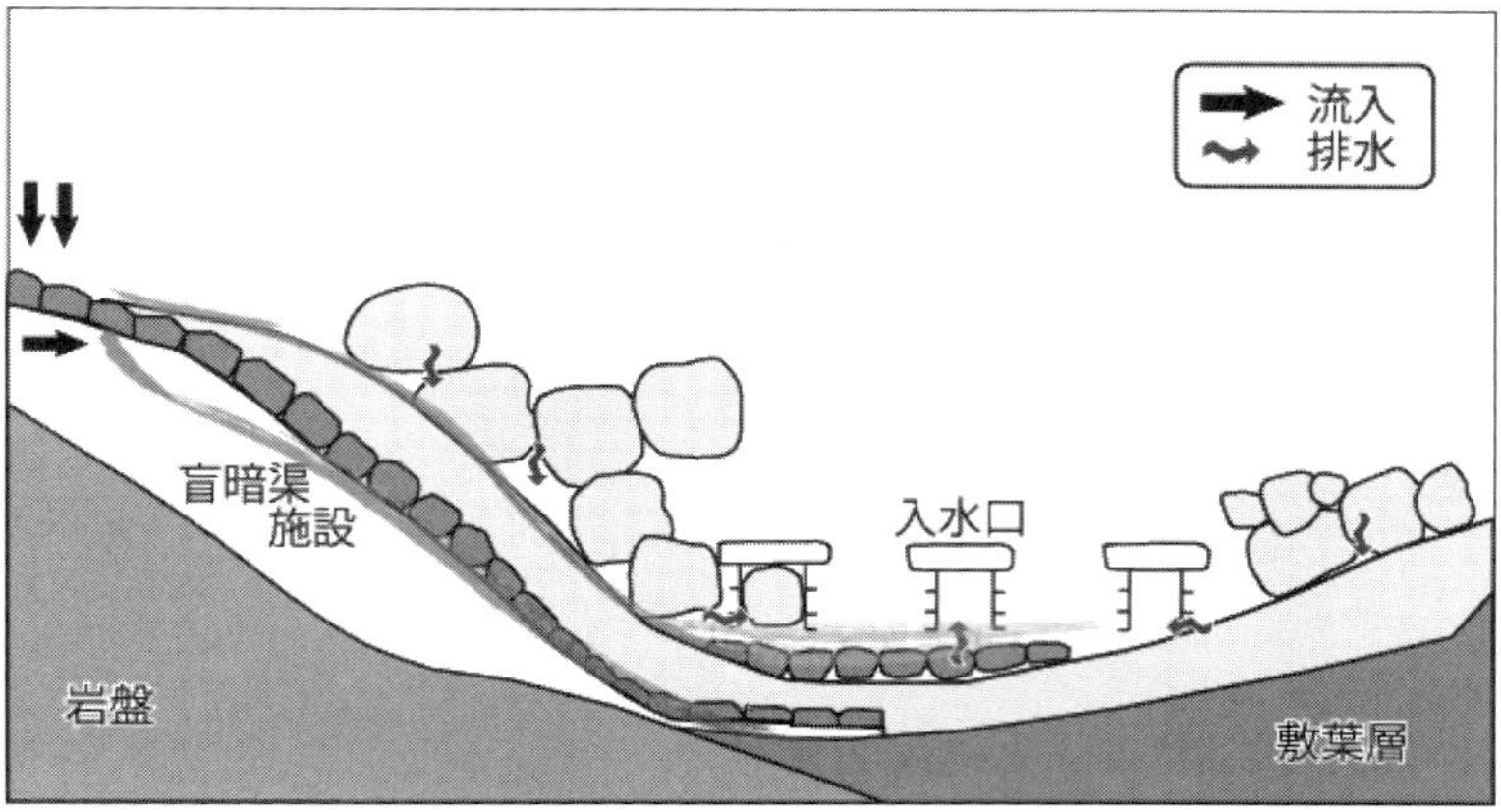

図7▲東城壁区間排水システム模式図

＊8　国立加耶文化財研究所『咸安城山山城—古代環境復元研究結果報告書』二〇一二年

東城壁内側の旧地表は、層位学的な分析を通してみると、「⑴二列の木柵設置→⑵敷葉工法区間堆積→⑶粘土層の形成→⑷西側木柵施設上部と粘土層の傾斜の間に小形割石埋め立て、および先行護岸石築の設置」の順に進められた〔図8〕。最近行われた土木工学的な研究成果をみると、盛土する際に敷葉工法を施工すると、施工しなかった時に比べて約二・五倍以上も盛土を高くできることが分かった。すなわち、土木工学的な数値解析を通じて、敷葉工法が荷重軽減および補強効果をもっており、より安全に盛土できたものと確認[*8]された。

最近、敷葉工法区間は、こうした盛土補強材の役割とともに、排水施設としての機能を同時にもっていたことが確認された。敷葉工法区間の北側開始地点は、北側地域の中心的な排水施設である盲暗渠施設の南側境界であり、盲暗渠施設を通して運ばれた地下水は、現在でも敷葉工法区間を通って排水されている。土木工学による数値解析の結果によると、敷葉工法が施工されなかった場合、一日の最大流出水量は22.21×10-6m/dayに過ぎないが、敷葉工法が施工されると613.58×10-6m/dayと流出量が大きく増加しており、敷葉層の卓越したスポンジ機能が確認[*9]された〔図9・10〕。

こうした排水機能は、敷葉工法区間が低湿地のような環境を形成するようになった要因である。そのため、こうした工法が施工された場所では、多くの動植物有機体が完全な形で残るようになったのである。

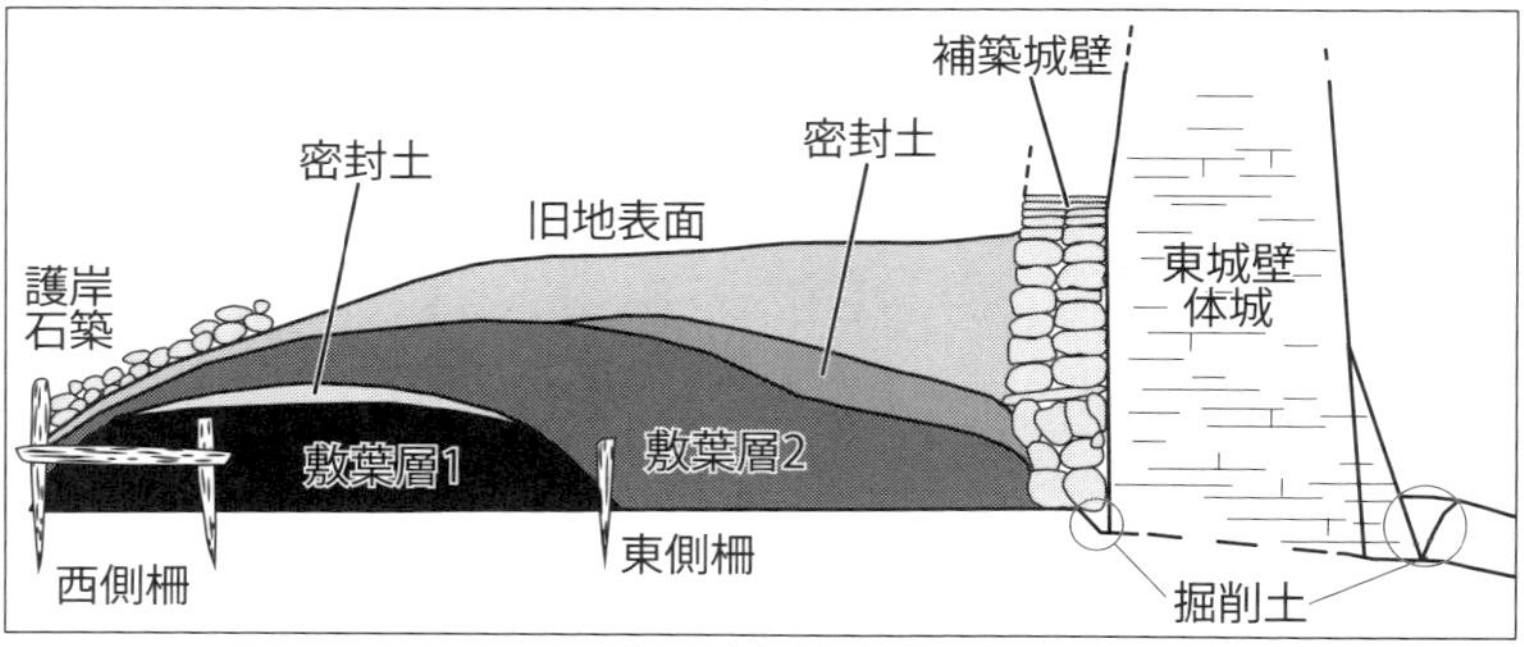

図8▲咸安城山山城築造模式図

＊9 前掲書

敷葉工法区間に対する調査は、一九九二年から二〇一一年まで一〇回行われた。その結果、一七点の題籤《だいせん》[*10]軸、二二〇点の墨書木簡をはじめとする二九九点の古代木簡が出土し、咸安城山山城は韓国木簡研究の宝庫、木簡研究のメッカと呼ばれるようになった。また、敷葉層の性格を理解して体系的に進められた遺物収集過程を通じて、多量の動植物有機体が完全な形で収集され、六世紀に咸安城山山城を築造した当時の自然および人文学的な環境を分析、研究しうる土台を提供している。

木簡は、敷葉工法区間のなかでも主に上部から出土している。何らかの目的をもって最後に廃棄され埋め立てられたものと推定することができるが、一部では敷葉工法区間を築造した当時の祭礼行為と関連づける見解もある。咸安城山山城で出土した木簡の墨書内容をみると、「古陀」「甘文城」などの地名、人名、「上干支」など新羅の官等（官

図９▲咸安城山山城の敷葉工法区間全景

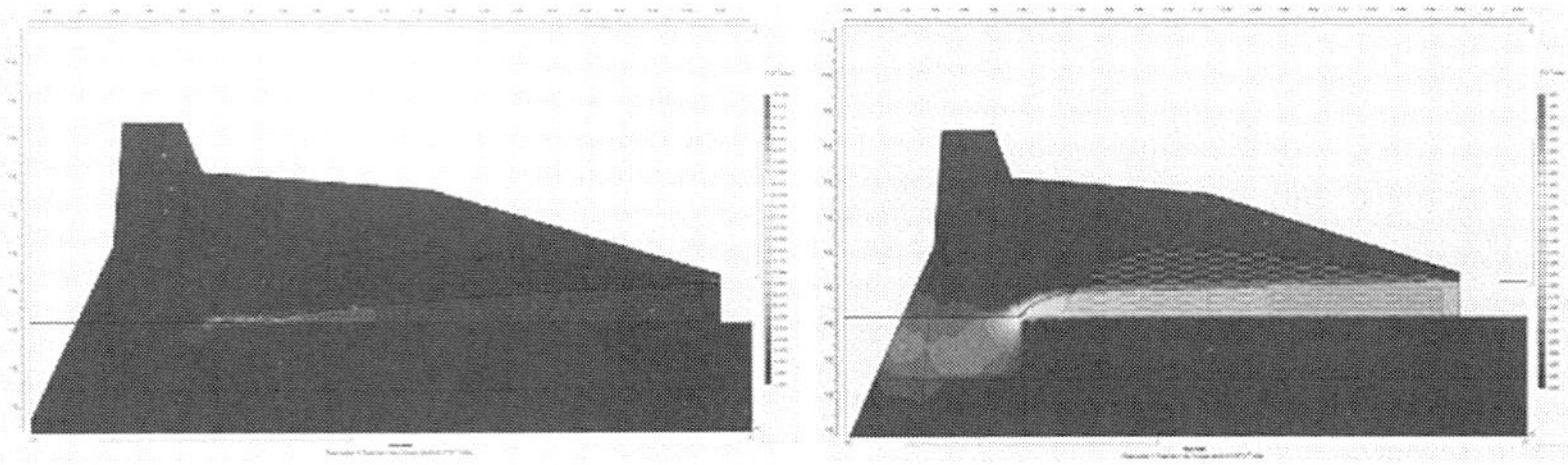

図10▲咸安城山山城敷葉工法区間の土木工学的数値解析データ（流出量実験）

位）名、「稗（ヒエ）」「麦（ムギ）」などの穀物名などが確認されており、韓国古代史研究に重要な端緒を提供している〔図11・表1〕。現在までの研究成果をみると、木簡の性格は、慶尚道北部地域（金泉《きんせん》《キムチョン》、栄州《えいしゅう》《ヨンジュ》、安東《あんとう》《アンドン》、星州《せいしゅう》《ソンジュ》など）から咸安城山山城の築造と関連する貢物が供給されたことを証明する荷札木簡であるとされている。また、樹種分析の結果によると、マツが六七％を占めているが、材質が弱いハンノキ類、アカシデ類、ヤナギ類などや、材質が強固なクヌギ類、ヤマグワなども一緒に確認されている。木簡を作る際に、特定の樹種が定められていたというよりは、周辺で容易に入手できる木を活用したとみられる。

五．結語

咸安城山山城は、韓国の代表的な古代城郭である。国立加耶文化財研究所の継続的な発掘調査を通じて、六世紀における新羅山城の築造技法および城郭運営方式などに対する多くの情報を伝える重要な考古遺跡であり、城郭博物館と言われることもある。また、国内最多の木簡出土地として木簡研究の宝庫と呼ばれ、韓国古代史研究の重要遺跡として国内外で多大な注目を集めている遺跡でもある。

最近、国立加耶文化財研究所では、単純な発掘調査にとどまらず、土木工学・地形学・金属学・木材解剖学など多様な分野との融合研究を通じて、咸安城山山城と出土木簡を分

＊10　上端に見出しを記入するための作り出し部分をもつ巻物の軸。役所での業務などに使われた。「往来軸」「立籤」とも。

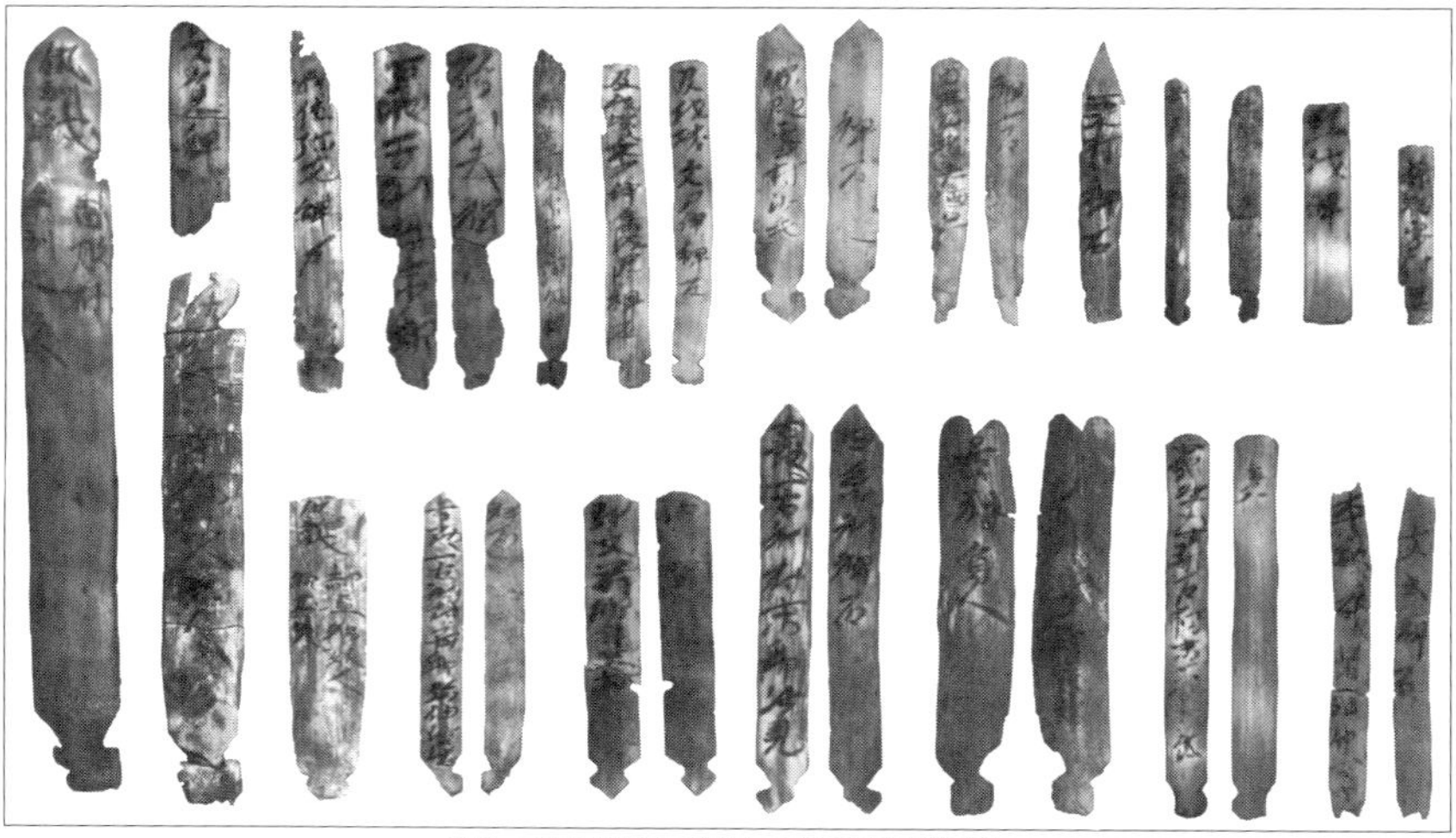

図11▲咸安城山山城出土木簡の赤外線写真

	四面墨書	両面墨書	一面墨書	無文	題籤軸	計
1992 年	0	0	4	2	0	6
1994 年	0	4	16	1	0	21
2000 年	0	0	1	1	0	2
2002 年	0	13	56	16	7	92
2003 年	0	0	1	0	0	1
2006 年	0	12	15	12	1	40
2007 年	0	29	39	5	3	76
2008 年	0	1	2	1	1	5
2009 年	1	7	9	12	2	31
2011 年	0	3	4	12	3	22
合計	1	69	150	62	17	299

表 1 ▲咸安城山山城出土木簡現況

析しようという多様な試みを行っている。これを通じて、咸安城山山城のみならず、山城が築造された六~七世紀の環境を分析、復元する作業を行っている。これまで木簡が集中して出土している敷葉工法区間は、三分の二ほどが発掘された状態である。多様な研究方法論を適用するとともに、持続的な発掘調査がなされるならば、より多くの成果を得ることができると期待される。

【参考文献】

国立昌原文化財研究所『咸安城山山城Ⅰ』一九九八年
国立昌原文化財研究所『咸安城山山城Ⅱ』二〇〇四年
国立昌原文化財研究所『咸安城山山城Ⅲ』二〇〇六年
国立加耶文化財研究所『咸安城山山城Ⅳ』二〇一一年
国立加耶文化財研究所『咸安城山山城出土木簡の意義』二〇〇七年
国立加耶文化財研究所『古代の木簡そして山城』二〇〇九年
国立加耶文化財研究所『咸安城山山城の木製遺物と活用』二〇一一年
国立加耶文化財研究所『咸安城山山城—古代環境復元研究結果報告書』二〇一二年
国立加耶文化財研究所「咸安城山山城16次発掘調査略報告書」二〇一二年

高麗沈没船貨物票木簡

林　敬熙

近年、発見が相次いでいる十二〜十三世紀の高麗時代の沈没船。引き揚げられた積み荷には、木や竹でできた荷札が数多く付けられていた。中世からのタイムカプセルから出てきたこれらの荷札は、これまで木簡研究では俎上に載ることのなかったこの時代について、何を教えてくれるだろうか。

一・高麗沈没船木簡の現況

私の所属している海洋文化財研究所は、水中発掘を専門に担当している。二〇〇七〜二〇〇八年、忠清南道《ちゅうせいなんどう》《チュンチョンナムド》泰安《たいあん》《テアン》郡テソムで、難破船の水中発掘調査を行った。沈没船は発見された地域から名付けられることになっており、泰安船と呼ばれることとなったこの船からは、二〇点の高麗時代の木簡が発見された。それまで韓国で発掘された木簡はすべて陸上で出土したものであり、年代は遅くても統一新羅時代のもので、高麗以降のものは見つかっていなかった。泰安船木簡は、韓国で初めて発見された高麗時代の木簡である。

その後、二〇〇九年から二〇一一年にかけて、三年続けてテソム付近の海域で三隻の高麗時代の沈没船が発見された（巻頭地図参照）。馬島《ばとう》《マド》一～三号船と名付けられたこれらの船からも、それぞれ七三、四七、三〇点の木簡が出土した。特に、馬島一号船からは、竹で作られた木簡（竹札）がはじめて出土し、学界の注目を集めた。韓国の海岸で発見された高麗時代の木簡は、現在までに全一七〇点に達している。

泰安船および馬島一～三号船木簡は、すべて船に積まれていた物資の荷物票として使用されたものである。したがって、荷物の受取人や発送人、荷物の種類、数量などが書かれている。本稿では、まず、各木簡を通して明らかになった沈没船の歴史的性格を簡略に言及し、次に、木簡の記載内容の特徴と、その歴史的意義を述べる。

二．難破船のバーコード、木簡

泰安海域で発見された四隻の難破船は、木簡に書かれた干支や受取人として書かれた人名を通して、船舶が沈没した年代を推定することが可能である。難破船は、しばしばある時代の歴史像をそのまま積めたタイムカプセルといわれるが、木簡は、タイムカプセルの秘密を明らかにするバーコードの役割を果たすといえよう。

各難破船の概要をみていく。まず、泰安船は、全羅南道康津《ぜんらなんどうこうしんチョルラナムドカンジン》が発送地であり、船が向かっていたのは高麗の首都・開京《かいきょうケギョン》であった。木簡に書かれていた干支から、この船が一一三一年に難破した事実が明らかになっている。馬島一号船は、全羅南道一帯を出発して、やはり首都の開京に向かっていた船であり、難破した時期は一二〇八年である。馬島二号船は、全羅北道一帯を出発して開京に向かっており、干支年は特に書かれていないが、木簡に書かれている人物の経歴から推測すると一一九七~一二一三年に沈没したことがわかる。馬島三号船の目的地のみ、開京ではなく江華島《こうかカンファ》であった。それは、この時期、モンゴルの侵略を避けて江華島に都を移していたためであり、高麗の都に向かっていたという点では共通する。年代については、登場する人物から一二六五~一二六八年と推定される〔表1〕。

三. 高麗時代貨物票木簡の記載方式

泰安船と馬島一~三号船の高麗木簡はすべて、いつ、どこで積んだ荷で、誰宛てのものであるかを記した貨物票木簡である。もっとも重要な目的は、発送者の送った荷が、受取人にきちんと伝達されることである。したがって、なによりも受取人が明確でなくてはならず、そのため、馬島一号船のただ一点の木簡を除いては、すべて受取人が記されている。

受取人以外でほとんどの木簡にみられるのは、何の荷物であるのかという荷物の種類と、数量がどのくらいかという表記である。このほか、発送地、発送者、年月日などは、さほど必須な記載内容ではなかったようである。

泰安船と馬島一〜三号船木簡のうち、代表的な木簡の内容を詳しくみていきたい〔表2〕。

◆泰安船木簡〔図1〕

泰安船木簡は、意味の切れ目さえわかれば、内容は理解しやすい。

木簡①の最初の三文字「耽津縣」は、荷物の発送地である。泰安船は二万点もの高麗青磁を積んでおり、耽津県は高麗青磁の重要な生産地として知られる。「在京隊正仁守」は、受取人であり、「在京」は開京にいるということ、「隊正」は役職名で下級の武官、「仁守」は名前で

表1◀各難破船の概要

区分	木簡点数	特徴	発送地	目的地	難破年代	受取人	主要貨物	発送者
泰安船	二〇点	最初の高麗木簡	康津	開京	一一三一年	開京の高位官職者、下級武官、商人	陶磁器	郷吏
馬島一号船	七三点	竹札を最初に発掘	羅州、海南、長興	開京	一二〇八年	開京の官職者（高位〜下級）	穀物、発酵食品	郷吏、次知
馬島二号船	四七点		高敞、井邑	開京	一一九七〜一二一三年	開京の官職者（高位〜下級）	穀物、発酵食品	郷吏、次知、使者
馬島三号船	三〇点	官庁も受取人	麗水	江華島（当時の臨時首都）	一二六五〜一二六八年	武人執権（金俊）金俊勢力（兪千遇、辛允和）官庁（重房、都官、三別抄など）	高級魚介類、穀物、布	次知、使者、男

船	木簡の記載（網掛けは注記）
泰安船①	〔表〕耽津縣 在京 隊正仁守 戸付 沙器 壱裹（発送地／到着地／受取人／戸付／荷物の種類／数量） 〔裏〕次知 載船 長（手決）（次知／船積担当者）
泰安船②	辛亥□□ 在京 安永 戸 砂器 壱裹（年月／到着地／受取人／戸／荷物の種類／数量）
泰安船③	崔大卿 宅上（受取人／宅上）
馬島一号船①	丁卯十月日 田出 正租 貳拾肆石各 入貳拾斗 印 竹山縣 在京典廐同正宋（手決）（年月／田出／荷物の種類／数量／印／発送地／受取人／発送者）
馬島一号船②	大將軍金純永 宅上 租 陸石（受取人／宅上／荷物の種類／数量）
馬島一号船③	會津縣 畓 白米 入貳拾肆石（発送地／畓／荷物の種類／数量）
馬島二号船①	〔表〕大卿庾 宅上 古阜郡 田出 大 壱石 入拾伍斗（受取人／宅上／発送地／田出／荷物の種類／数量／数量） 〔裏〕次知 果祐（次知／発送者）
馬島二号船②	〔表〕重房都将校呉文富（受取人） 〔裏〕宅上 真 盛樽（手決）（宅上／荷物の種類／容器／発送者）
馬島三号船①	〔表〕事審金令公 主宅上（受取人／主宅上） 〔裏〕蛟醢 一缸入三斗 玄礼（荷物の種類／数量／発送者）
馬島三号船②	〔表〕右三番別抄都領侍郎 宅上（受取人／宅上） 〔裏〕沙魚 盛箱子 一（荷物の種類／容器／数量）
馬島三号船③	〔表〕田民 上 布 拾疋（受取人／上／荷物の種類／数量） 〔裏〕男 景池（男／発送者）

※漢字の間の空格は、読者の理解を助けるためのもので木簡の記載とは異なる

表2▲沈没船貨物票木簡の記載内容

ある。「戸付」は、高麗時代の社会を窺い知るための重要な表現である。発送者と受取人の関係を表す時に、受取人が発送者よりも上位の階層である場合には「宅上」、同等もしくは下位である場合には「戸付」と記している。貨物票にも身分制社会が反映されているといえる。「沙器」は陶磁器を意味し、荷物の種類を表している。「壱裹」は一包みという意味で、荷の数量である。数字は、通常の漢字を使用する場合もあるが、多くの場合、「壱

①

②
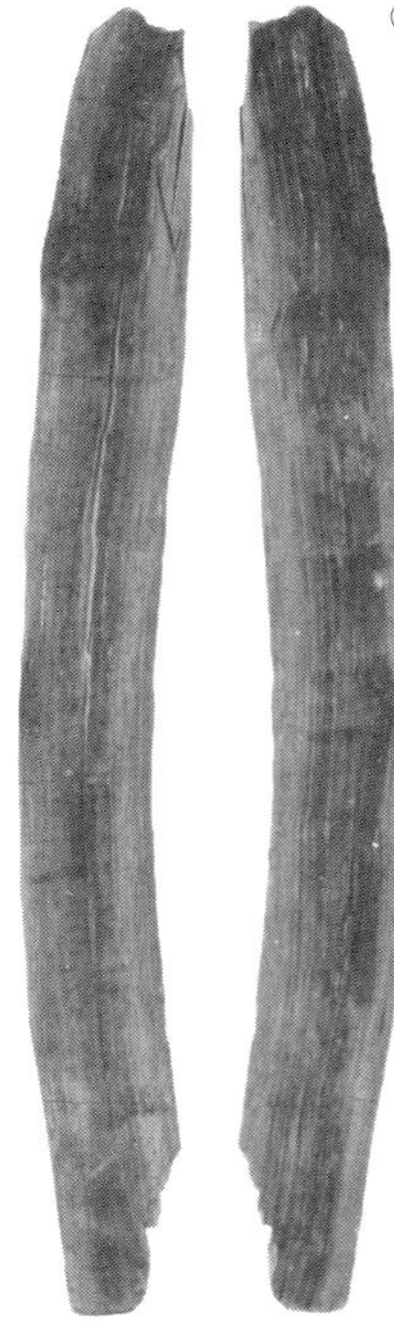
〔赤外線写真〕
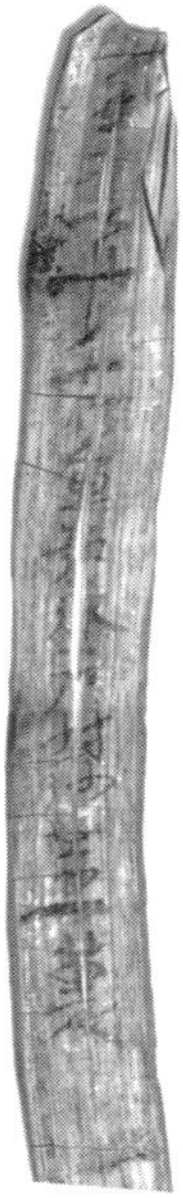
③

図1▲泰安船出土の木簡（韓国国立海洋文化財研究所『高麗青磁宝物船』二〇〇九年より転載）

（壹）、弐（貳）、参…」という大字を使用して数字の偽造を防止している。表面《おもて》の内容を総合してみると、「耽津県から、開京にいる隊正仁守の家に陶磁器一包みを送る」と解釈できる。

木簡裏面をみると、最初に「次知載船」とある。「次知」とは、ある仕事を担当する、という意味の言葉である。したがって、船に載せることを担当した、と解釈できる。次の「長」は、高麗時代の地方の有力者である郷吏を意味する。一般的には「戸長」と書くが、勢力の弱い地域では単純に「長」とだけ書くことがある。長の下にある文字は、手決《しゅけつ》（署名、サインのこと）である。泰安船木簡は全部で二〇点あるが、手決は一種類しかみられない。馬島一〜三号船では複数の手決がみられることと比較すると、泰安船は一人が発送の責任をもったという特徴がある。

木簡②は、解読にたいへん苦しんだと同時に、大きな喜びも与えてくれた木簡である。冒頭部分が肉眼でほとんどみえず判読に大変苦労したが、赤外線写真によって「辛亥」と読むことができた。積まれていた高麗青磁の研究成果や、泰安船の船体に対する科学的な分析を通じて、一一三一年と推定される。「安永」は受取人であり、やはり「戸」とされている。荷物は「砂器」つまり陶磁器であり、数量は「壱裏」一包みであるが、「裏」が具体的にどの程度の点数を意味するかは、不明である。

木簡③は、「崔大卿宅上」という簡単な内容の木簡で、非常に鮮明な文字で書かれている。

「崔」は姓であり、「大卿」は正式な官職名ではないが、比較的格の低い官庁の長を意味する別称である。したがって、「崔氏の大卿のお宅に上《たてまつ》る」と解釈できる。木簡には様々な情報が書かれているが、この木簡は受取人だけが書かれている。

泰安船木簡の内容を整理すると、受取人としては、「隊正仁守」「安永」「崔大卿」「柳将命」の四人がみられる。前の二人が「戸付」、後の二人が「宅上」とあり、前述したように身分関係を表すものである。発送者は、「長」すなわち地方の郷吏である。発送地は耽津であり、貨物の種類は陶磁器、数量は「裹」で表現されている。

◆馬島一号船木簡〔図2〕

次に馬島一号船木簡についてみていく。

木簡①は、冒頭に「丁卯十月日」と記されており、荷物が集められて出発した年月日を意味する。このほか、「戊辰」という干支年が明記されているものもある。木簡②にみられる「金純永」という人物の活躍した年代から、丁卯は一二〇七年、戊辰は一二〇八年という具体的な年代を把握することができ、船が沈んだのは一二〇八年ということになる。

次の「田出」は、荷物の性格を表す用語であるが、公的に収める田租という意味と、個人所有地における私的な地代という解釈がいずれも可能である。今後、さらに研究が進むことで、荷物の性格、船舶の運航目的などが明確になるだろう。次に貨物の種類として「正

図2▶馬島一号船木簡（韓国国立海洋文化財研究所『泰安馬島一号船』二〇一〇年より転載）

租」とあり、「貳拾肆石各入貳拾斗（二十四石各入二十斗）」と数量が書かれている。穀物の場合、大部分が石数に続いて斗数を明記している。二〇斗と一五斗が同じくらい多くみられるほか、一八斗、二三斗、二五斗など多様な斗数がみられる。石数よりも一石当たり何斗を入れたのかが、数量を表す上でより重要であったことの分かる資料である。そして、「竹山縣」という発送地が書かれ、「在京典廐同正栄」が受取人である。

馬島一号船の荷物としては、米の様々な種類や、雑穀が多くみられる。少し変わったものとしては、「崔郎中宅上古道醢壹缸」という木簡がある。これは、「崔氏の郎中の宅」にたてまつったもので、古道（サバ）の醢（塩辛）である。そして、このサバの塩辛を入れた「缸」は、土器のことである。塩辛や液体を入れたと書かれている木簡の場合、その近くから土器の出土することが多い。

次に、受取人の表し方についてみていく。「崔大卿」（泰安船木簡③）や「崔郎中」のように姓と官職名を書くほかに、「別将同正」という官職名を先に書いて「黄永修」と姓名をすべて書く場合がある。このほか、官職名と姓という順序で書く場合、官職ではなく尊称の「令公」を使用するなど、多様な記載方式がみられる。受取人は「大將軍金純永」（馬島一号船木簡②）という高位の武官から一般の軍人など、官職者が中心である。

木簡③は、一七〇点の高麗木簡のうち唯一、受取人が書かれていない木簡である。「會津縣《かいしん》《フェジン》」は現在の全羅南道羅州にあり、穀物二四石を送ったという内容であるが、誰が受け取るものかが書かれていない。

紐が付いている状態で発見された木簡もある〔図2—④〕。木簡に切り込みをいれて、紐で荷物に結んだ様子がよくわかる。

◆馬島二号船木簡〔図3〕

馬島二号船木簡については、「大卿庾」（木簡①）や、「李克偦」などの人名から、一一

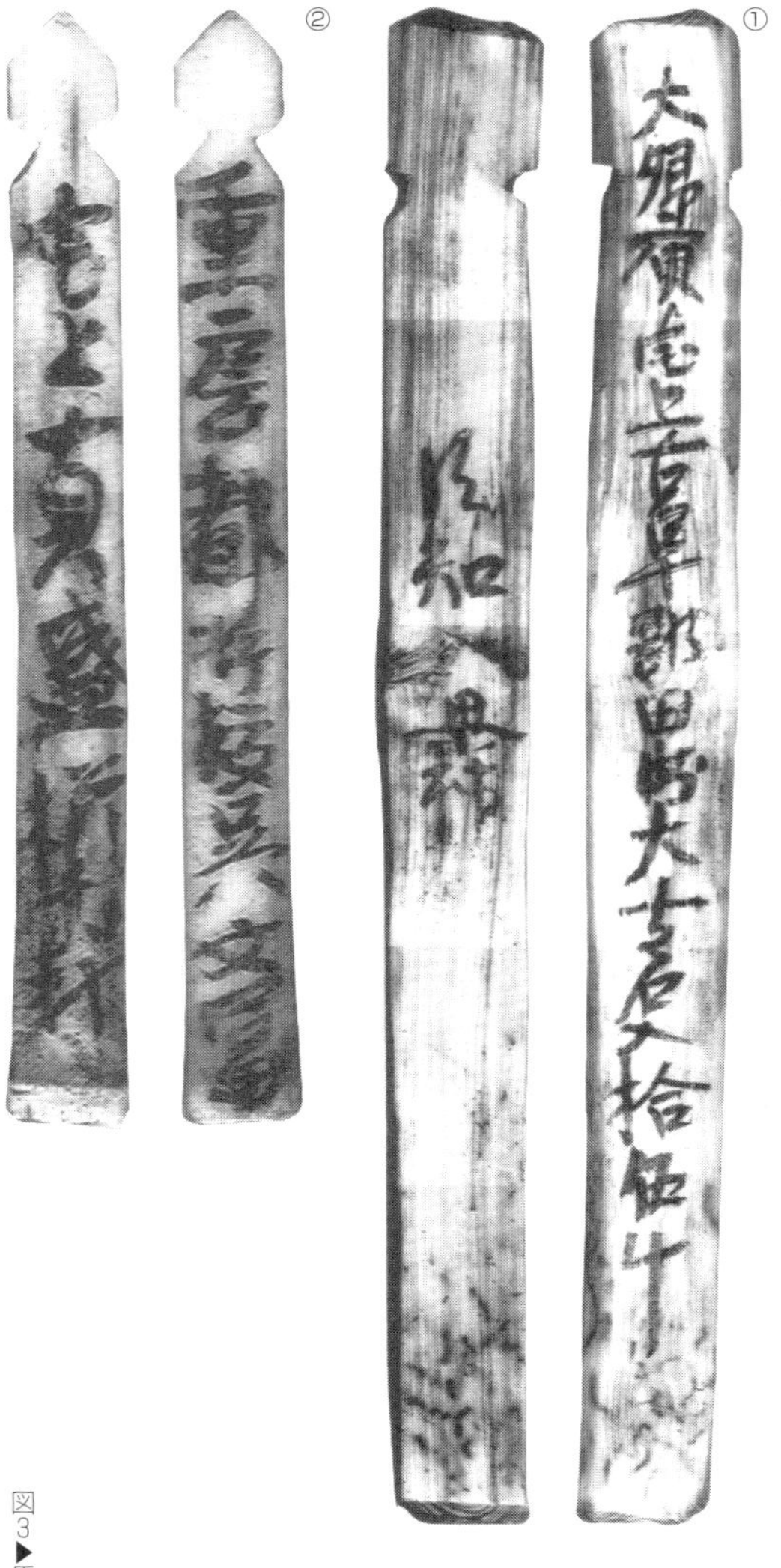

図3▶馬島一号船木簡（韓国国立海洋文化財研究所『泰安馬島一号船』二〇一一年より転載）

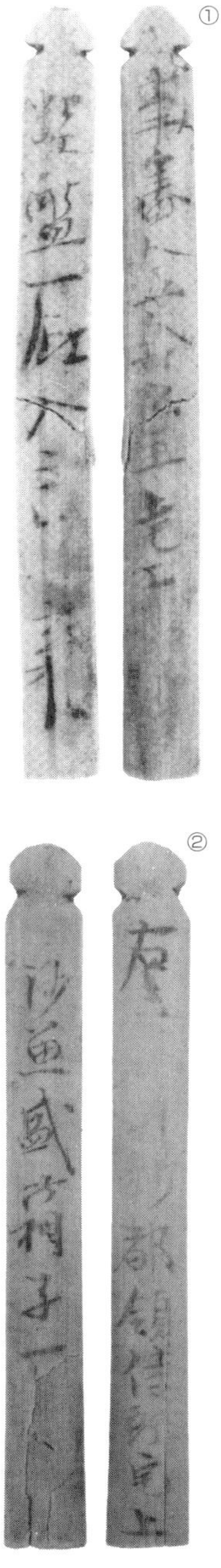

図4▶馬島二号船木簡（韓国国立海洋文化財研究所『泰安馬島二号船』二〇一二年より転載）

九七〜一二一三年の間のものであることが明らかとなっている。二号船木簡には、切り込みが上下端ではなく真ん中にあるものがある。どこに切り込みを入れるというのは決められておらず、作成者の判断で入れていたことになる。

◆馬島三号船木簡〔図4〕

馬島三号船木簡のうち、小型の壺や梅瓶など小さな荷物に付けられたものは、大きさも小さく、精巧に薄く作られるという特徴をもっている。馬島一〜三号船木簡を通じて、穀物に付けられた木簡はとても大きい。これは、荷物自体が大きいので木簡も大きく作ったためと思われる。

木簡①の「金令公」は、当時の高麗における最高執権者であった金俊である。泰安船から馬島二号船木簡までは、「宅上」と「戸付」で上下関係が示されていたが、馬島三号船木簡で初めて「主宅上」という表現がみられる。三号船の年代は、受取人としてみえる「辛允和」や「兪承制」から、一二六〇〜一二六八年と推定される。さらに、金俊が「金令公」と呼ばれるようになるのは一二六五年以降であるので、一二六五〜一二六八年に沈没したことになる。

木簡②の「沙魚」はサメである。そして、「盛箱子」は箱に入れたという意味であり、実際に、サメの骨が箱のなかから発見されている。この骨の分析をしたところ、アブラザメという種類のサメであることがわかった。

馬島二号船木簡までは受取人がすべて個人名であったが、三号船ではじめて官庁名のみが記されている。木簡③にみられる「田民」とは、田民弁正都監[*1]と考えられる。田民弁正都監は、一二六九年に最初に作られたと史料には出てくるが、三号船の年代の下限は一二六八年である。したがって、田民弁正都監が一二六九年よりも前に設置されていたといえよう。高麗木簡のもつ歴史的な価値を示すものである。

このほか、一三号竹札は、表面と裏面の書風が明らかに異なっている。このことから、木簡を二人で記すということもあったといえよう。これは、受取人（宛先）を書く人と、貨物を確認して船積みする際に書いた人が異なっていた可能性を想定できる。

＊1　高麗後期に、権勢家により占奪されていた土地や農民を国家に取り戻すために設置された臨時官庁。一二六九年に初めて設置されて以降、一三八八年までに七度にわたり置かれた。

以上、簡略に泰安船、馬島一〜三号船木簡の記録方法を検討した。記載内容は単純ではあるが、高麗の身分制社会の特徴、度量衡、荷物の性格など、当時の社会・経済的な問題を明らかにできる豊富な情報を含んでいる。

四．水中発掘高麗時代荷物票木簡の意義

水中発掘調査で発見された沈没船の木簡を通して、船の沈没年代、出港地、到着地など

がわかるようになった。さらに、荷物票木簡からは、高麗時代の社会・経済をより具体的に明らかにできる一次史料を新たに確保したという意味をもつ。

こうした歴史的意味とともに、文化的な意味ももっていると思われる。すなわち、難破船の高麗木簡は、書体や漢字の使用方法がとても多様であるため、文字生活に習熟した官職者や郷吏から、習熟していない階層まで、多様な人々によって作成されたようである。この点に関する研究がさらに進めば、高麗時代の文字使用階層を推定しうる資料になるだろう。

また、従来の木簡は、使用された後に廃棄されたものがほとんどであった。すなわち、木簡自体からみれば、すでに用途が終わった後に捨てられたものである。ところが、水中発掘の木簡は、使用されている最中のものであるといえる。したがって、木簡の一生からすれば青年時代に該当するといえ、当時の様子をそのままみせてくれる資料である。

これまでの木簡研究は、韓国をはじめ日本・中国でも古代史にばかり集中していた。水中発掘による高麗木簡の発見によって、研究の対象となる時間的範囲が拡大されたといえよう。さらに、新安船木簡との比較研究など空間的範囲も拡げることを通じて、韓国と日本、中国木簡の相違点と共通点を見出せば、東アジアにおける文字文化の交流と発展を確認できるだろう。今回の国際シンポジウムが、その貴重な第一歩となるものと信じる。

第三部

古代の文字をめぐる諸分野から

文字の問題、海を越えた人々の交流に関する議論は
考古学・歴史学のジャンルにとどまらない。
国語学・文学・史料学・美術史学のエキスパートたちからの発表。

〔国語学〕

古代日朝における言語表記

犬飼　隆

6C
7C
8C
9C
10C
11C
12C
13C
14C

「漢字による伝達・記録」という新たな技術に直面した半島・列島の人々は、どのような工夫で自国語の漢字表記を可能にしていったのか。本稿では、出土文字資料を活用した日本語研究の第一人者が、列島・半島の資料を精査し、朝鮮半島で表記法がいかに工夫され、それが日本列島での表記にどのように利用されていったかを明らかにする。

○・日本列島における漢字使用は朝鮮半島における実験を前提としている

「日本列島における漢字使用は朝鮮半島における実験を前提としている」――。河野六郎が一九五七年にこのように提言した[*1]。先見の明であったが、証明するには物的な根拠が充分でなかった。当時は朝鮮半島（以下「半島」とする）と日本列島（以下「列島」とする）との同時代資料が存在しなかった。半島には四、五世紀の石碑がいくつかあるが列島には

＊1　河野六郎「古事記における漢字使用」『古事記大成　言語文字編』平凡社、一九五七年（『河野六郎著作集』三、平凡社、一九八〇年所収）

ない。列島には『古事記』『日本書紀』『続日本紀』『万葉集』など八世紀の文献がいくつかあるが、半島では十一世紀の『三国史記』[*2]を利用するほかなかった。

その後、研究状況が大きく変わった。列島では一九六〇年代に平城京から出土した八世紀の木簡を歴史資料として利用できるようになり、一九九〇年代には各地で七、八世紀の木簡・墨書土器が大量に出土した。半島でも六〜八世紀の木簡が出土し、七世紀までの石碑がさらに出土して、同時代の第一次資料を比べることができるようになった。河野の提言はいま実証研究の対象である。

*2　一七頁*33参照。

一・中国中原の規範にてらして「訛った」用法

古代の東アジアでは漢字が唯一の文字であり漢文が唯一の文体であった。中国周辺の諸民族は、それを取り入れて使い、自己の言語と文化にあわせて漢字を「飼い慣らした」。その結果、中国中原とは異なる用法が生じ、その一部はその地域において規範化した。

半島と列島は地理的にも言語的にも近いだけに、中国との違いにも地域的な規範のあり方にも共通するところが多い。六世紀には漢字で固有語[*3]の文を書きあらわす文体が半島で成立し、列島に伝えられた。以下、実例のいくつかをあげる。

*3　古来から朝鮮半島で話されている土着の言語。日本で言う「日本語」にあたる。

まずは文の書きあらわし方に関する共通点を見てみよう。

◆文

①「中」

「中」を時格[4]の助詞にあてる用法が早くから知られている。「某月中」と書けば、中国の規範ではその一ヶ月間をさすが、半島と列島では一点としてのその月をさす。

一般に、中国語は何かを叙述する場合に「こと」として述べ、半島と列島の言語は「なりゆき」として述べる傾向がある。「某月中」は、中国語の発想ではその月の朔日から晦日までの一ヶ月を思いうかべるのがふつうであるが、半島と列島では前々月、前月、某月、翌月、翌々月という時のながれのなかのある月を思いうかべる。

②「之」

半島の変体漢文[5]において「之」が文末を示す字として使われ、列島にも導入された。現代日本語で「。」(句点)にあたるものである。たとえば滋賀県西河原森ノ内遺跡出土の手紙木簡にも「椋直傳之」などの用例がある。「之」は中国で強い語勢を示す字として文中の意味的な切れ目に使われるときがあったが、半島と列島では文末指示に規範化したのである。

非常に古い時代の中国で「之」の漢字音が半島の動詞終止形語尾の発音に似ていたらしい[6]が、五九一年に刻まれた慶州《けいしゅう》《キョンジュ》の『南山新城碑《なんざんしんじょう》《ナムサンシンソン》』[7]のように、名詞「事」の後に「之」

＊4　時間を表す助詞。日本語であれば「に」。

＊5　中国で使われていた漢文(正格漢文)に対し、固有語的表現を交えて、正格漢文には用いられない語彙・語法・語序・用字法をもった、固有語化した漢文。

＊6　二三八頁に述べるように、「止」が列島で「ト」の万葉仮名として使われたのと同じ事情で、音を借りるために文字をあてているのである。

＊7　二三五頁参照

を添えて文の末尾を示した例もある。

のちに、半島では吏読《りとう》《イドゥ》*8に盛んに使われ、列島では行草体で書いた変体漢文で「也」との区別があいまいな状態になる。

③空格

文意の大きな切れ目に空格*9を置くことも半島と列島の変体漢文に共通する〔図1〕。中国では文中の空格は闕字《けつじ》*10が規範であった。半島と列島でも正格*11の漢文体では同じであるが、固有語に即した変体漢文では文意の切れ目に施した。文章を書くとき、固有語の文に添って筆を運ぶ呼吸が文字列にあらわれたのであろう。意味のまとまりごとに、その頭の位置を大きく濃く書いて文字列が次第に細くなり、次の意味のまとまりの頭でまた濃く大きくなる。その結果、今日の私たちは字配りから文意の切れ目を読み取ることができる。文末

＊8 漢字による朝鮮語の表記方法のひとつで、三国時代に始まり十九世紀末まで用いられた。現代日本の漢字仮名交じりの仮名のように、名詞・動詞語幹などに添えて、漢字で固有語の助詞や活用語尾を書きあらわす方法。

＊9 文字を記さない空白のこと。

＊10 高貴な人に敬意を示すために、天皇や皇族・神々に関連した語の前を一字（もしくは二字）分あけること。中国の制度であるが、大宝令で日本でも採用した。

＊11 中国で使われているままの、漢語の文語文に基づいた漢文。

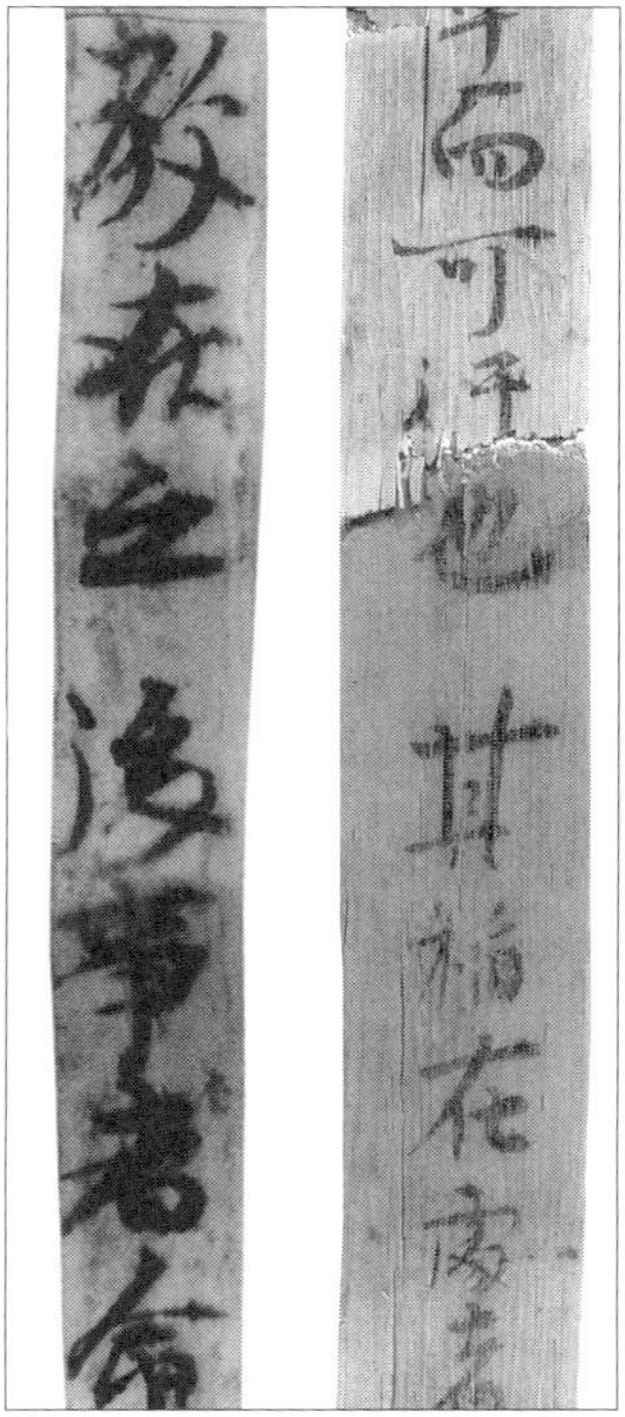

図1▲文意の大きな切れ目に「空格」を置く例。
右：列島での事例。滋賀県西河原森ノ内遺跡から出土した手紙木簡。「也」と「其」の間が開いている。（野洲市教育委員会提供）
左：半島での事例。韓国南部の慶尚北道慶州市の新羅月城垓子出土の木簡。「垓子」は城の堀のこと。木簡は柱状で、四面に文字が記されている。「之」と「後」の間が開いている。（文献［2］より転載）

の空格もそのような事情から規範化したのであろう。半島と列島の文末の空格は一字分に満たないものも多い。

◆字体

漢字の字体に関する研究は、今後、豊かな発展が期待される。「鮎」[*12]のように中国と列島とでは別のものをさす例や、「峠」のような国字[*13]は以前から知られているが、もっと複雑な実態が半島と列島に、さらに、東アジア一帯にあったことがわかってきている。異体[*14]字は一つの字体の別の字形であるが、中国では異体字であるものが半島と列島では別の字体として使い分けられるときがある。たとえば中国では「閉」の異体字である「閇」は、列島では「まろ」にあてられる。反対に、中国では別の字体が結果的に半島と列島では同じ語をあらわすときもある。次にその例を二つあげる。

①「椋」

漢字は六書《りくしょ》[*15]の会意、諧声《かいせい》の方法で新しい字を生産できる。「椋」は中国では植物名であるが、高句麗で中国の「椋」とは無関係に、会意によって（物を貯蔵する）「くら」の意で同[*16]じ字体がつくられた。これが百済、新羅に伝えられ、さらに列島に伝えられて規範になった。七世紀に律令制度とともに中国から「庫」「倉」が伝えられると、『日本書紀』のような正格の漢文では「椋」を「くら」にあてなくなる。しかし『万葉集』では、同じ地名を

＊12　中国では、「鮎」はナマズをさす（アユは「香魚〔シャンユー〕」が標準名）。日本では、奈良時代ごろからアユの表記として「鮎」が使われているが、記紀を含め「年魚」と表記する例が多い。

＊13　漢字に倣って中国以外の国で作られた文字。

＊14　「字体」とは、その文字を、その文字たらしめている点画の抽象的な構成のあり方のこと。字体の異なりによって文字の弁別が可能となる。「字形」とは、「字体」を実際に見えるものとして表現したときの字の形。文字の意味（字義）、字音が同じ（＝字種が同じ）でありながら、字体が異なる文字を異体字という。例として、「體」と「体」、「邊」「邉」「辺」など。

＊15　六書とは、漢字の造字および運用の原理を象形・指事・諧声（形声）・会意・転注・仮借の六種類に分類したもの。そのうち、「会意」は「象形（形をかたどって字形を作ること）」や「指事（位置や状態といった抽象概念を字形の組み合わせで表すこと）」によって作られたものを組み合わせて新しい字を作ること。「諧声」は類型的な意味を表す意符と音を表す音符とを組み合わせて字を作ること。

「倉橋」とも「椋橋」とも書いているように、両用されている。一般の人たちの漢字の用法はその状態だったであろう。

＊16 稲葉君山（『釈椋』大阪屋書店、京城）一九三六年の説による。

②「鎰」

中国で二十または二十四両の金属の重量単位をあらわす「鎰《イツ》」が、半島と列島に共通して「かぎ」の意で用いられていた。一九九六年に李成市氏と本稿の筆者が協力して明らかにしたことである。その後、半島と列島との相違も指摘された。列島ではlock（錠）もkey（鍵）も「かぎ」で「鎰」の表記であるが、尹善泰《ユンソンテ》氏が、半島では「鎰」はlockにあてられ、keyは当時の半島の言葉で「鍵」を意味する固有語のよみをあて、「金」と書かれた、と述べている。尹氏の見解には利点がある。慶州の雁鴨池《がんおうち》《アナプチ》から錠に「鎰」と刻まれたものが出土した際、当初、中国での「鎰」の意味から、「lock」一つを鋳造する程度の金属の重量」という意味をあらわしているのではないかという試案が出されていた〔図2〕。

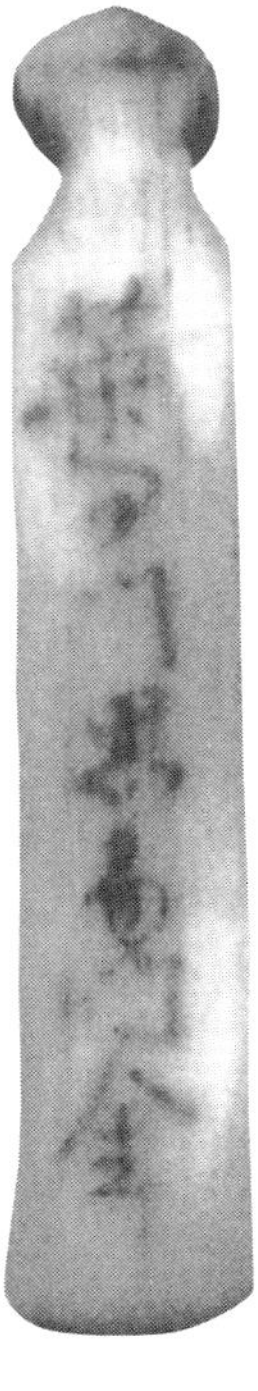

策事門思易□金
長さ八八ミリ×幅一四・五ミリ×厚さ〇・四五ミリ

図2◀慶州市月城にある新羅時代の離宮の園池遺構である雁鴨池〔がんおうち／アナプチ〕から出土した、錠と木簡。上：錠には「合零闈鎰」の刻書がある。（文献〔6〕より転載）下：木簡末尾には、「鍵」をあらわす「金」の文字がある。（文献〔3〕より転載）

宿世結業同生一處是
非相問上拜白來

長さ一二八ミリ×幅三一ミリ×厚さ一・二ミリ

図3▶忠清南道百済最後の古都である扶余にある陵山里寺址出土の一一（三〇五）号木簡。四字一句の韻文のようなものが記されている。（文献［2］より転載）

◆韻文

固有語の韻文に関しては半島と列島の違いが大きい。列島には歌句を漢字の表音用法で書きあらわした木簡[*17]が七世紀半ばから存在するが、半島に同じ性格の資料は発見されていない。四字または五字の語句を四行書いた木簡はあるが、固有語の韻文か否か議論がある〔図3〕。

二. 古代の半島と列島との交流を示す一つの例

一九九八年に出土した七世紀半ばの百済の扶余《ふよ》《プヨ》陵山里《りょうざんり》《ヌンサンニ》廃寺跡三（二九七）号木簡に人名「疏加鹵」が書かれている。漢字「疏」「鹵」の音よみは、古代日本語の「ソ」または「ス」、「ロ」または「ル」（「ソ」、「ロ」は上代特殊仮名遣い[*18]で甲類）をあらわすのに適しているので、「すがる」とよめる。平城京木簡の近江国坂田郡庸米の荷札に書かれた人名にも「須我流」

＊17　一〇頁参照

＊18　古代（上代）の万葉仮名を用いた文献に見られる、奈良時代およびそれ以前の日本語発音に即したと思われる仮名の使い分け（仮名遣い）。キ・ケ・コ・ソ・ト・ノ・ヒ・ヘ・ミ・メ・ヨ・ロ（古事記ではモも）とその濁音の合計一九（あるいは二〇）の音節の万葉仮名による表記には二類の使い分けがある（ほかにエにア行・ヤ行の別がある）。このことから、古代にはイ・エ・オの母音がそれぞれ二種類存在していたと考えられ、その書き分けを甲類・乙類として区別する。

がある。近江には百済から亡命した貴族たちの集落があったせいか、七世紀後半の近江の木簡には半島の影響が色濃い。これもその一つとみることができる。そして、この「鹵」の字形が、埼玉県の『稲荷山古墳鉄剣銘』と熊本県の『江田船山古墳太刀銘』に書かれた雄略天皇の諱《いみな》「獲加多支鹵《ワカタケル》」と同じであることも注目に値する〔図4〕。五世紀後半には固有語を書きあらわす表音用法の字として列島に伝えられていたことになる。

『日本書紀』の雄略天皇の六年の記事にある「蜾蠃、人名也。此云須我屢《すがる》」はこれと同じ名であろう。蚕を集めよとの勅を誤解して嬰児を集め、小子部《ちひさこべ》連の姓を賜った人物である。古代日本語で「すがる」は、ジガバチである。小子部連蜾蠃《すがる》の行動は蜂の巣を連想さ

①

漢城下部對徳疏加鹵
長さ二四五ミリ×幅二六ミリ×厚さ一・〇五ミリ

②

③

図4◀半島・列島で、「鹵」の異体字「鹵」で「ル」の音を表している例。
①：百済の扶余陵山里廃寺跡から出土した三号木簡。（文献〔2〕より転載）
②：埼玉県稲荷山古墳出土の鉄剣銘（埼玉県立さきたま史跡の博物館提供）
③：熊本県江田船山古墳の太刀銘（東京国立博物館蔵・Image：TNM Image Archives）

せるのではなかろうか。

それにしても、百済の木簡の人名に「すがる」があることは様々な想像を呼び起こす。列島から半島へ渡った人が官僚になった例はある。半島と列島の共通語彙だった可能性もあり、どちらかからの外来語だった可能性もある。万葉集に「すがるをとめ」（巻九・一七三八）「すがるなす」（巻十・一九七九）などの例がある。従来、「すがる」とは腰のくびれた女性の容姿と解釈されてきたが、改めるべきかもしれない。外国との交流に関わるニュアンスをもつ表現の可能性がある。

三．子音韻尾をもつ漢字音による万葉仮名と古代の朝鮮半島の書記方法

現代日本語は発音が母音で終わる特徴をもっている。言語学の用語で開音節《かいおんせつ》構造と言う。一方、韓国語・朝鮮語は発音が子音で終わっても良いし母音で終わっても良い。これを閉《へい》音節《おんせつ》構造と言う。中国語も発音がngで終わるときがあり閉音節である。古代には、日本語は撥音「ん」がなかったので開音節の性格が徹底していた。一方、中国中原の漢字音は六世紀には末尾の子音にk、t、p、ng、n、mの六種類があって閉音節の性格が現代より徹底していた。そして、現代の韓国語・朝鮮語の直接の祖先である新羅語は閉音節であったとするのが通説である。百済語と高句麗語については開音節か閉音節か議論がある。

この条件で考えると、漢字の音よみを借りて古代の半島と列島の言語の発音を書きあらわそうとするとき、おおまかに言えば、半島ではどの字も使うことができ、列島では母音で終わる字を選ぶ必要があった。実際に、万葉仮名[*19]には母音で終わる字が使われている。しかし、少数であるが子音で終わる字も使われている。しかも、そのなかに「末（→ま）」「万（→マ）」のように後に仮名の字源になったものがある。この現象は、古代の半島の書記方法の影響を考えなくては説明できないであろう。以下に詳しく見てみる。

◆列島の万葉仮名における「子音で終わる漢字」の用法

子音で終わる漢字を万葉仮名として使った用法は以下の三つに分類されている（図6①〜③）。

○二合仮名：漢字の末尾の子音に母音を付け加えてよむ。

　例　「宿禰（スクネ）」の「宿（スク）」

　　宿 s u k → s u k ＋ u → s u k u

○連合仮名：漢字の末尾の子音韻尾を後へ送って消し（後との結合を認識させる）、二字目に前の韻尾と同一または類似の子音の字を選んで前の子音に換える。

＊19　平仮名・片仮名ができる以前、日本語を表記するために漢字を表音文字として用いたもの。「久尓（クニ）」「八間跡（ヤマト）」などのように、漢字の意味とは離れて、その音や訓によって通常一字が一音節を表す。『万葉集』での表記に代表されるためこの名前があるが、その後の時代においても漢文訓読・宣命・真名本などに使われた。

図5▼半島の例

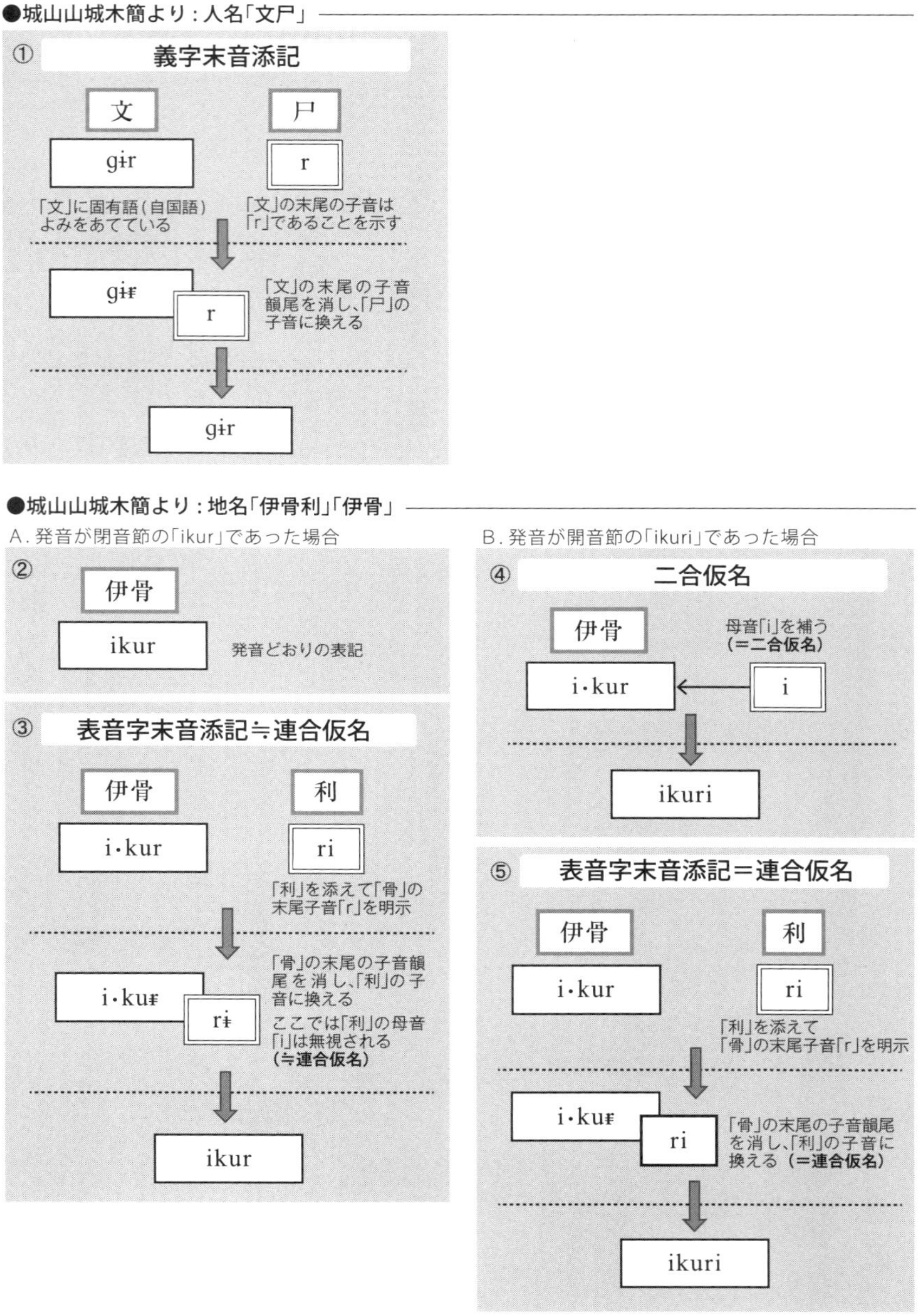
●城山山城木簡より：人名「文尸」
① 義字末音添記
文
尸
gɨr
r
「文」に固有語（自国語）よみをあてている
「文」の末尾の子音は「r」であることを示す
gɨɍ
r
「文」の末尾の子音韻尾を消し、「尸」の子音に換える
gɨr
●城山山城木簡より：地名「伊骨利」「伊骨」
A．発音が閉音節の「ikur」であった場合
②
伊骨
ikur
発音どおりの表記
③ 表音字末音添記≒連合仮名
伊骨
利
i・kur
ri
「利」を添えて「骨」の末尾子音「r」を明示
i・kuɍ
rɨ
「骨」の末尾の子音韻尾を消し、「利」の子音に換える
ここでは「利」の母音「i」は無視される
（≒連合仮名）
ikur
B．発音が開音節の「ikuri」であった場合
④ 二合仮名
伊骨
母音「i」を補う
（＝二合仮名）
i・kur
i
ikuri
⑤ 表音字末音添記＝連合仮名
伊骨
利
i・kur
ri
「利」を添えて「骨」の末尾子音「r」を明示
i・kuɍ
ri
「骨」の末尾の子音韻尾を消し、「利」の子音に換える（＝連合仮名）
ikuri

図6▼列島の例

●稲荷山古墳鉄剣銘より：人名「多加利足尼」

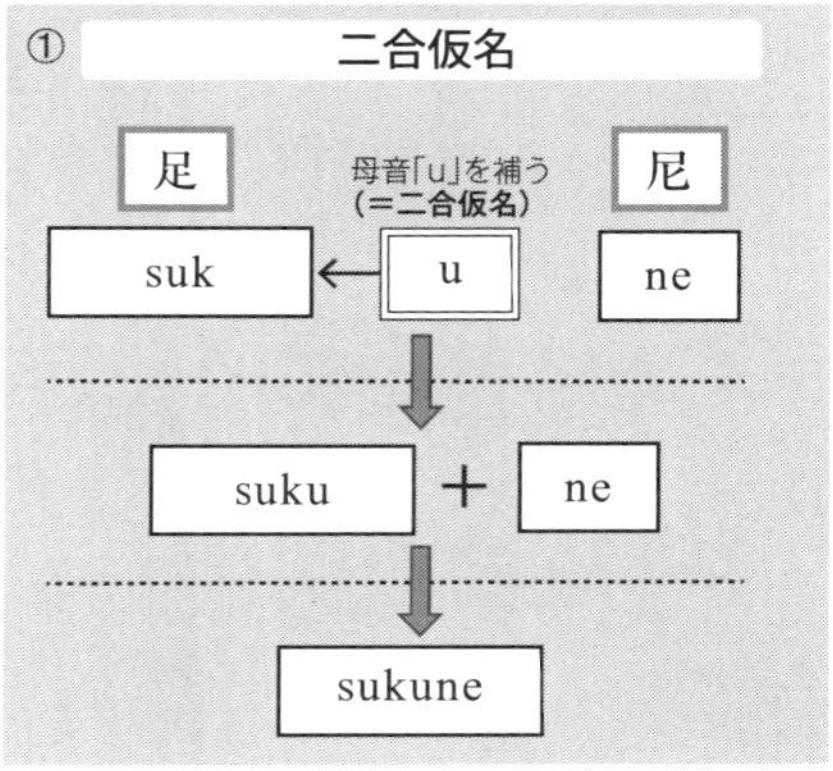

●稲荷山古墳鉄剣銘より：人名「獲加多支鹵」

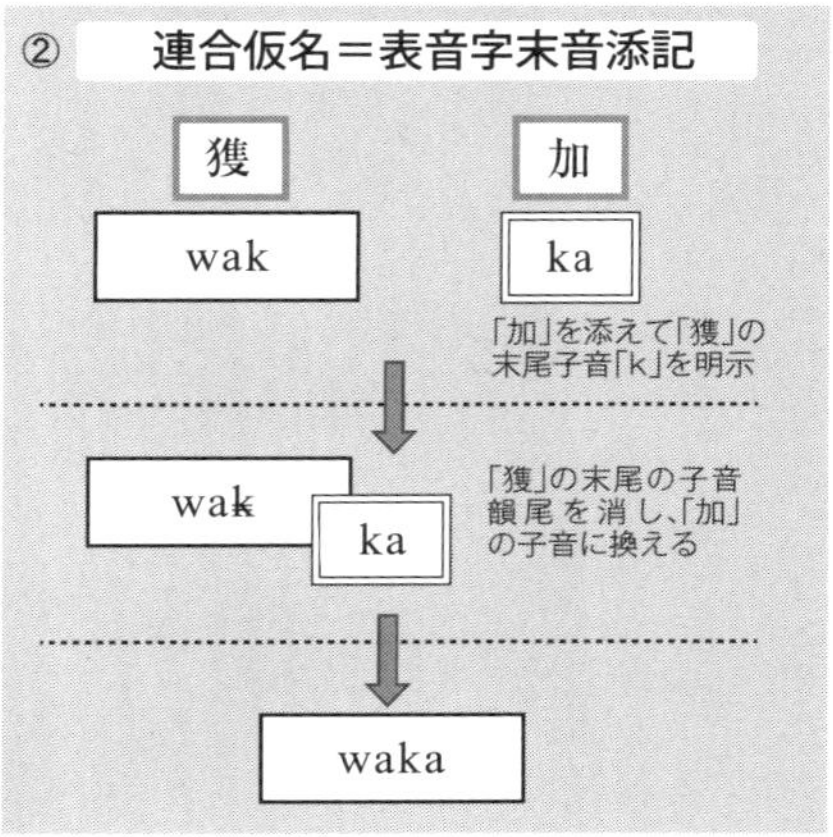

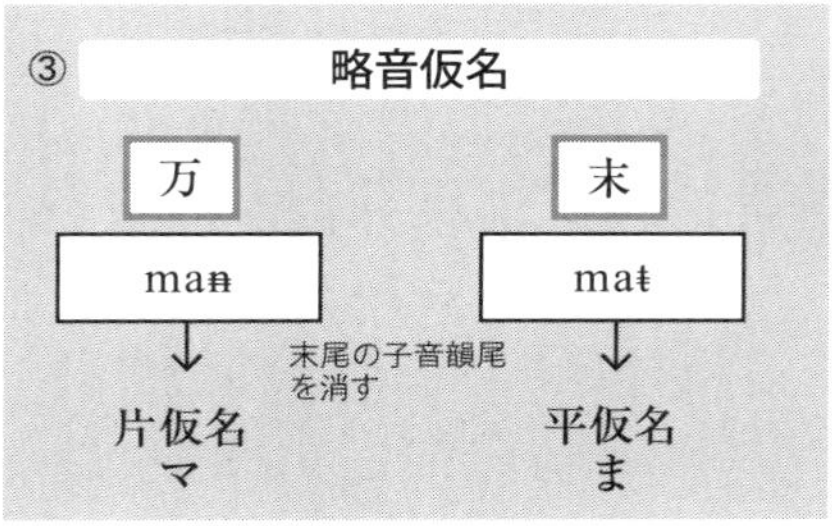

●正倉院文書より：人名「文牟史」

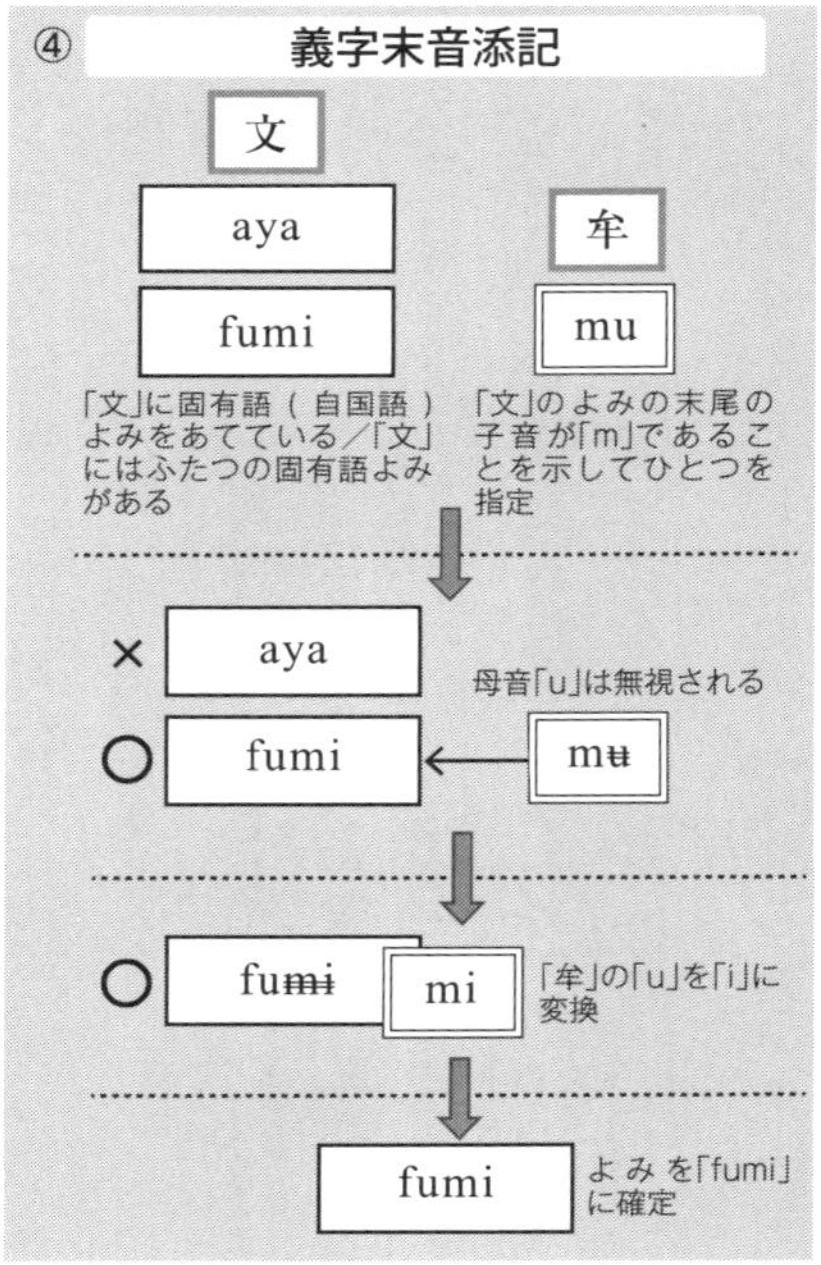

●参考１　『古事記』より「葦原色許男」「伊服岐能神」

「色許」　色 sik ＋ 許 xo → sik ＋ ko → si~~k~~ko → siko
… 連合仮名＝表音字末音添記

「服岐」　服 fuk ＋ 岐 ki → fu~~k~~ki → fuki
… 連合仮名＝表音字末音添記

●参考２　『万葉集』より「かぐやま」表記
※ 香 xiang の列島訛りの音よみ … kang

「香山」　香 kang ＋ u → kangu
… 二合仮名

「香来山」　香 kang＋来(ku→ngu)→ka~~ng~~ngu→kangu
… 義字兼表音字末音添記

「香具山」　香 kang ＋ 具 gu → kanggu → kangu
… 連合仮名＝義字兼表音字末音添記

例「甘茂（カモ）」

甘 kam ＋茂 mo → kammo → kamo

○略音仮名：漢字の末尾の子音韻尾を消す。

例「末呂（マロ）」

末 mat → mat → ma

ただし、末尾がngで終わる字は七世紀までの用法と八世紀の用法を別に扱う必要がある。七世紀まではngが子音として認識されていたが、八世紀には略されるようになる。たとえば「ト」（上代特殊仮名遣いで乙類）の万葉仮名「等」が八世紀以降広く使われた理由は次のように説明できる。七世紀まで「ト」の乙類には「止」が使われていたが、中国の漢字音が変化して「ト」より「シ」に適した音になった。新しい漢字音で「ト」をあらわす字を選ぼうとしたが、母音で終わるものに適当な候補がなかったので「等 tung」が選ばれた。それには、中国の漢字音にあった六種類の子音韻尾のうち、ngは音声的に母音「u」に近いという事情も手伝っている。平安時代以降の字音仮名遣い[*20]で「等」が「とう」であるのは、ngが母音としてうけとめられたことを示している。

＊20　漢字音を仮名で表記するときの仮名遣い。

◆半島の義字末音添記における「子音で終わる漢字」の用法

さて、韓国語学に「義字末音添記」という概念がある。漢字に半島の固有語を「よみ」としてあてている（日本語でいう訓読み）場合に、語を正しく読ませるために語末に文字をつけ加える方法で、たとえば『三国遺事』[*21]巻二の郷歌《きょうか》《ヒャンガ》[*22]「慕竹旨郎歌」に「道尸」の例がある。「尸」の頭の子音は中国中原の漢字音では「s」の系統であったが、半島では語の末尾の「-r」をあらわす表音用法の字としてよく使われた。「道」の固有語は「길(gir)」のような発音である。「道」一字だけで「길」という固有語によめるが、「尸」を書き添えて語の末尾の「-r」を示し、固有語の発音を明示するのである。この書記方法はgir + r → girのように理解される。よむときに重複する「r」のいずれを消すとみなすか、理論的にはどちらも成り立つが、韓国語・朝鮮語話者の直感からすれば、前のものを後へ送って消すgi~~r~~・rとみるのが適切かと筆者は想像する。

義字末音添記は古い時代の例が今まで認められていなかった。しかし、この方法と原理的に同じものが遅くとも五世紀には半島に存在し、それが列島に伝えられると、連合仮名、さらには二合仮名、略音仮名になったというのが、ここで述べようとする趣旨である。

◆義字末音添記の類例① ―― 列島における「義字末音添記」

列島に義字末音添記の八世紀の確例がある。一つは大宝二年（七〇二）の御野国《みののくに》[*23]戸籍に

*21　十三世紀末に高麗の高僧一然によって編纂された私撰の史書。五巻九篇から成る。朝鮮半島における現存最古の官撰史書『三国史記』が採らなかった故事・伝承、仏教の普及に関わる記事なども収録し、『三国史記』と並んで朝鮮半島古代史の基本文献として扱われている。

*22　日本の万葉仮名のように、漢字の音・訓を借用して半島の言葉を表記した、新羅から高麗時代の歌謡。『三国遺事』に採録された一四首と、『均如伝』に付された高麗の僧均如が作った賛歌一一首が伝わっており、言語学資料としての価値も高い。

*23　二三二頁参照

見られる、味蜂間《あはちま》郷栗栖田《くるすだ》里の人名「吉志賣《よしめ》」である。「吉」だけで形容詞「よし」によめるが、「志」で活用語尾の「し」を指定している。「吉」は音よみして「キ」をあらわす略音仮名として用いた例が八世紀にあるが、御野国戸籍にはない。あるいは、味蜂間郷の書き手は「吉」が「キ」の音によまれるのを防止したのであろうか。

もう一つは正倉院文書の大般若経巻第四百二十九にある天平勝宝六年（七五四）の奥書に書かれた人名「文牟《ふみの》史《ふひと》廣人《ひろひと》」「文牟史刀自賣《とじめ》」である。この「牟」は「文」を「あや」とよまれないための添記であろうか。ただし、「牟」の音よみ「ム」の母音「u」を無視して「み」の子音「m」を示し、よむときは「u」を「i」に変換するという仕組みになっている。そして、この「文牟」という字面は「ふみむ」と誤ってよまれる可能性をもつ。日本語は発音の単位が一子音と一母音が交互に並ぶので、前の字の末音を明示しようとして万葉仮名を付け加えると、文字列では一音節の追加になり不合理が生ずるのである〔図6④〕。

七世紀の列島にも義字末音添記が導入されていた可能性を示す資料がある。千葉県龍角寺五斗蒔《ごとまき》瓦窯《がよう》から出土した文字瓦に刻まれた「赤加」「服止《はとり》」などである。「赤加」はaka・kaのように「赤」の「か」を「加」で明示し、「服止」はfato・to・riのように「服」の「はとり」の「ト」を「止」で明示して語末「り」をよみ添える仕組みである。

現代日本語話者の直感からすれば、字の数と発音の音節数との間に過不足があるので不合理に感じるが、音節の単位で見れば義字末音添記の原理に合っている。半島の言語は語の末尾の子音を単独で認識できるので、末音添記はその子音を明示するが、列島の言語は子音と母音を切り離すことができないので、語の末尾の音節を明示することになるのである。そして、音節の単位で見れば、「赤加」は連合仮名の用法と原理的に一致することになる（aka・ka → akaka → aka）。「服止」は連合仮名の後に二合仮名が行われていることになる（fato・to → fatoto ＋ ri → fatori）。多賀城から出土した文字瓦にも「上見冨」の例がある。地名「かみつとみた」をあらわしたもので、これも音節の単位で見れば「かみ」の「ミ」を「見」の添記で明示しながら「とみた」の「タ」はよみ添える仕組みになっている。

◆義字末音添記の類例②——半島における「表音字末音添記」

半島において、義字末音添記の方法は、漢文を固有語に直して読むために「吐《ト》」[*24]の方法で固有語の助詞や活用語尾を示すようになる動向とともに、西暦七〇〇年前後に成立したと韓国の研究者は考えている由である。[*25]それでは、七世紀以前の半島で義字末音添記が行われていなかったかと言えば、「方法の原理は古くから存在したが適用の仕方が違っていた」という見解を本稿の筆者はここに提言する。添記する字の前の字が、義字すなわち漢字の固有語よみに限られず、漢字の音よみを借りて固有語を書きあらわしたものにも行わ

＊24　朝鮮語によって漢文を読む際に使われる、日本の漢文訓読に類似した表記体系を「口訣〔こうけつ／クギョル〕」と呼ぶ。この口訣で用いられる符号（日本の漢文訓読で言う活用語尾・助詞・接尾辞などの送り仮名）を「吐」と呼ぶ。

＊25　この知見は、国際学術会議SINOGRAPHIC COSMOPOLIS Evidence from mokkan to the 20th century 2013.6.16-18, Tokyoの席上、南豊鉉〔ナム・プンヒョン〕氏から教示を得た。

れていたのである。

韓国咸安《かんあん》《ハマン》市の城山山城《じょうさんさんじょう》《ソンサンサンソン》[*26]から出土した木簡は六世紀新羅の荷札である。そのなかに同じ村名を「伊骨」（一二三号）「伊骨利」（二二一号など）と書いたものがある。

半島の漢字音では中国中原の「骨」の子音韻尾「t」を「r」でうけとめるので、もしも新羅語の発音が閉音節のikurであったなら、「伊骨」はそれを忠実に書きあらわしている〔図5②〕。その場合、「伊骨利」は表音用法の字である「骨」の末音「-r」を「利」の添記で明示していることになる。この「骨」の末の「-r」と「利」の頭の「r-」が列島の概念で言うと連合仮名である。そして「利」は「ri̶」のように音よみの母音を無視して使われている〔図5③〕。

もしも発音が開音節のikuriであったなら、右で説明したように、「伊骨利 i・kur・ri」は「ikur̶ri」となり、列島で言う連合仮名である〔図5⑤〕。そしてその場合、「伊骨」はkuriのように「骨」に母音「-i」を補ってよむことになるので、列島の概念で言う二合仮名である〔図5④〕。

発音がいずれであったか、二つの書き方があらわれるのは、言語において終声《パッチム》[*27]が浮動していたためか、それとも、書き方の語の発音に対する忠実度の問題か、韓国の研究者の見解を待ちたい。

このような、列島の概念で言う連合仮名になる書記方法は、その目で見れば半島の資料

*26 九五頁〜参照

*27 音節の終わりに来る子音のこと。

にありふれている。城山山城木簡の地名「甘文」（一〇〇号など）も「文」の音よみが中国[*28]の中古音より古いものであったなら、「甘」の末の「-m」と「文」の頭の「m-」が連合仮名の関係になる。『三国史記』の地名にも同様の例が少なからず見つかる。

＊28　六世紀以後、隋、唐の時代の漢字音。

◆義字末音添記の類例③――列島における「表音字末音添記」

これと対応する例が五世紀の列島にある。先にあげた『稲荷山古墳鉄剣銘』である。「獲加多支鹵」の「獲《わ》加《か》-」はwak・kaのようにして「獲」の末の「-k」と「加」の頭の「k-」が連合仮名であるが、見方を変えると、表音用法の字「獲」に「加」を添記（表音字末音添記）していることになる〔図6②〕。また「多加利足尼」などの「-足《すく》尼《ね》」はsukuneのようにして「足」の「-k」に母音「u」を添えてよむ二合仮名である。見方を変えると、漢字の子音韻尾に母音を補ってよむ書記方法である〔図6①〕。

その目で見れば、七、八世紀の列島にも同様の例がある。たとえば『古事記』の神名「葦原《あしはら》色《し》許《こ》男《を》」の「-色《し》許《こ》-」、「伊服岐能神」の「-服《ふ》岐《き》-」は表音用法の字「色」「服」の末音「-k」に対して「許 x-」「岐 k-」を添えている（表音字末音添記）。それを列島の概念で言うと連合仮名なのである〔図6「参考1」〕。なお、「許」の頭子音「x-」をカ行音として前の「-k」と同一視するところは日本訛りである。「x」は喉頭で呼気を摩擦してつくる子音であるが、古代日本語のハ行子音が唇でつくる「f」または「p」であったため

及伐城文尸伊稗一石

長さ一五七ミリ×幅一九ミリ×厚さ〇・八ミリ

図7▲新羅の城山山城より出土した荷札木簡。人名と思われる「文尸」が義字末音添記による表記。（文献[2]より転載）

に、喉頭で呼気を破裂してつくる「k」と同類に認識されたのである。百済や新羅の漢字音ではどうであったか韓国の研究者の見解を待ちたい。

◆漢字で固有語を書き表す方法は、半島で工夫され、列島で応用された

城山山城木簡には、前の字が固有語よみであるものの末音を一字書き添えて明示した可能性をもつ例もあり、そうであるなら義字末音添記[*29]ということになる。「文尸」という人名で、たとえば一四八号木簡には「及伐城文尸伊稗一石」と書かれている〔図7〕。この人名が固有語なら発音はgirのように推定され、「尸」はその末尾の「r」を明示するために書き添えられた可能性がある〔図5①〕。「伊」は人名の接尾辞[*30]と解釈できる（日本語の「あるいは」などの「い」と同源であろうと本稿の筆者は考えている）。

これが当を得ているとすれば、城山山城木簡という六世紀の同一の資料に、「固有語を漢字の固有語よみで書きあらわしたもの」と「固有語を漢字の音よみを借りて書きあらわ

＊29　この知見は、一三九頁にあげた国際学術会議 SINOGRAPHIC COSMOPOLIS の席上、權仁瀚〔クォン・インファン〕氏から教示を得た。

＊30　語の後ろに付加されてその語とともに新しく一語を形成するもの。派生語を作り、元の語の品詞を変えたり、意味を付加したりする。（例：形容詞「深い」の「深」に接尾辞「さ」を付けて名詞「深さ」、接尾辞「み」を付けて名詞「深み」など。）

したもの」との両方に対して、末尾の子音に表音用法の字を書き添えてそれを明示した例が存在することになる（前者が義字末音添記、後者が表音字末音添記である）。半島において五世紀にさかのぼる末音添記の例はまだ発見されていないが、これらの書記方法が五世紀の半島にすでにあって列島に伝えられ『稲荷山古墳鉄剣銘』に適用されたというstoryができあがる。そして、二合仮名と略音仮名も同じstoryのなかで説明できる。

子音を母音と切り離して発音できない列島の人たちが、中国中原の漢字音末尾の子音を明確に認識できたのは、半島の人たちと交流したからであろう。半島の末音添記は文字列上で重複する子音の一方を消してよむ。添記する字は中国中原でその字のもつ母音を消して使う。そして閉音節構造の言語でも実際の発音では語の末尾の子音に母音の付いた音になるときがある（たとえば現代の欧米人の発音で「it」のtの後に母音が聞こえるのはめずらしくない）。半島の発音や書記方法に触れた経験が、列島の人たちに子音と母音を切り離して認識させたが、日本語は発音が母音で終わらなくてはならない。そこで、半島で行われていた子音・母音の操作を適用すると、「語の中の位置に末音添記を適用すれば連合仮名」「語の末尾で母音を付け加えると二合仮名」「語の末尾で子音を消すと略音仮名」になったのである。

列島では、七世紀まで、半島から学んだ書記方法を機械的に適用したようである。しかし、先に正倉院文書の「文牟」や文字瓦の「赤加」をあげて述べたように、日本語を書きあらわすためには合理的でなかった。さらに例をあげる。平城京木簡の一つに志摩国志摩郡の地名「たふし」を「答節」と書いた例がある。「答」の末尾の子音[*31]「p」に母音「u」を添えた音よみ「フ」と、「節」の訓よみ「fusi」の頭の「フ」とのいずれかを消さなければ「タフシ」にならない（tap + u + fusi → tafufusi → tafusi）。この例では、「答」が音よみ「tap」、「節」が訓よみ「fusi」である。半島の義字末音添記では固有語よみに音よみを添記するから、これは字の固有語よみ（訓よみ）と音よみの順が逆であるが、音節の単位で見ると連合仮名になっている。なお、千葉県城山遺跡から出土した九世紀の土器に「赤弥田寺」という墨書がある。「あみだ」を「aka・mi・da」のように書きあらわしたものである。これを根拠にして「赤」に「あ」という訓よみがあったとする説があるが、音節の単位で見ると字のもつ「あか」という訓よみの末尾の音を消して使っているのである。先にあげた「服止」「上見冨」のように、語の発音の音節数とそれを書きあらわした文字列の数との過不足は常に生ずる。

四．現在に活きている古代の書記方法

八世紀以降、半島では、前の字を固有語よみに制限して義字末音添記が確立する。列島では、連合仮名は一時廃れた後に、「星シ」のような捨て[*32]仮名として復活し、現代の送り

＊31　先述のように、古代日本語においてはハ行子音は唇でつくる「f」または「p」であった。ところで、中国語は閉音節構造であり六世紀には末尾にくる子音が六種類あり（一三二頁参照）、古代日本語の漢字の音よみでは、このうち「p」の開音節化が遅れたため、ここでは「答」の音よみは末尾が子音「p」の想定で述べている。

＊32　漢文訓読の際の添え仮名や促音拗音のための小仮名「っ」「ゃ」などを指すこともあるが、ここでは語の読み方をはっきりさせるために、その読みの最後の一字を片仮名で漢字の後に書き添えたもの。

仮名の源流になる。

義字末音添記は不合理に見えて現代でも日常に行われている。たとえば筆者と同じ名は「隆志」などとも書く。名詞や動詞・形容詞の語幹に助詞や活用語尾が付く文法構造からすれば自然なことである。二合仮名は、「マツ（末）」「マン（万）」のように一字を二音節によむ日本漢字音として定着した。たとえば現代の日本人の英語の発音で「cat」のtが「ト」となるのと同じく、開音節構造による訛りが規範化したのである。略音仮名は、半島の「吐」と同じ道をたどり、固有語の発音を書きあらわすための文字、すなわち、仮名になる。

以上、漢字を使って固有語を書き表す方法が、半島において開発され、列島にもたらされた経緯と、その過程で起きた試行錯誤と変容の一端を見た。文の組み立ては似ているが発音の仕組みが異なるという条件のもと、中国から漢字の用法を取り入れるにあたり、半島で固有語にあわせて改造が施され、それをうけて、列島でその固有語にあわせてさらに改造が施され、以後、それぞれの方法で自らの言語にふさわしいものにしていったのである。

なお、朝鮮半島における文字資料の出土は今後も増加が見込まれる。将来は、半島の中でも加耶、高句麗、百済、新羅、それぞれの相違に即して、ここに述べた経緯がさらに詳細に解明されるであろう。

〔史料学〕

6C 7C 8C 9C 10C 11C 12C 13C 14C

正倉院文書に見える文字の世界

山口英男

正倉院文書は、奈良・東大寺の正倉院宝庫に残されて現在に伝わった史料群で、そのほとんどが奈良時代の一官司で利用されたのち不要となり、一括して廃棄された書類である。日本列島に伝来した文字文化が、奈良時代の統治や行政の中にどのように適用されたのかを示す生の史料である。木簡や文字資料の分析のバックボーンとなる研究の蓄積があり、日本と韓国の文字文化交流の視点からも、相乗的な研究の進展が期待される。本稿では、正倉院文書研究を長年継続してきた東京大学史料編纂所の担当者の立場から、正倉院文書に見える文字行政の姿を紹介する。

はじめに

私が勤務する東京大学史料編纂所は、江戸時代以前の日本の歴史に関する史料を蒐集・調査・研究し、それを史料集として公刊していくことが、創立以来の最も大きな仕事である。私はその中では一番古い時代を担当している。史料編纂所は、これまで一一〇年以上にわたり毎年秋に正倉院文書《しょうそういんもんじょ》の原本調査をさせていただいている。私も参加して二五年以上になる。史料編纂所ではその調査成果を、明治末以来、『大日本古文書』（編年文書、東大寺東南院文書）などの史料集として刊行してきた。一九八七年からは『正倉院文書目録』（東京大学出版会）という形で調査所見を公刊している（既刊六冊）。

平川館長のお話にもあった通り、国立歴史民俗博物館は、開館当初から正倉院文書の全巻のレプリカを作成するという事業を進めている。歴博と編纂所、そして正倉院文書の保存・管理に当たっている宮内庁正倉院事務所やその他関係機関は、これまでも協力し合いながら正倉院文書研究の進展に力を注いできた。正倉院文書は、東アジアの文字文化を考える上でもたいへん価値を持つ史料である。今日は、そうした点についてお話させていただきたいと思う。

一．東アジア文字文化の中の正倉院文書

正倉院文書は、総数約一万点以上といわれる。日本の古代史、特に奈良時代史を研究する上でもっとも基本になる史料である。また、古代史に限らず、政治・経済・社会・生活・思想・仏教・官司・教育・文学・書道・美術・都市・建築・服飾・食物・医療等々、日本のあらゆる文化的事象を歴史的に解明するための根本史料となる存在でもある。一二〇〇年以上前に用いられた「生《なま》」の書面がこれだけ大量に残されていることは、人類史的にも

貴重である。

例えば「日本で紙をどういうふうに作成していたか」「建築の部材にどういうものがあるのか」「食べ物はいつごろからどういうものを食べていたのか」といったことを解明しようとする。それをさかのぼると、一〇世紀、平安時代の『延喜式』[*1]という史料にたどり着くというのが、よくあるパターンである。『延喜式』は、当時の諸官庁での執行細則といった性格の法令集であるが、その頃の様々な事物についての百科全書的な内容を持っている。そして、『延喜式』に出ている事物・事象は、すべてというわけではないが、正倉院文書に既に見えていることが多い。とすると、それらの存在はさらに二世紀、奈良時代までさかのぼることになる。日本の文化的事象の源を解明するための有力な手立てが正倉院文書から得られるわけである。そういう点でも、正倉院文書は日本の文化を考えるための大変に価値のある史料ということになる。

本シンポジウムのテーマと関わらせていうと、正倉院文書は、「日本列島に伝来した文字文化」が実際に奈良時代の統治や行政のさまざまな業務に適応された姿を映し出している生の史料となる。正倉院文書の研究は、今から二〇〇年ほど前、幕末の天保年間にその存在が知られて以降始められた。明治末から大正・昭和にかけて史料集として活字化され、研究利用も広がりをみせ、日本古代史学に多くの成果をあげてきた。今からもう五〇年ほど前になるが、日本では古代史の新史料として木簡が相次いで発見され、研究されるよう

＊1　養老律令に対する施行細則を集大成したもの。延喜五年（九〇五）に編纂開始、康保四年（九六七）に施行された。全五〇巻、約三三〇〇条から成り、神祇官関係の式（巻一〜十）、太政官八省関係の式（巻十一〜四十）、その他の官司関係の式（巻四十一〜四十九）、雑式（巻五十）で構成される。ほぼ完全な形で残っていること、細かな事柄まで規定されていることから、古代史研究において重要な史料となっている。

になった。その時、日本古代史学界には、すでに正倉院文書を扱ってきたという経験の蓄積があった。そのことが、木簡という新史料の検討にとって有形無形のバックボーンとして重要な意味を持ったのである。このことは、平川館長もしばしば指摘されている。

木簡は多くが断片として出土し、それがいかなる業務でいかなる役割を果したかを知ることは容易ではない。その時に、正倉院文書の分析から得られた知見と照合することが、有力な手立てとなる。このことは、東アジアの文字文化交流を考える上でも適用できる。韓国木簡などの文字資料を考える上で、正倉院文書から得た知見が役立つ部分がかなりある。逆にそちらからの知見が、正倉院文書の分析の進展に反映される。そうした双方向の効果が今後おおいに期待できると思う。

二．正倉院文書とは

正倉院文書は内容が多様で、その概要といっても短い時間で説明するのは容易ではない。ここでは本当にかいつまんだ内容だけ述べる。

正倉院文書は、奈良の東大寺の正倉院の校倉《あぜくら》〔図1〕に放置されていた結果、現在に伝わった文書群である。正倉院文書という用語は、広い意味では正倉院に伝来したすべての文書を指すので、その中身は様々な範疇に分類できる。ただ、その大部分は、東大寺の写経所で使われ保管されていた文書が奈良時代の終わり頃に一括して廃棄されたものである。

東大寺の写経所は、組織的に種々の変遷があるが、造東大寺司という東大寺の造営を担当する官司の一部局となっていた時期が長くあるので、写経所も当時の一つの官司といってよい組織である。写経というと、現代の私たちは、宗教的な信仰に基づく行為という印象を持つ。しかし、当時は印刷機や、もちろんコピー機などもないから、たくさんの部数のお経が必要だとなれば、手で書き写すしかない。写経所は今でいえば印刷局のような部署である。多くの分量を書写するので、働いている人も大勢いた。

正倉院文書は、現状では正集四五巻、続修五〇巻、続修後集四三巻、続修別集五〇巻、続々修四四〇巻二冊、塵芥《じんかい》文書三九巻三冊、合計六六七巻と五冊という形に整理[*2]され、宮内庁の正倉院事務所が管理に当たっている。一二〇〇年以上を経たきわめて貴重な古文書であるから、保存には万全の措置が取られ、厳重に管理されている。ただ、幕末から明治初年にかけて、正倉院文書が現状の形に整理される過程で、巻間に流出してしまった文書もある。庫外流出文書といっているが、現時点で九〇点ほどの存在が知られている。

正倉院文書の特徴として、とても重要なことと私が考えているのは、それらが官司の現

図1▲正倉院（奈良県奈良市）。東大寺大仏殿の北西に位置する高床の大規模な校倉造｛あぜくらづくり｝の建物。古代の官庁や大寺には、税や重要物品を納める「正倉」があり、正倉が集まっている一画を「正倉院」と呼んだが、今ではその一棟だけが残っている。倉の中は三つに仕切られ、北倉・中倉・南倉と呼ばれる。聖武天皇・光明皇后ゆかりの品をはじめ、天平時代を中心とした多数の美術工芸品（正倉院宝物）が収蔵された。天皇の命がないと開けることができない勅封の制度によって守られ、現代にまで伝えられた。（編集部）

用書類であり、廃棄されたものであるということである。この点は、実は木簡とも共通する性格である。古代の律令制下の官司が、実際に仕事を進めながら作成・利用・保管し、不要となって一括して廃棄した書類が正倉院文書であり、木簡なのである。

昨日の林先生のご報告で、新安沈没船木簡は、使用中の木簡が発見された貴重な事例であるというお話があった。木簡や紙の書類が、業務のどの時点のものであるかは、研究対象として扱う際にとても大きな意味を持つ。日本の古文書でいうと、現在に伝えられている古文書の多くは、歴史のある寺院・神社や公家・武家などが大切に保存して来たものである。何かの理由から選択され、捨てられずに保存され、その結果、今に伝来したわけである。ところが、廃棄された書類は、選ばれることのなかった書類、何らかの基準や価値観によるセレクションを経ていない書類である。書類を使用し廃棄した組織の生の姿、ありのままの姿がそこから窺える。このことは、史料の性格として非常に重要な特徴となる。セレクションを経た書類とは違った特性を持っているのであり、それに応じた分析の仕方が必要である。

三．業務と書類

正倉院文書には、様々な内容や種類の書類が含まれている。「文書」という用語は、古

＊2　◆正集＝天保七年（一八三六）、穂井田忠友が、紙背となっている戸籍・正税帳などの元の状態を復元すべく、一部の重要文書を抜き出して整理したもの。◆続修＝明治八年（一八七五）以降、東南院文書と共に内務省浅草文庫（幕府の学問所と和学講談所の書籍を管理した文庫）に運ばれ、内務省と教部省によって整理されたもの。◆続修後集・続修別集＝続修に続き、浅草文庫で明治十四年（一八八一）までに編成されたもの。続修後集については、その後、編成の補正が二度にわたって行われた。◆続々修＝明治十五年（一八八二）、文書は正倉院に還送されたが、その時点で整理のついていなかった未修古文書を後に宮内省の御物整理掛が編成したもの。◆塵芥＝明治十年（一八七七）、「塵芥」の櫃に収められていた破損・腐朽の著しい文書を正倉院より運び出し編成したもの。文書は整理・修補ののち明治十五年に正倉院に還送。（正倉院文書についての詳細は、「東大史料編纂所ホームページ」http://www.hi.u-tokyo.ac.jp/index-j.html、『東京大学史料編纂所報』を参照）

文書学の上で難しい問題もあるため、ここでは文書や帳簿を総称して書類といっておく。これらの書類は、官司での業務の実際についての情報をたくさん持っている。それを引き出すために、正倉院文書一点一点の分析が必要となる。その作業をすべて終えるのはまだ先のことであるが、それでもこれまでに様々な知見が得られていて、木簡のような断片的な行政書類の分析の上で大きな手掛かりになる。

書類の作成とお役所の仕事の関係というと、現代人はかえって身近に理解できるかもしれない。お役所の仕事とは、ある意味で書類を作ることそのものといえるところがある。無駄な書類作りで手間ばかり取られる、と思うことも間々あるが、一方で、書類を作るという手順を通じて、必要な業務が一つ一つ間違いなく進んでいくという性格もあると思われる。

奈良時代の律令制官司は、文字を行政業務に用いるという面で、まだそれほどの経験を蓄積していなかった。業務に応じてどのような情報を文字で伝え、記録し、いかなる書類を作成し利用するか、いろいろな工夫が必要であったと思われる。独自に新たな方式が生み出される場合もあっただろうが、すでにそうした経験を積んでいる社会から教わる、学び取るということも行われたと考えられる。日本の古代社会にとって、以前から文字利用の経験を積んでいる朝鮮半島や大陸から学ぶことが多かったに違いない。

正倉院文書の舞台である写経所は、ある意味で特殊な業務を行っている官司である。し

＊3　天平勝宝八年（七五六）、聖武天皇の七七忌に、光明皇后が聖武天皇の遺品と薬を東大寺大仏に奉献したのを始まりとして五回にわたって献納された献納宝物（帳内宝物）を中核とし、その他に、大仏開眼会をはじめ東大寺の法会に用いられた仏具や、平安時代中頃に別の倉庫から移された什器類が加わるなど、いくつかの系統がある。

かし、そうした特殊性を超えて、官司に共通の業務の進め方、書類の作り方、いわば業務遂行の技術（Know-How）とその組み合わせといったものが見えてくる。そこに、日本に伝来して展開していった文字文化の一端を浮き彫りにすることができると思われる。

四・書類の種類

次に、正倉院文書の中身を紹介したい。正倉院文書はその来歴の違いに応じて内容も多様で、吉田孝氏の『律令国家と古代の社会』（岩波書店、一九八三年）に整理があるが、ここでは詳細は省略する。正倉院文書は表・裏とも文字が記されているものが多いが、これは、片面を利用した後で不要となると、今度は裏面も利用したということである。その結果、写経所とは関係のない書類や、写経所以外が作成した書類など、様々な種類の書類が残されることになった〔表1〕。例えば、律令公《く》文《もん》といわれる戸籍・計帳・正税帳《しょうぜいちょう》などは、写経所の業務とは関係がないが、それらの裏面を利用するために写経所に持ち込まれたものである。

写経所以外で作成された文書には、広い意味での正倉院文書の中に含まれるものもある。例えば、新羅と非常にかかわりの深い文書として買物解《ばいぶつげ》〔図2〕が挙げられる。これは、正倉院宝物[*3]の[*4]鳥毛立女屏風《とりげりゅうじょのびょうぶ》の下貼りに使われたもので、三〇点

律令公文
戸籍　計帳　正税帳　郡稲帳　義倉帳　正税出挙帳
大税負死亡人帳　大税賑給歴名帳　封戸租交易帳
輸庸帳　計会帳

官司文書・その他（写経所関係以外）
大粮申請文書　造仏所作物帳（興福寺金堂）
造金堂所解（法花寺金堂？　阿弥陀浄土院？）
官人歴名　具注暦　買物解

写経所関係書類
〔表2〕を参照

表1▲正倉院文書に見える文書・帳簿

＊4　「とりげりつじょのびょうぶ」「とりげたちおんなびょうぶ」とも。国産の屏風であるが、六扇に唐装の婦人を一人ずつ配した樹下美人図は中国大陸で好まれるモチーフである。髪・衣・樹木などにヤマドリの羽毛が貼られていたのでこの名があるが、現在は微存するのみで、彩色箇所以外は下絵の墨線が見える。

ほどが残されている（一部は庫外流出）。天平勝宝四年（七五二）に新羅の使節が日本に到着した。その時に船で運んできた物品について、最高位の限られた貴族たちが購入を認められ、その際に希望品リストとして提出したのがこの文書である。「青木香《せいぼくこう》《しょうもっこう》」という非常に貴重な香料なども挙がっている。当時の新羅から輸入されてきた物品を書き上げた史料ということになる。

写経所関係の書類については、〔表2〕に整理した。写経所の部内で利用している書類、（写経所外から）写経所に入ってきた書類、写経所から外に出た書類、という形に分類してみたものである。表の左側に、業務の種類・内容を掲げている。こうした官司で業務ごとにどういった書類が作成されるかが見てとれると思う。

例えば、送付・受領の欄を見ると、物品の送付や受領の際にどういった書類が作成されるかがわかる。部内用書類として収納帳簿が作成される。それらは雑物納帳《ざつもつのうちょう》とか納紙帳《のうしちょう》といった名称で呼ばれている。

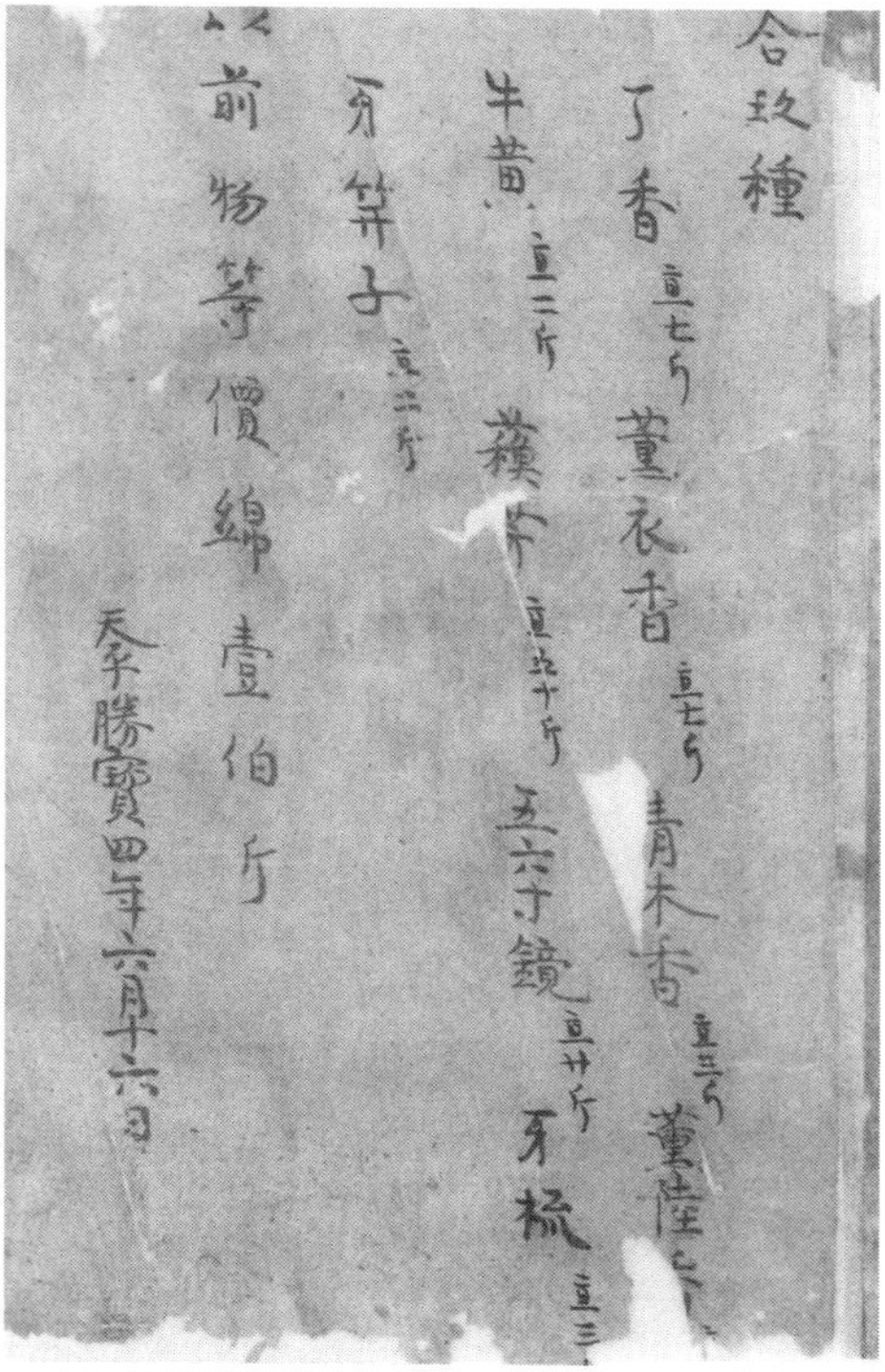

図2▲買新羅物解　天平勝宝４年（753）６月16日〔続修後集43　『大日本古文書』25-45～46〕
新羅の使節がもたらした種々の物品について、購入を認められた貴族が、希望する品目を書き上げたリスト。最後の「綿壹伯斤」は価格の合計。（正倉院宝物）

	部内	部外より	部外へ
業務の企画・実施		実施命令書 実施依頼書	見積書 用度文
請求		経典等送付依頼書	物資等支給申請書 雑物申請解 筆墨等申請解 報酬支給申請書 布施申請解
契約・請負		請負申請書 雑様手実	
送付・受領			
物品・人員	収納帳簿 雑物納帳 納紙帳 納銭帳 食物納帳 筆墨納帳	送付書 受領書 返抄 その他 経師貢進文 優婆塞（夷）貢進文	送付書 受領書 返抄
経典（本経）	収納帳簿 経疏出納帳 奉請経歴名 散帳	借用依頼書・返送依頼書・ 送付書・受領書 奉請文	借用依頼書・返送依頼書・ 送付書・受領書 奉請文
業務管理			
作業管理	作業報告書…経師等手実 筆手実 墨手実 作業管理帳簿…充装潢帳 上紙帳 界上帳 充本帳 充紙帳 校帳 充并作上帳 作業量集計帳簿…考内行事文		
物品管理（物資・金銭）	支出記録簿…雑物用帳 食物用帳 銭用帳 筆墨充帳 浄衣用帳 下充帳 料紙検定帳 料紙便用帳		
食物管理	支出記録簿…食口案 賑給帳 支給法…食法		
勤務管理	休暇・欠勤申請書…請暇解 不参解 出勤記録簿…上日帳 勤務者歴名		
報酬管理	支給記録簿…布施申請解案＋注記 支給法…布施法		
借金管理	借用申請書…月借銭解		
業務報告			
業務・会計・支出報告			期間別報告書・終了時報告書 告朔 行事 用残文
食料支出報告			期間別報告書 食口帳
勤務報告		上日報告書	上日報告書
その他			
伝達	文書 過状（詫び証文）	文書 解 移 牒 符 啓 書状	文書 解 移 牒 符 啓 書状
目録	保管品目録 欠失品目録 経典目録		
その他	経典断簡 鏡下絵 語彙一覧 習書 落書	経師試字	

表2▲写経所関係書類

写経所では、業務上、経典の貸し借りが頻繁に生じる。外部から借りたものを受け取る、返却する、外部から借用依頼が来る、貸し出す、返却を受ける、といったことが帳簿につけられていく。

業務管理関係では、まず作業の管理がある。誰がどれだけの作業をしたか、どういう物品がどのように動いたかを記録する帳簿がある。物品の消費・支出帳簿もある。特に、食料の支出を記録した帳簿が多く残っている。これは、当時の官司では勤務者に食事を支給しているためである。勤務管理の帳簿もある。欠勤届をファイルした帳簿や、出勤を記録したり集計したりした書面がある。

写経所では、書写・校正・表装など、作業量に応じて報酬が支払われる。作業量の申告・集計に始まり報酬の支払いに至る書類・帳簿が残されている。

業務が終了すると、その報告書類が作成される。業務の性格や内容により様々な形があり、その中には、上級の官司など外部に送られるものもある。

このほかにも、種々の連絡事項の伝達のための書面も作成される。[*5]公式様《くしきよう》文書と呼ばれる解《げ》・移《い》・牒《ちょう》・符《ふ》・啓《けい》といった様式に沿うものもあるし、そうではない書状なども見られる。また、目録の類もかなり残っている。書写した経典の目録や、種々の物品を書き上げた目録がある。逆に、本来はあるはずなのに無くなっているものを書き上げた欠品の目録などもある。

＊5　公式様文書とは、唐の公式令の規定に倣い、律令の公式令に定められた書式によって作成・発給された文書をいう。下位の役所が上位の役所に出す「解」、直属の関係にない役所間でやり取りされる「移」、寺院と役所の間でやり取りされる「牒」（のち、令外の官司がやり取りする文書）、直属の役所間で上位の役所が下位の役所に下す「符」、皇太子および皇后・皇太后・太皇太后に対し上申する「啓」、天皇の勅命を示す「詔書」などがある。

五．正倉院文書研究のツール

正倉院文書は、このように多様な書類から構成されている。そして、現状ではこれがバラバラな状態となってしまっている。研究に利用するためには、それなりに手間をかけなくてはならない。

バラバラになった書類の一片一片を断簡《だんかん》と呼んでいるが、なぜこうなったかというと、一つは表裏を利用したためである。はじめに書かれていた文書（一次文書）は、その裏を利用する（二次利用）時に、貼り継ぎからはがし取られたり、適当な長さに切り取られたりするので、その段階でもとの姿はくずされてしまう。断簡化は、奈良時代にすでに生じていたわけである。ただし、さらに断簡化が進んだもう一つの理由がある。これは、幕末から明治にかけて、正倉院文書が整理される過程で生じた。整理の際には、当時の関心に基づいて、重要と思われる文書をもとの位置から抜き出し、抜き出した文書を分類して別の巻物に仕立てるという方法がとられた。この結果、奈良時代の末頃に文書が廃棄された時の姿かたちもくずされてわからなくなってしまった。

現状の正倉院文書はこうした状態であるので、断簡をもとの状態に復元しないと、全体の内容がきちんと理解できない。研究利用のための基礎作業として、断簡の分析が必要であり、これにかなり手間がかかるわけである。ただ、現在までに、研究条件はかつてよりかなり改善されてきている。正倉院文書研究のツールも少しずつだが整ってきている。それらについては、文末にまとめたので詳細は省略し、ポイントだけ述べたい。

正倉院文書研究では、原本の持つ様々な情報をできるだけ多く抽出することが重要になる。ただ、原本は、今後も状態を維持して未来に向けて保存していくことが最優先であり、扱いには慎重な配慮がなくてはならない。その点で、国立歴史民俗博物館の複製(レプリカ)作製は、たいへんに意義のある事業である。昨日のお話では、すでに全体の半数に到達しており、これに三〇年を要したということである。膨大な点数なので、関係されている方々のご苦労は並大抵のことではないと、はたで見ていても感銘を覚える。正倉院文書の学術的な価値というものは、日本史・日本文化の観点から見てももちろんだが、人類史的にも計り知れないものである。日本の文化事業全体として、これほど重要な文化遺産の複製が存在しないことが不思議である。歴博が開館以来取り組んでいるこの事業の文化的重要性はきわめて高い。はたから口出しするようでまことに恐縮だが、国立歴史民俗博物館にとってとりわけ重要な使命の一つが、この複製作製事業であろうと私などは常々思っている。その進展に期待するとともに、その文化・学術上の意義を広く社会にも知っていただきたい。

研究環境の改善では、今度は我田引水で申し訳ないが、史料編纂所の奈良時代古文書フルテキストデータベースにも触れておきたい。正倉院文書のほぼ全文は、史料編纂所が編纂した史料集『大日本古文書』（編年文書）に収録されている。編纂所では、その史料集全巻のテキストデータベースを、二〇〇五年に公開した。国内外から年間一〇万件を超えるアクセスをいただいている。例えば、ある文字や言葉を検索すると、正倉院文書に見える用例を拾い出すことができ、使い出のあるツールとなっている。また、史料編纂所では、正倉院文書の研究支援のために断簡ごとのデータベースを構築する作業を進めており、数年後に公開する計画を持っている。

つい最近では、二〇一一年に、正倉院文書研究の第一人者である栄原永遠男さんが、『正倉院文書入門』というご本を刊行された。正倉院文書を研究に利用する場合の基礎知識、検討事項と手順などが詳しく具体的に解説されている。これまでは専門家に直接聞くしかなかった「奥義」が誰にも皆伝されることになったといえる。この本の韓国語訳も刊行された。正倉院文書の研究利用が進むことをぜひ期待したい。

六．書類の具体相

正倉院文書の書類の具体的事例をいくつか紹介したい。

筆墨納帳《ひつぼくのうちょう》〔図3〕は、写経のための墨や筆を写経所が受け取ったときに、何日にどれだ

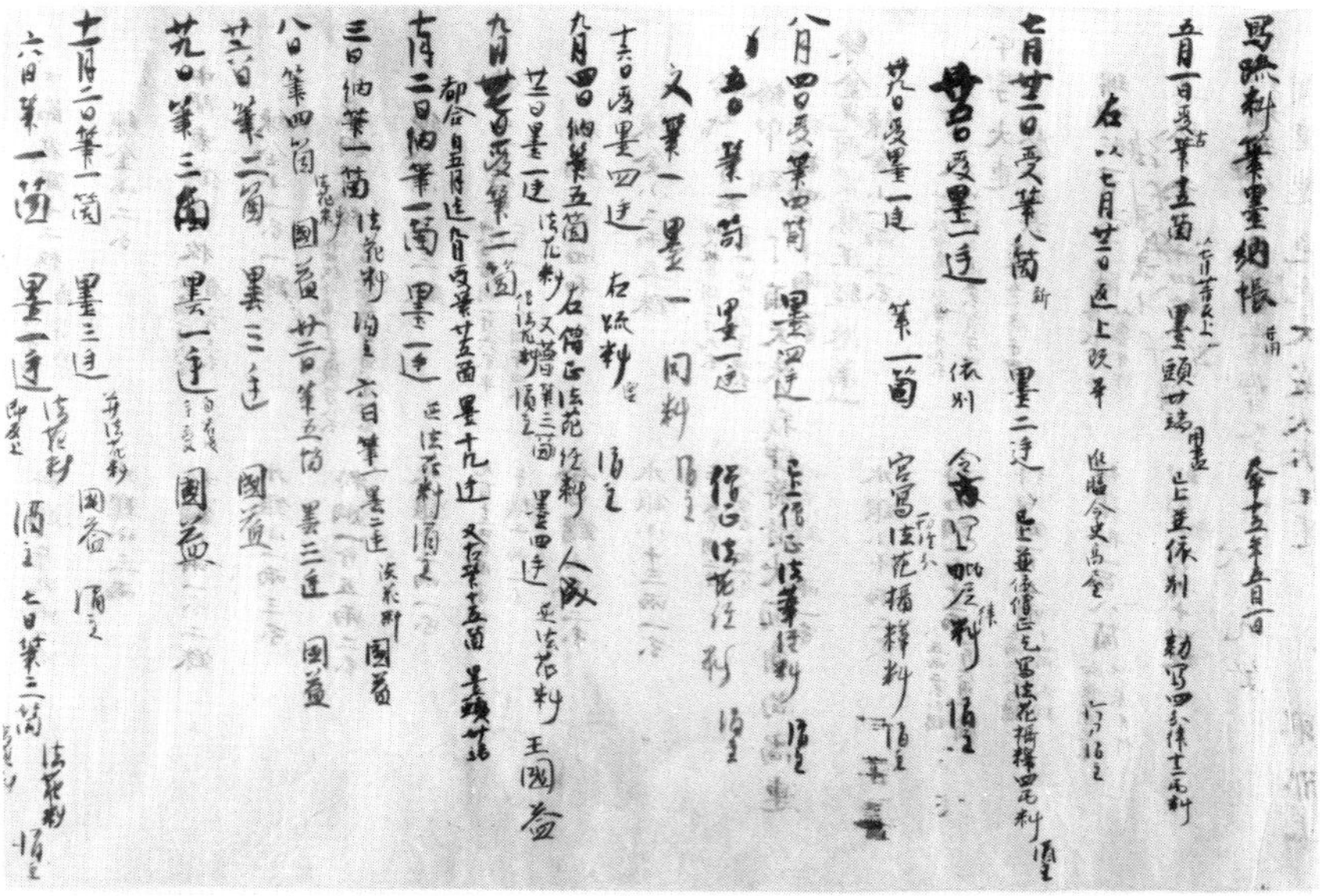

図3▲写疏料筆墨納帳　天平十五年（七四三）（続修三四裏　『大日本古文書』八―一八三～一八五）
日付順に、収納した筆や墨の数量を書き込んでいった帳簿。（正倉院宝物）

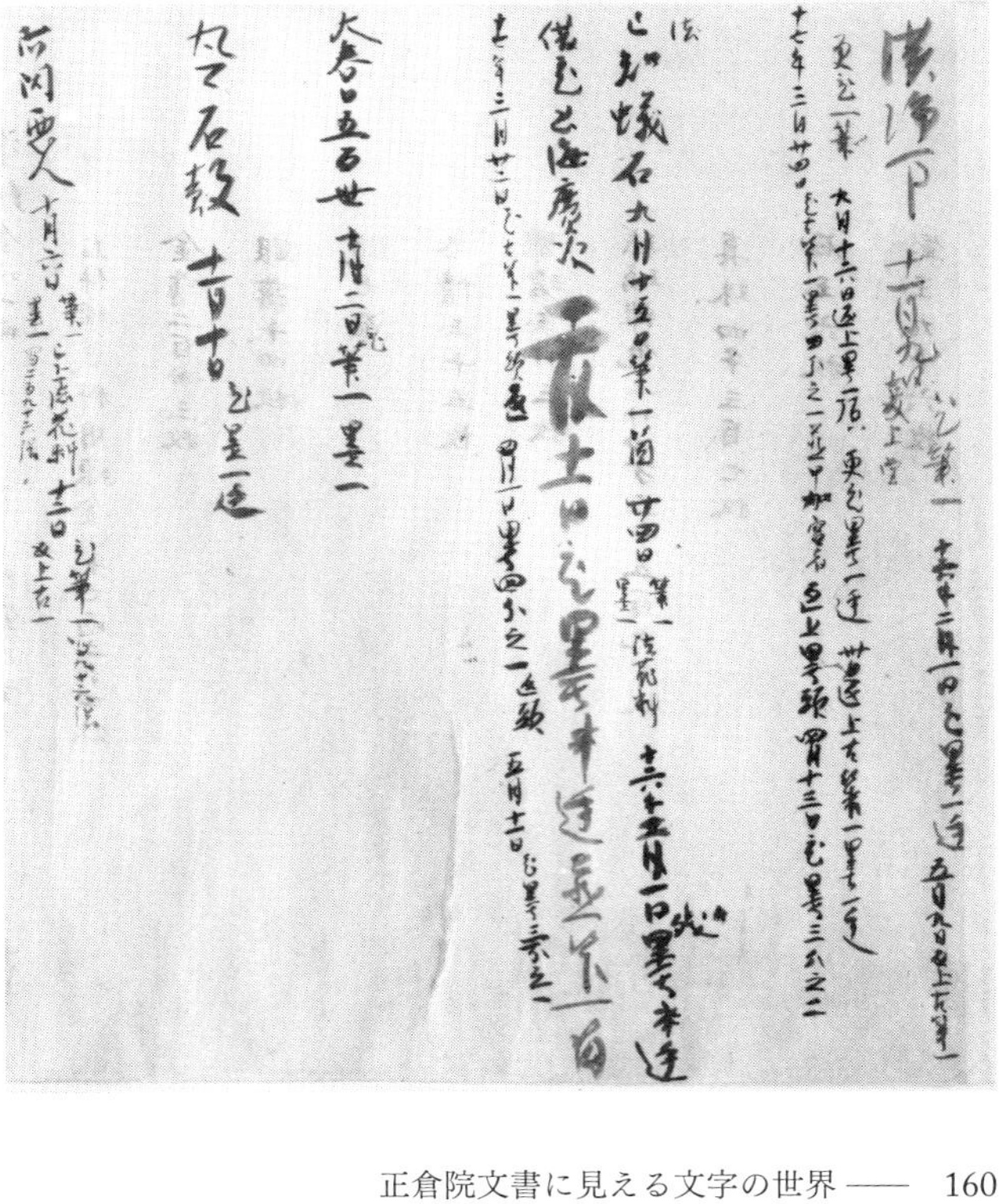

図4▲写疏料筆墨充帳　天平十五年（七四三）五月（続修三四裏　『大日本古文書』八―二七七～二七八）
初めに間隔をおいて経師の名を書き、経師に支給した紙・墨・筆について、その「口座」に日付と数量を書き込んでいった帳簿。（正倉院宝物）

けの分量を収納したかを日々書き加えていった帳簿である。日付順に記載する形式で、研究者の間では「日次式」と言っている。

次は筆墨充帳《じゅうちょう》〔図4〕である。これは、経典の書写作業を行う経生（経師《きょうし》）に写経するための筆や墨を支給した時に、その内容を記録した帳簿である。書写した紙の枚数を書き込むこともある。経師の名前が書いてあって、その下に、紙を支給した日付と枚数、場合により支給した筆・墨の数も書かれている。こうした帳簿の形式を、研究者の間では「口座式」と言っている。適当な間隔を置いて経師の名前をまず書き付け、その名前の下に支給のたびにその内容を書き込んでいったものである。

食物用帳《しょくもつようちょう》〔図5〕は、写経所で支出した食物を日ごとに書き上げた帳簿である。主食の米、塩などの調味料、野菜や海草などの副食物の種類と分量が記載されている。食物の支出関係の帳簿は、木簡にもよく見られるし、韓国木簡にも例がある。こういう帳簿は官司でよく見られる内容といえる。

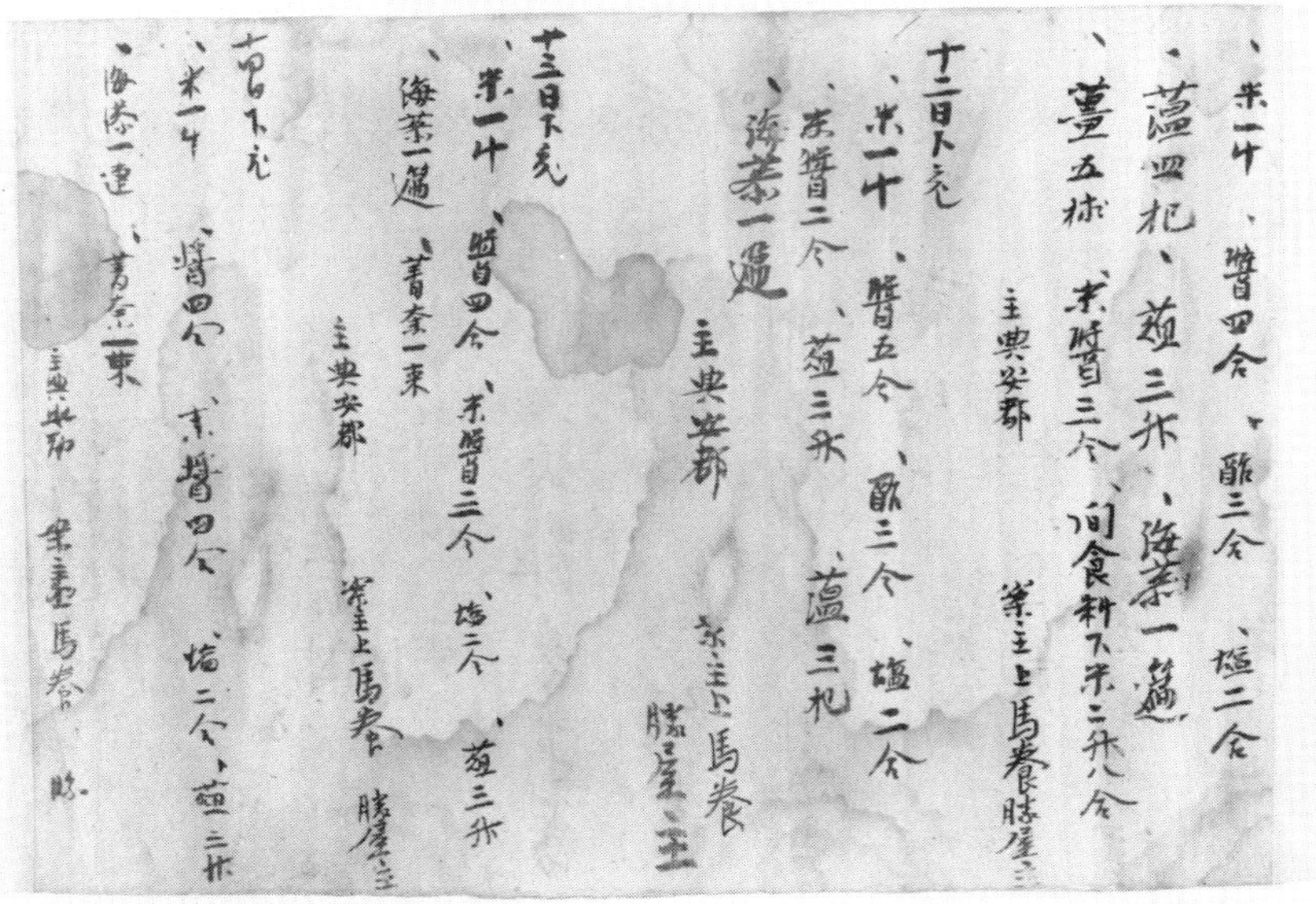

図5▲後金剛般若経食物用帳　天平宝字2年(758)11月〔続修46裏　『大日本古文書』14-108〜109〕
日付順に、米、醤などの調味料、野菜や海草などの種類と分量を書き込んでいった帳簿。(正倉院宝物)

食料関係では、食口案《しょっこうあん》〔図6〕という書類がある。これも日ごとの記載となっている。二月一日の記載を見ると、日付の下に食口三五人、米五斗八合とある。次に、食口の内訳として、経師が何人、装潢《そうこう》が何人、案主《あんず》が何人等とある。これは、その日に食事の支給を受ける勤務者の内訳で、その合計人数が冒頭の食口の数となる。装潢は、巻物を仕立てる作業の担当者、案主は写経所のマネージャー役である。それぞれの勤務者は、職種ごとに一日の食米支給量が決まっていて、経師二一人と装潢二人あわせて二三人は一人当たり一升六合とある。その支給量は一升六合×二三人で三斗六升八合となる。その他の勤務者も、人数と日ごとの支給量が書かれているので、同じ要領で計算して、その合計が冒頭の米五斗八合である。要するに、日ごとに勤務者の人数・内訳によって食米の量を計算し書き上げたのが、この帳簿である。こうした方式をとると、実際の支出量を細

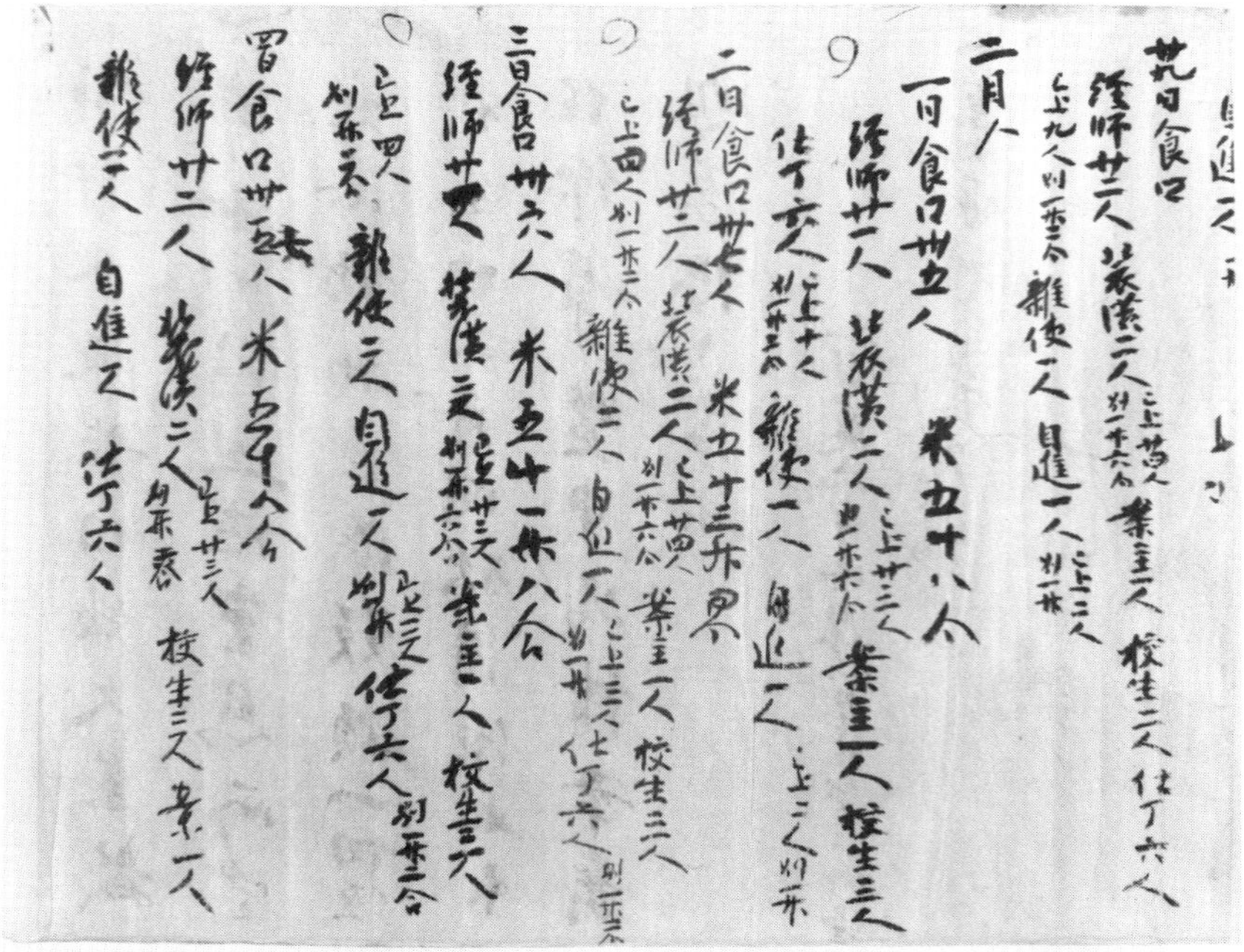

図6▲奉写一切経所食口案　宝亀7年(776)正月～2月〔続修47裏　『大日本古文書』23-279～281〕
毎日の食口の人数、米の量、食口の内訳を書き込んでいった帳簿。(正倉院宝物)

かく確認しなくても、計算上で支出量を決めることができる。ある期間の必要量を見積もる場合などにも便利である。業務の手間を省くための工夫であると思う。

次に「番」に関する書類を挙げた〔次頁図7〕。「番」の用例は、韓国の雁鴨池《がんおうち》《アナプチ》[*6]の木簡などにも見える。正倉院文書から「番」の用例を拾い出してみたところ、「番」を組んで作業に従事するという意味の用例がほとんどであった。ここに挙げた例では、写経した経典に写し間違いがないかどうかを確認する校正作業を担当する校生を、一番から五番の五つの番に編成している。一つの番は二ないし三人で構成されている。また、それとは別に経生一四人編成の一番から四番までの四つの番も書き上げられている。現状では末尾が欠失しているが、校生と同じく五番まであったと思われる。これが何のための番かというと、一つは作業場である堂裏(堂内)の掃除を番ごとに一五日交替で行うことを命じられている。番ごとに校生二~三人、経生一四人、合計一六~七人であるから、ほぼ一人一日ずつの分担ということかと思われる。また、「校法もまた番のごとし」とある。これは、一番の経生の写経は一番の校生が校正に当たるということだろう。校正は一校と二校の二回行うことになっているので、校生二人であると、一校・二校をその組み合わせで行えばよいことになる。

*6 慶州市月城にある新羅時代の離宮の園池遺構。

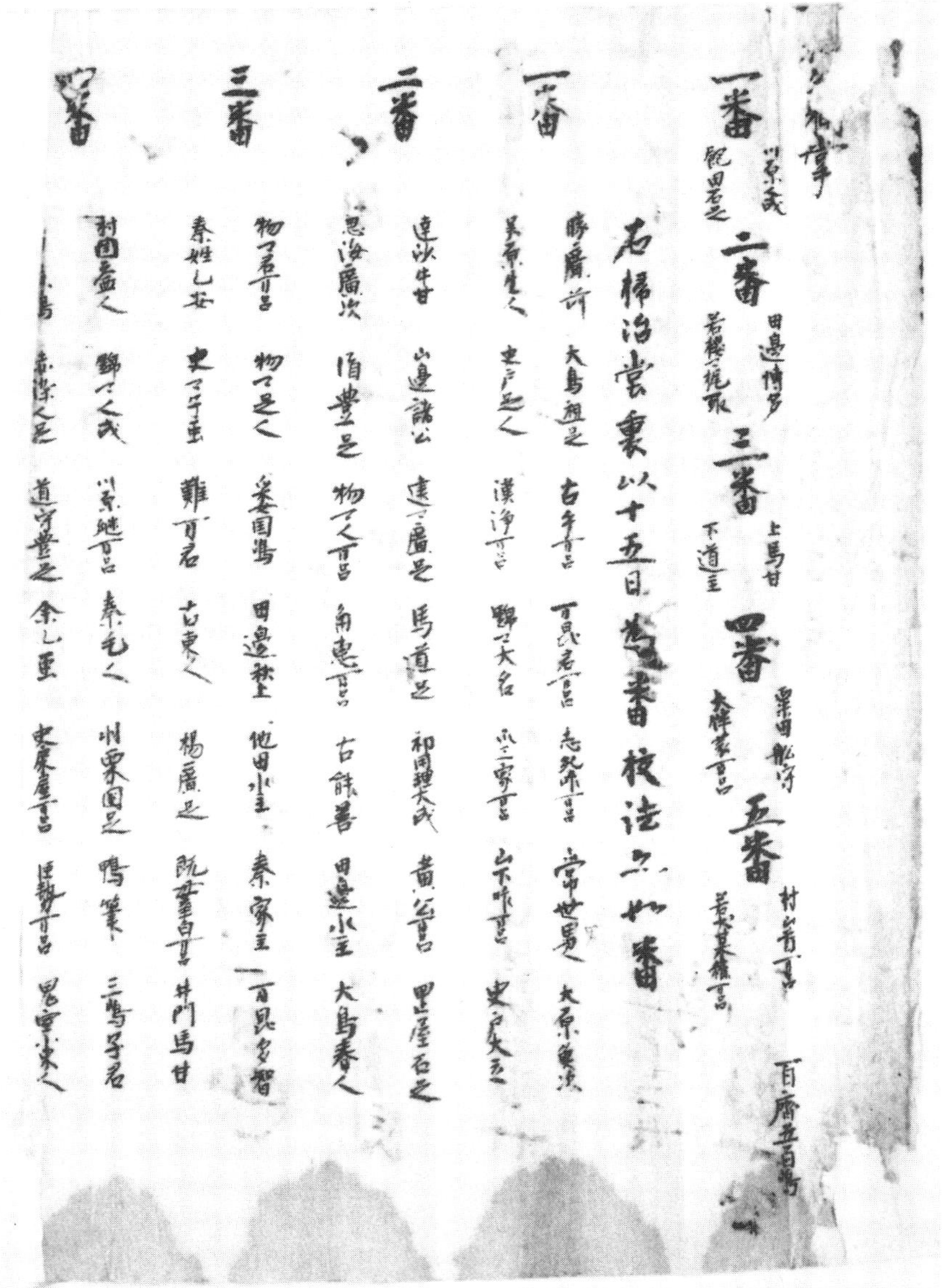

図７▲千部法華経校生職掌注文　天平勝宝元年（749）〔続修28 『大日本古文書』24-607〜608〕
末尾が失われているが、一番から五番までに編成された校生と経生を書き上げたものか。
堂裏の掃除と、「校法」を番によって行うことが記されている。（正倉院宝物）

七．書面作成の達人

正倉院文書の世界をさまよっていると、頻繁に出くわす「著名人」がいることに気が付く。一人一人の人物紹介はできないが、安都雄足《あとのおたり》・上馬養《かみのうまかい》・下道主《しものみちぬし》・阿戸酒主《あとのさかぬし》といった人たちの名前はすぐ挙がる。記帳の責任者といった形でしばしば登場する。

私が以前から気になっているのは高丘《たかおかの》連《むらじ》比良麻呂《ひらまろ》という人物である。正倉院文書の中から一風変わった異例の形式・様態の書面を拾い出してみると、高丘比良麻呂の作成した書類だったという経験が何度もある。日本に文字を用いた行政の文化が導入されていく過程で、どういう人たちがその担い手となったのか。日本の古代社会に適合する形の書面を模索し、発達させていった人たちがいたに違いない。それを考える手がかりを提供してくれそうなのが高丘比良麻呂である。書類を用いて業務を進めていくことの真髄を理解していた注目すべき人物ではないかと私は思っている。

ひとつだけ史料を挙げよう。双倉北継文《ならびくらきたのつぎぶみ》〔図8〕といって、東大寺の倉から出蔵した物品を記録するために倉の中に保管されていた帳簿がある。その中に貼り継がれている一枚の書面である。中身を簡単に紹介すると、[*7]施薬院《せやくいん》という薬を作る組織が、桂心という材料が無くなって入手できないので、支給してほしいと天皇に願い出る。すると、女官の蚊屋采女《かやのうねめ》を通じて、東大寺に所蔵されている桂心を下し充《あ》てよ、という天皇の命令が出さ

＊7　奈良時代に設置された庶民救済のための施設・薬園。制度的に整ったのは、天平二年（七三〇）光明皇后の発願により悲田院とともに創設されたもので、病人や孤児の保護・治療・施薬を行った。

れる。そこで、東大寺に出向いて、桂心を支給してもらう。その際に、東大寺側の人々も含めて関係者が署名して出蔵の記録としたのが、この書面である。そして、その書面は帳簿にファイルされ、倉に残されたわけである。とても複雑な動きをした書面といえる。

この一連の業務の中心にいたのが高丘比良麻呂である。比良麻呂は、発端となった施薬院の解《げ》（申請書）の作成に関わり、次に天皇からの命令を受け取る場に出向いて命令を書き取り、さらに東大寺に行って出蔵に立ち会い署名している。いくつもの場をまたがる業務の経過が、この一枚の書面の中に見事に記録されている。書面を作成し記録を残しながら業務を進めていくこと、業務と書面の相互関係を、比良麻呂は非常によく心得ていたのだと思う。ここでは割愛するが、比良麻呂が作成した注目すべき書面はほかにもある。

この高丘比良麻呂は、百済からの渡来人（帰化人）の孫である。祖父は、沙門詠《しゃもんえい》という出家した人で、[*8]白村江の敗戦の際に日本へ渡ってきたようである。比良麻呂の父は楽浪河内《ささなみのこうち》といって文雅に秀で、学問を司る大学寮の頭《かみ》（長官）を務めた。比良麻呂は、幼少の頃から進んだ文字文化に身近に接しながら育ったのではないだろうか。彼は、[*9]紫微中台《しびちゅうだい》に務

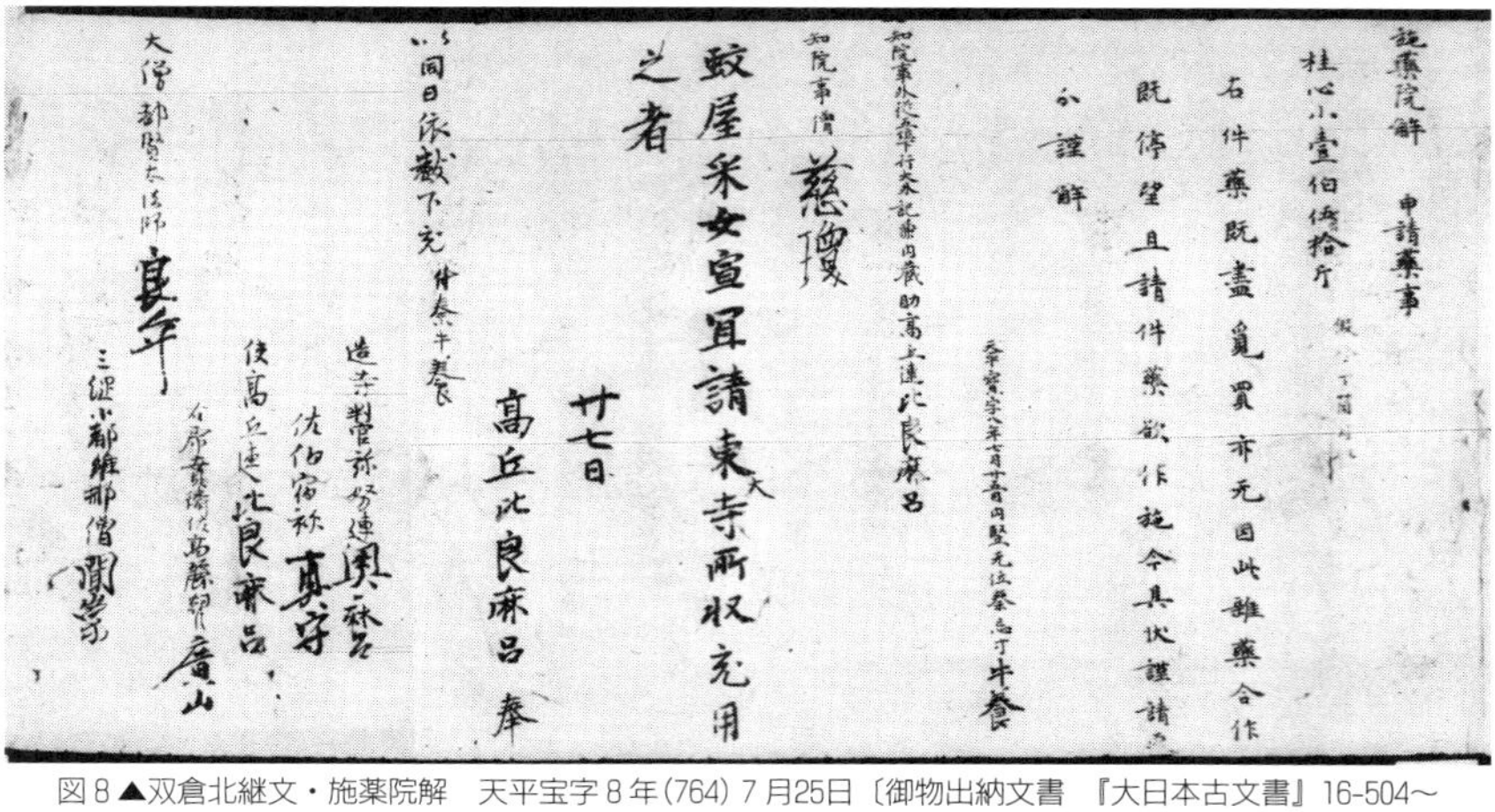

図８▲双倉北継文・施薬院解　天平宝字８年（764）７月25日〔御物出納文書　『大日本古文書』16-504〜505〕場を移動しながら進んでいく業務の過程が一枚の書面に書き込まれている。すべてに高丘比良麻呂が関わっている。（正倉院宝物）

めるなど、藤原仲麻呂[*10]に引き立てられていたことがうかがえる。ところが、仲麻呂の乱の際には、その挙兵計画を密かに朝廷に通報するという功績を挙げた。このため、仲麻呂派とみなされる立場だったにもかかわらず、乱の後も地位を失うことはなかった。道鏡[*11]政権下では法王宮職[*12]に勤務し、政権の交代に関わらず重用されている。この間、引き続けて内廷財政を司る内蔵《くら》寮の助《すけ》（次官）・頭や、朝廷の書記局のトップである大外記《だいげき》を勤めた。持ち前の優れた行政技術・書類作成技術が必要とされたのであろう。高い技量に裏打ちされた常に私曲のない業務執行が、広く信頼されてもいたのではないか。比良麻呂が百済からの渡来人の系譜であることは、日本列島での文字文化の展開を東アジア全体の中で考える上で、示唆的である。

おわりに

以上、整理不十分な話となり、おわかりになりにくかったのではないかとお詫びしたい。

正倉院文書については、すでに膨大な研究の蓄積がある。しかし、いまだになお全貌が明らかでない歴史情報の宝庫であると言える。これからの開拓を待つフロンティアであり、新たな知見が今後も数多く掘り出されることと思う。正倉院文書は汲めども尽きぬ泉のようなものである。こんなことが知りたい、あんなことを教えてくれと、こちらの聞き方、

＊8　一九頁＊36参照

＊9　天平元年（七二九）、光明皇后の家政機関として「皇后宮職」が設置されたが、皇后が皇太后となったのに伴い七四九年に唐風に改称、「紫微中台」とした。

＊10　慶雲三年（七〇六）～天平宝字八年（七六四）。年少より優れた学才を示し、光明皇后と孝謙天皇の信任を背景に政権・軍権を掌握し権勢を振るい、淳仁朝においてその功績により恵美押勝〔えみのおしかつ〕の名を賜与される。光明皇太后没後、淳仁天皇・仲麻呂と孝謙上皇の間は疎遠となり、道鏡の処遇をめぐって対立が表面化。仲麻呂は反乱を企てるが失敗に終わり、一族ともに斬首された（藤原仲麻呂の乱）。

＊11　?～宝亀三年（七七二）。法相宗を学び梵文にも通じた。七六二年孝謙上皇の看病に功があったとして上皇の寵愛を得、やがて権力を握った。仲麻呂（押勝）失脚ののち孝謙上皇は重祚して再び皇位に復帰。道鏡も七六六年には天皇に準じる法王となったが、天皇没後に下野国（栃木県）薬師寺に左遷され同地で没。

＊12　神護景雲元年（七六七）、法王・道鏡の家政・政務機関として設けられた令外官。

※本章の注は編集部による。

尋ね方を工夫すれば、やっと気が付いてくれたかとばかりに、求める情報がにこにこしながら手招きして待っている。そんな印象すら持つことがある。

正倉院文書の学術的価値、文化的価値がいかに高いか、その一端なりともお伝えできたことを願って、拙い報告を終えたい。

【正倉院文書研究のツール】

◇原本情報

宮内庁正倉院事務所編『正倉院古文書影印集成』（八木書店　一九八八年〜、刊行中）
原本の写真図録集。現在、第一七冊まで刊行（正集・続修・続修後集・続修別集・塵芥文書）。

マイクロフィルム
正倉院文書全巻のマイクロフィルムで、古代史専攻のある大学研究室は多くが所蔵しており、写真帳に編成している場合も多い。

国立歴史民俗博物館所蔵「正倉院文書複製」（レプリカ）
開館以来の事業として、現在も継続作製中。現在、正集・続修・続修後集・続修別集・塵芥文書及び続々修の一部が完成している。

国立歴史民俗博物館編『正倉院文書拾遺』（便利堂　一九九二年）
庫外流出文書として知られているものを収録した図版集。

◇釈文

東京大学史料編纂所編『大日本古文書』編年文書〈全二五冊〉（東京大学出版会　一九〇一年〜一九四〇年）

大宝元年（七〇一）から宝亀七年（七七六）までの古文書を編年で収録した史料集。正倉院文書のほとんどを収録するが、一部、未収がある。

◇目録

奈良帝室博物館正倉院掛編『正倉院古文書目録』（一九二九年）

「奈良博目録」。正倉院文書の類別順に各巻の内容を示し、貼継のまとまりごとに表裏の文書を列挙している。

飯田剛彦「正倉院事務所所蔵『正倉院御物目録　十二未修古文書目録』一〜三」（『正倉院紀要』二三〜二五、二〇〇一年〜二〇〇三年）

『未修古文書目録』の翻刻。同目録は、続々修が編成される以前の文書の状態（未修文書）を示しており、正倉院文書の分析にとって貴重な情報となる。

東京大学史料編纂所編『正倉院文書目録』（東京大学出版会　一九八七年〜、刊行中）

正倉院文書の断簡一点ごとに、接続関係を中心に、史料編纂所による原本調査成果をまとめた目録。現在、第六冊まで刊行(正集・続修・続修後集・続修別集・塵芥文書・続々修第一〜四帙)。

◇データベース

SOMODA　正倉院文書データベース　http://somoda.media.osaka-cu.ac.jp/

復元された状態の正倉院文書の検討を主眼とし、大阪市立大学栄原研究室が構築したデータベース。

奈良時代古文書フルテキストデータベース　http://wwwap.hi.u-tokyo.ac.jp/ships/

『大日本古文書』の全文テキストデータベース。史料編纂所のSHIPSデータベースの一つ。『大日本古文書』の版面画像をリンク表示させることが可能。

電子くずし字字典データベース　http://wwwap.hi.u-tokyo.ac.jp/ships/

原本史料に見える文字の字形・字体を検索するためのデータベース。史料編纂所のSHIPSデータベースの一つ。現在はまだデータが少ないが、正倉院文書の文字についても継続入力中。奈良文化財研究所の木簡字典データベースhttp://jiten.nabunken.go.jpとの連携検索が可能。

◇定期刊行物

宮内庁正倉院事務所編『正倉院年報』同『正倉院紀要』（一九七九年〜、刊行中）

宮内庁正倉院事務所の年報・紀要で、正倉院文書の調査記録等が収録される。現在三五号まで刊行（一八号までは年報、一九号から紀要に誌名を改めた）。なお、『正倉院年報』以前は、『書陵部紀要』に調査記録等が掲載されている。

正倉院文書研究会編『正倉院文書研究』（吉川弘文館　一九九三年〜、刊行中）

正倉院文書研究会の会誌。正倉院文書関係の論考を掲載。現在、一三号まで刊行。活動等は同

会HP参照。http://shosoin-kenkyukai.cocolog-nifty.com/

◇辞典・索引

竹内理三・山田英雄・平野邦雄編『日本古代人名辞典』（吉川弘文館　一九五八年〜一九七七年）

諸史料に見える奈良時代以前の人名のすべてを拾い出した辞典。『大日本古文書』の人名も収録しており、正倉院文書に登場する人名を検索することができる。

直木孝次郎編『正倉院文書索引（官司・官職・地名・寺社編）』（平凡社　一九八一年）

関根真隆『正倉院文書事項索引』（吉川弘文館　二〇〇一年）

◇研究文献

栄原永遠男『正倉院文書入門』（角川書店　二〇一一年）

正倉院文書を研究利用するための手引書。韓国語訳も刊行された。正倉院文書関係の主な研究文献は、本書を参照されたい。

皆川完一『正倉院文書と古代中世史料の研究』（吉川弘文館　二〇一二年）

正倉院文書研究の第一人者であり、二〇一一年一〇月に急逝された皆川完一氏の著作集。正倉院文書研究に活性化をもたらす源となった諸論考を収録。

〔国文学〕

6c
7c
8c
9c
10c
11c
12c
13c
14c

固有の言語世界を自明とする文学史から離れて

『万葉集』における歌の「発見」

神野志隆光

『古事記』『日本書紀』『万葉集』は、列島の漢字世界のなかで、八世紀に成された。自分たちのことばを書き表すための固有の文字を持たなかった人々が、「漢字テキスト」としてこれらを編んだことを私たちはどうとらえるか。上代文学について根源的な考察を深めてきた文学研究者が到達したテキスト論。

はじめに

口誦の世界に文学史のはじまりをおくのはあたりまえのこととなっている。文字は外来の漢字だから、それ以前にあったものとして口誦の段階を考えるのは当然ともいえる。日本であれ、韓国であれ、その地域で、現在につながる人種が、現在の言語につながる固有の言語をもっていたと認める歴史認識のもとに、固有の文明世界の展開として地域の文明史をとらえてきたなかに、文学史もある。その文学史の基本的な枠組みは、口誦の世界からはじめ、記載の文学への展開を説くこととなる。たとえば、歌にそくしていえば、口誦の世界に歌があってそれが文字の歌へ展開した、そのさきに『万葉集』が成り立ったと見るのである。しかし、そのように固有の言語世界を前提とすることは自明なのか、出発点から根本的に考えなおしてみたい。『万葉集』についていえば、『万葉集』は漢字世界において歌を「発見」したのであって、歌があってそれらを集積したというものではないと考えたいのである。

一・自己批評として

口誦の世界から連続的発展的に見る文学史を廃棄しよう。それはわたし自身の自己批評的反省でもある。自己批評的反省といったのは、かつてこころみた文学史の概説に対してである。

文学の発生は、文字によって書く以前の口誦の段階に認められる。自然を先取りして抽象し、豊饒を想像力的に獲得する共同体的行為である祭式において、日常語から分裂した言語が文学のはじまりである。日常の言語のもちえていなかった表現の可能性がそこでひらかれたのである。

神をまつることは、神名（祭るべき神の名）によって自然を抽象して取りこむことと不可分である。神名が、現実的・即物的な日常語の言語機能の次元から飛躍して、抽象の次元において働くのである。それは、神々を祭ることの中でなされるものであり、そこからことばだけを取りだせるようなものではないが、そうした神名はすでに「表現」と呼べるものを胎んでいるといってよい。枕詞は本来美称の讃め詞であり、神名のもつ讃め詞をいわば拡大して形成されたと認められるように、神名の表現性から非日常的言語表現ははじまるのである。

こうしてはじまった非日常的言語表現が、祭式の変質——神をまつるものが神まつることを専有する——のなかで、イデオロギー化されて更新されながら、様式をもつに至る。この様式化された言語を不可欠の媒介として、祭式によって首長的支配秩序は成り立っている。

そうした表現様式の特徴として、（1）列挙的・羅列的表現、（2）くり返し、（3）枕詞的な特別な修辞、（4）律文性、を認めうるのであり、全体を詩的言語様式ということができる。その意味で、このイデオロギー化されて形づくられた祭式の言語の様式は〈詩〉と呼んでよい。

しかし、こうした〈詩〉がそのまま文学の新しい展開につながるのではない。その呪禱性と様式性との枠が、表現の自由な展開を許さない。つまり、〈詩〉がひらいた言語表現の可能性は、日常の言語による表現においてはじめて自由に展開されうるのである。これは、祭祀的首長支配が終焉するところで可能になった。

引用したのは、『概説日本文学史』[*1]においてわたしが担当した第I章上代、第1、2節（散文を担当した）の、第1節の概説である。

若干の解説を加えておくと、日常の言語から分裂した言語とその機能に文学の発生をもとめたのは、日常の言葉の単なる延長ではありえないと考えたからである。そして、それが自然発生的にありえたものでないとすれば、祭式という場が、その言語の分裂をもたらしたと考えたのである。その分裂がいかに表現となりうるかを、表現様式という点で見ようとし、四点の指標をあげたが、具体的に、その様式を見ることの素材としたのは、平安時代の宮廷祭祀のさいにとなえられた「祝詞《のりと》」[*2]（延喜式）であった。そして、それが「詩」的様式のなかにとどまるかぎり、可能性は開花しえないとして、様式の枠をこえた日常の言語による表現（神話）が、政治性によってイデオロギー的に拡大した祭式の変質とともにひらかれたととらえたのであった。

こうして口誦においてありえた神話をとらえつつ、第2節では、神話テキスト（『古事記』『日本書紀』「神代」[*3]）に見るのは、さらにあらたな、それとは異なるレベルで構築されたも

＊1　久保田淳・上野理編、有斐閣選書、一九七九年。

＊2　延喜式は平安時代中期に編纂された格式（律令の施行細則）のひとつで、三代格式のうちほぼ完全な形で残っているのは延喜式のみ。延喜五年（九〇五）に編纂が始められ、延長五年（九二七）に完成、全五〇巻・約三三〇〇条からなる。巻八に二九篇の祝詞が収載されており、現在伝わる祝詞のもっとも古い例。

＊3　『古事記』上巻、『日本書紀』巻第一・巻第二は神々の物語である。これを「神代」と呼ぶことがある。

のだと位置づけた。そのレベルは、あらたな国家的王権のイデオロギーによってひらかれたととらえたのである。政治的な体系化が元来の神話のゆたかさをおしつぶすというのではなく、世界像的全体をはじめてつくるのだと積極的に政治性の意味を見ようとしたものである。

口誦においてありえた神話と『古事記』『日本書紀』の「神代」とのあいだを、「神代」はコスモロジーと呼んでよいものをふくんで全体をつくるものとして、飛躍的なあらたな展開をもって成ると見る立場は明確にしていたが、口誦の世界から記載の段階へと展開するものとして、口誦の世界（固有の言語世界）を前提として連続的発展的にとらえることが基軸となっているものであった。

それは、近代における「日本文学史」のパラダイムと本質的に異ならないとふりかえられる。明治時代に成立した代表的な文学史、芳賀矢一『国文学史十講』[*4]にこうある。

我国は太古から建国数千年の久しき、少しも外国の侵略をうけたことがない、万世一系の天子様を戴いて、千古不易なる国語を話して居ります。漢学や仏学が這入つて来て、漢語、仏語が混つたり、文法上の構造が多少変つたりするのは、時勢の変遷で、自然のことでありますが、日本語はどこまでも日本語です。かやうに数千年来、代々相続いて日本語を話して来て、其日本語で綴つた文学が今日吾々の手に遺つて居ると

＊4　初版一八九九年、富山房。引用は一九二七年版による。

いふことは如何にも貴い幸福なことです。

要するに、国家の始原からずっとかわることなく「日本語」で生きてきたことのなかに生まれたものとして、「国民の思想感情の変遷を現した文学史」＝「日本文学史」を見ることが必要で大切だというのである。そこにおいて、固有の言語をもちつづけてきたことは確乎とした前提であった。「国民」の一体性が固有の言語＝「日本語」によって保たれてきたということに立って、「日本」という枠組みは担保されている。さきのわたしの概説は、口誦における固有の言語世界を疑わないことにおいて、その近代のパラダイムと本質的に異ならないものであった。

固有の言語世界を前提とすることが、「日本」という枠にほかならない。しかし、固有性をどこで認識するかといえば、即自的[*5]にはありえない。みずからを対象化する契機が必要だ。固有性は自明か、「日本」という出発は自明か、という問いかけをもたずにすますわけにはゆかないのである。

二・オーラルなことばの世界の天皇――『古事記』の見出した「古代」世界

固有の言語世界が見出されるのは、漢字テキストにおいてだといわねばならない。漢字

＊5 「即自」とは、物ごとのあり方が、元のまま・そのままの状態で自足しており、無自覚で他者や否定の契機をもたないこと。自己と他者の対立を認識している状態（対自）に至る前の状態。

という外来の文字を介して、はじめて元来の口誦の世界と、そこにあった固有性がかたちをあらわす（つまり、漢字世界のなかで見出される）ということである。

『古事記』の応神天皇条を取り上げて、具体的にいおう。応神天皇条に、吉野国主《くにす》らが大御酒《おおみき》を献じ、「口鼓を撃ちて、伎《わざ》を為《し》て」（口鼓をうって所作を演じて）歌ったとして、

白檮《かし》の生《ふ》に　横臼《よくす》を作り　横臼に　醸《か》みし大御酒《おほみき》　美味《うま》らに　聞《きこ》しもち飲《を》せ　まろが父《ち》

此の歌は、国主等が大贄を献《たてまつ》る時々に、恒《つね》に今に至るまで詠《うた》ふ歌ぞ。

［現代語訳］
白檮の林に横幅の広い臼をつくり、その臼で醸した御酒です。おいしく召し上がってください。われらの親父さんよ。

この歌は、国主らが大贄（天皇に奉る食物）を献上する時々に、ずっと今に至るまで歌う歌である。

とある。

「大贄を献る時々に」歌うという、「大贄」の意味は、このあとに、大雀命《おおさざきのみこと》[*6]と宇遅能《うじの》[*7]

＊6　仁徳天皇の名。『日本書紀』での表記は大鷦鷯尊。

＊7　応神天皇の皇子で、仁徳天皇の異母弟。『日本書紀』での表記は菟道稚郎子。

和紀郎子《わきいらつこ》とが、大山守命《おおやまもりのみこと》[*8]の反逆を平定した後、皇位を譲り合った、そのとき「大贄」を献じようとした「海人」は、双方の間を行き来して疲れて泣いた、とある話ともあわせて考えるべきものである。その「海人」の話であきらかだが、「大贄」は、天皇に直接献じられるものであり、天皇以外にうけとることができないものなのである。そして、それは、天皇に直属する「部《べ》」から献上されるのであった。

応神天皇の巻には、吉野国主の話の後に「此の御世に、海部・山部・山守部・伊勢部を定め賜ひき」といい、前には、三人の御子の分担についての話がある。天皇は、末っ子の宇遅能和紀郎子に皇位をつがせようという意思があって、なぞかけのような問いを二人の兄、大山守命・大雀命に投げかける。そして、大雀命の答えが自分のおもっていることなのだといって、

大山守命は山海の政《まつりごと》を為《せ》よ。大雀命は、食国《をすくに》の政を執《と》りて白《まを》し賜《たま》へ。宇遅能和紀郎子は、天津日継《あまつひつぎ》を知らせ。

［現代語訳］
大山守命は、山海の政治を執りなさい。大雀命は、食国の政治を執って奏上しなさい。宇遅能和紀郎子は、皇位につきなさい。

＊8　仁徳天皇・菟道稚郎子の異母兄。

と決定する。
「海部・山部・山守部・伊勢部」が定められ、それらを統括するのが「山海の政」（山部・山守部＝山、海部・伊勢部＝海）だということを考えたとき、ここで「大贄」の話が山海にかかわって――吉野国主は山、海人はもちろん海――語られる意味が明確になる。「食国」が[*9]国造《くにのみやつこ》・県主《あがたぬし》――成務天皇条に国造・国々の境・県主を定めたとある――を通じて掌握されるのに対して、「山海」は、山部・海部等の設定によって直轄されるのであった。大雀命・大山守命は、「食国」「山海」の「政」の執行をになう。とくに、大雀命に対して、「政」をおこなって「白し賜へ」とあることに注意される。「まをす」（言うの謙譲語）のは言うだけでは完結しえない。聞くことがあって成り立つものである。聞く立場にあるのは、「天津日継を知らせ」といわれた、もうひとりの御子宇遅能和紀郎子である。宇遅能和紀郎子は、大雀命や大山守命が「まをす」のを「きこしめす」のだと、三者は関係づけられる。「政」は、臣下が実行して「まをし」、天皇はそれを「きこしめす」ことによって成り立つものなのである。

神武天皇のいわゆる東征の発端のことばに「何地《いづく》に坐《いま》さば、平《たひら》けく天《あめ》の下《した》の政《まつりごと》を聞こし看《め》さむ。猶《なほ》東《ひむかし》に行かむと思ふ」（どこの地におられたならば、天下の政治を平安にお聞きになられるであろうか。やはり東に行こうと思う）とあり、大和に宮を定めて東征をはたすことを「畝火《うねび》の白檮《かし》原《はらの》宮に坐して、天の下を治《をさ》めき」と結ぶことを、あわせて想いおこそう。

＊9　律令制以前の古代日本において、地方支配の組織となったものが国造と県主である。「県主」は国造より成立が古く、朝廷が地方支配のために送り込んだ地方官とされるが、「県」の性格については未詳な部分も多い。「国造」は、朝廷に帰順した地域の有力豪族の長が任命されたもので、その支配領域を「国」として地方を支配した。

「天の下の政を聞こし看す」こと＝「天の下を治め」ることなのであった。

そうした「政」のありよう——「きこしめす」ことによって世界を掌握する天皇——とともに、天皇の世界の広がりと、その制度的支配の完成とを三御子の配置において語るのだと、応神天皇の巻を見るべきであろう。ふたつの「大贄」の話の意味は、そこにかかっている。

天皇——国（国造）・県（県主）……食国の政
大贄——海部・山部……山海の政
——天下の政

その世界構造は、図式化すれば右のようになる。「食国」と「山海」とをあわせた全体が「天下」であり、それを統括するのが天皇であるが、海部・山部は直接天皇に隷属するのであって、だから、「大贄」に奉仕するのである。

見忘れてならないのは、その全体像は『古事記』の世界のものだということである。『古事記』は、「まをす」—「きこしめす」というかたちで、元来オーラルなことばの世界として天皇の世界があったこと（「古代」世界のありよう）をあらわしている。国主の歌もそこにある。「まろが父」という親近の表現は、天皇との直接的隷属関係にあることの親しさだが、こうして歌を奏上し、天皇が聞くという直接的なことばのつながりのなかにその関係はあったものとして確かめられるのである。歌をもふくんでいた固有の言語世界というべきである。

ただ、そうした世界は、『古事記』においてあらわしだされたものにほかならない。実際にそうであったものを語っているというのは単純にすぎよう。『古事記』において、はじめてかたちをあらわしたというべきである。

国主の歌についていえば、歌が宮廷に起源・由来とともに伝えられていて、それを『古事記』が物語にとりいれたと考えるとわかりやすいかもしれない。しかし、むしろ逆に、『古事記』がそう記すことによって、歌の起源が保障されているというべきである。

伝えられた歌謡はあったかもしれない。それに付随して由来が伝えられていたかもしれない。しかし、大事なことは、それと、『古事記』がその歴史世界において吉野国主がになった歌の起源を語るということとは、べつだということである。歌が歴史的に意味づけられるところで、天皇の世界としてあるものを確かにあらわすことができたのだということを見なければならない。

『古事記』において、オーラルなことばの世界としての自分たちの「古代」がはじめてかたちをあらわしたというべきなのである。

三．固有の言語による歌――『万葉集』における歌の「発見」

歌と『万葉集』についてもおなじことだといおう。『万葉集』のなかに見るものを通じて、現実の歌の世界や歌人――歌の現場といってよい――を考えることをしないで、『万葉集』にとどまるべきだといいたいのである。『万葉集』の基盤としてあったものは考えるべきであろうが、先行する歌集や歌稿のようなものがあったかもしれないというにとどめよう。『万葉集』は歌の世界を構成する。しかし、それは、テキストにおいて成り立つものであって、現実の歌の世界とはべつだということである。図式化すればこうなる。

『万葉集』の構成する歌の世界
　あらしめられた歌、歌人

（現実の歌の世界
　あった歌、歌人）

従来、『万葉集』二十巻に、おなじ歌人の歌が別々の巻にわかれておさめられていたりすることに対して、年次も整理が必要だということで、たとえば『作者別年代順万葉集』、

『万葉集年表』といったこころみ（再編成）がなされてきた。そのうえに歌人が論じられてもきた。そのように、「作者」という標識で歌を集めてきて、編年で整理してみて歌人としての活動やその歌の方法を考えたりする、あるいは、年次的整理のうえに枕詞の変遷などを見たりする、といったやりかたで、現実の歌の世界を考えてきたのであった。しかし、それは、『万葉集』にあるものをそれ自体として理解することをぬきにして、現実にあったものとして還元して見るものにほかならない。

『万葉集』にどう対するべきか――、『万葉集』をこえて歌の現場にたちもどるのではなく、『万葉集』のなかで、その歌の意味を見ることだとこたえよう。また、たとえば人麻呂という作者の標示のもとにまとまる歌の集合があるところで、その集合がひとりの作者（それに対しては「歌人」といってよい）のものとして『万葉集』のなかにあって担っているものを見ることだとこたえよう。『万葉集』に対する正当な態度は、そうした「歌人」をふくんで、歌の世界を成り立たせるものとして見ることではないか。

『万葉集』があらしめたものは、現実にあったものとはべつだ。『万葉集』は、歴史のなかに生き続けてあった歌をあらしめる。巻一〜六が中心となって歌の「歴史」世界を構成することに対して、そういおう[*10]。そして、そこではじめて固有のことばによる歌を見出すのだといってよい。

歌がもとからあって、その累積を資料として『万葉集』が成ったというとわかりやすい

＊10　神野志隆光『万葉集をどう読むか』（東京大学出版会、二〇一三）に詳しく述べた。

かもしれない。実際そう考えられてきたし、いまもそうだといえる。しかし、それは『万葉集』にあるものによって考えられたことであり、論理的には予定調和的な循環論にすぎず、そう考えたいというものでしかない。『万葉集』において見るべきなのは、もとからあるものとしてあらしめられた（あるいは、「発見」された）ものである。その「発見」を実態化して、固有のものとしてあった歌を自明の出発点として「日本文学史」を考えてきてしまったことを批判的にふりかえらねばならない。

念のためにいうが、固有の言語世界がなかったとか、歌などなかったといっているのではない。あったことを否定しているのではなく、あったかもしれないといえるにとどまるということである。そして、そのあったかもしれないものと、『万葉集』とはべつなレベルのものだということである。

固有性を見出し、そこに生きていたとみずからを位置づけることは、自己確証のいとなみにほかならない。そこにおいて、言語世界のなかに天皇が見出され、歌が自分たちの文学世界としてあらしめられたのである。そのようにあらしめ、明確なかたちをあたえたのが、漢字テキストとしての『古事記』や『万葉集』であった。漢字テキストにおいてあらしめられたものであり、あったものとはちがうのである。

四．固有の言語世界を自明としない文学史へ

文学史はここからはじめるべきである。漢字による読み書きは、固有の文明をこえた文化的ひろがりにつながることであった。そうしたなかにあって、はじめて、固有のことばと、それによる歌とを見出したのだととらえることができる。さきに一の章の最後で、固有性はそれ自体としては認識されえないといった。漢字世界のなかに、固有の文明をこえ出て組み込まれたところではじめてその認識はありえたのであった。

漢字世界のなかに日本列島が組み込まれるのは一世紀である。建武中元二年（五七）に倭王が後漢王朝の冊封《さくほう》[*11]をうけたことは、「倭」が漢字世界に組み込まれることであった。中国を中心とした漢字世界は、日本列島、朝鮮半島、ベトナムまで、ひとつづきに東アジア全体をおおうものであり、日本列島は漢字世界の東のはてにあった。その世界は、共通の文字（漢字）、共通の文章語（漢文）により、教養の基盤と価値観とを共有するものとして、ひとつの教養世界、あるいは、文化的世界のひろがりといえる。それぞれの地域に固有の言語が存在するなかで、その世界の共通言語が漢字・漢文であり、それを学習して獲得していたのである。

日本列島にそくしていえば、漢字は、一世紀以後ながく列島社会の外側で意味をもつにすぎなかった。社会の未成熟のゆえである。五世紀にいたって列島内部で文字が使用され

＊11　天子・王が臣下や諸侯に冊をもって爵位を授けることを「冊封」という。中国の歴代王朝は、周辺の朝貢国の君主に対して冊封してその統治を認めた。『後漢書』東夷伝の建武中元二年（五七）に「倭の奴国が朝貢して光武帝から金印を賜った」という記載がある。

ることが認められるが、七世紀後半には列島全体にひろく文字が浸透するといってよい状況となり、文字による行政が行われていることが、藤原宮から出土した木簡などによってうかがわれる。そして、八世紀初頭に律令国家を作り上げることにいたりついたのであった。漢字の読み書きがひろがり、文字（漢字）の交通によって律令国家が可能となったということができる。

漢字が日本語になにをもたらしたか。リテラシーの獲得といえばそれにつきる。それがいかにはたされたか。漢字は外国語（非母語）の文字であったから、そもそもは外国語（漢文）として読み書きするほかない。当然、外国語としての漢文を学習し、漢文によって読み書きすることからはじまる。しかし、七世紀後半にはそれとは異なった状況となっていた。漢文とは認められないようなもの（外国語として書くのではないもの）があらわれてくるのである。むしろ、漢文でないものによって文字の広がりがつくられていたことが、七世紀後半の金石文や木簡によって知られる。漢文の文字が漢文でなく用いられるというのは、文字の質の根本的な転換である。日本語として書くのであり、漢字が日本語と回路をもつにいたったのである。

その、日本語と漢字との回路をつくったのは、訓読（漢文の訳読）であった。外国語の文字としての漢字と、自分たちの固有のことばとのかかわりという根本問題は、契丹《きったん》でも、朝鮮半島でも、日本列島でも、ベトナムでも事情はおなじであったことは、金文京[*12]『漢文

＊12　岩波新書、二〇一〇年。

と東アジア——訓読の文化圏』が、アジア諸地域における漢文訓読を概観して示してくれたとおりである。訳読法（訓読）で学習することによって、ことばと文字とにとって新しい局面が開かれたのである。そして、そこでみずからの言語の固有なありようを自覚するのであったことを、『古事記』序文は語[*13]っている。

歌についていえば、七世紀末段階に日本語の多様な書記が併存していたなかで、歌は仮名で書くことを選択していた（出土した木簡が証している）。その選択には、明確に意識的なものがはたらいていたと認められる。歌は、微妙な細部まできちんと読まれねばならないものであった。一字一音書記は、読みが限定され、読みかたの問題は生じない。一字一音書記の選択には、歌は細部まで唯一のよみかたでよまれなければならないという自覚があったということができる。それは、自分たちの固有のことばによる歌という自覚をもはらむものであったといってよい。

こうして、漢字世界のなかに、漢字の外来性と対峙しつつはらまれたものがあったことを見ておかねばならない。『古事記』や『万葉集』は、それを基盤として、「歴史」の物語や、歌の「歴史」的構成によって固有性のかたちをあらわしてゆくのである。それは、みずからを見出す（「発見」する）ことであったといってもよい。

固有の言語世界を無条件の前提として文学史の叙述をはじめるのではなく、漢字テキス

＊13 『古事記』序文において編者太朝臣安萬侶は、漢字を用いて日本語を書くことの困難を述べている。

トにおいて、それが、あったものとして見出されるということにたってはじめるべきだと、たしかめなおしてまとめとしよう。固有の言語世界を前提とした一国的文学史（日本文学史という、近代的国民的アイデンティティの制度としての文学史）ではない文学史が、そこでひらかれる。

本稿は、「文学史のために――固有の言語世界は自明か――」（第3回高麗大学校・明治大学国際学術会議『韓・日　文学歴史学の諸問題』予稿集、二〇一二年九月）に若干の修正を加えたものである。シンポジウムにおける発言は、この『万葉集』把握をもととしている。なお、『万葉集をどう読むか――歌の「発見」と漢字世界』（東京大学出版会、二〇一三年九月）の「おわりに」も、これをもととするものである。

〔美術史〕

新安海底沈船の陶磁器

6C 7C 8C 9C 10C 11C 12C 13C 14C

金　英媛

新安沈船は、十四世紀、中国から日本へ向かう途中に韓国西南部沖で沈没した船である。中国は元、韓国は高麗の時代であり、日本では鎌倉幕府が滅亡に向かっていた。一九七〇年代からの調査で、新安沈船からは多くの木簡とともに日本に運ぶ予定であったたくさんの貿易陶磁器が発見されている。本稿では、調査の第一人者が、中世東アジアの文物交流の姿をそのまま残す貴重な遺物を紹介し、その歴史的意義について解説する。

序言　新安海底沈船と発掘遺物

一九七五年五月、中国陶磁器、銅銭、金属器、そして木簡などを積んだ中国・元代の船が、[1]全羅南道新安郡智島面防築里《ぜんらなんどうしんあんぐんちとうめんぼうちくり》《チョルラナムドシナングンチドミョンパンチュンニ》沖の海底で発見された。船の存在が知られる発端となったのは、漁師が、新安沖で引き揚げた元代の青磁花瓶など陶磁器七点を、文化広報部[2]とその所属機関である文化財管理局[3]に申告したことである。その後、新安海域は国家史跡

＊1　智島面は、現、曾島面〔そうとうめん／チュンドミョン〕。
＊2　現、文化観光体育部。
＊3　現、文化財庁。

２７４号に指定され、新安船に対する発掘が一九七六年十月から一九八四年九月までの九年間にわたって実施された。

私が国立中央博物館[*4]で勤務を始めたのは一九七六年の春だが、それから数カ月して新安海底遺物が収蔵されはじめ、三年の間、同僚と一緒に遺物の整理をした。遺物には異物や汚れが付着しており、保存処理作業には一年以上かかった。

本稿では、まず、新安海底から引き揚げられた中国陶磁器の種類と品質について説明する。その上で、誰が使用するためのものだったのか、また、木簡を通じて出港時期の年代について考察を加える。

さて、高麗時代に中国から韓国へ来る経路〔図1〕としては、まず、海岸線に沿って開城《ケソン》[*5]近くに入ってくる航路と、山東《さんとう》《シャントン》半島から開城に向かうルートがあった。これらがいわゆる北方航路である。南方では、現在の寧波《ねいは》《ニンポー》から出航して開城に向かう場合があり、そして、同じ寧波から出発して、南から海岸沿いに開城に上るルートがある。新安海底から引き揚げられたこの船は、いずれのルートにも含まれない。日本の京都に向けた船荷からみて、本来の航路は、中国から日本に向かうものであり、このルートから離れて新安沖で発見されたと考えられる。

発掘遺物は陶磁器がもっとも多くを占め、その次に金属製品が多く、その他

＊4　ソウル特別市龍山区に所在。二〇〇五年に移転・リニューアルし、世界でも最大級の規模を誇る。

＊5　朝鮮民主主義人民共和国（北朝鮮）南部にある都市。高麗の都であり、商業の中心地としても栄えた。

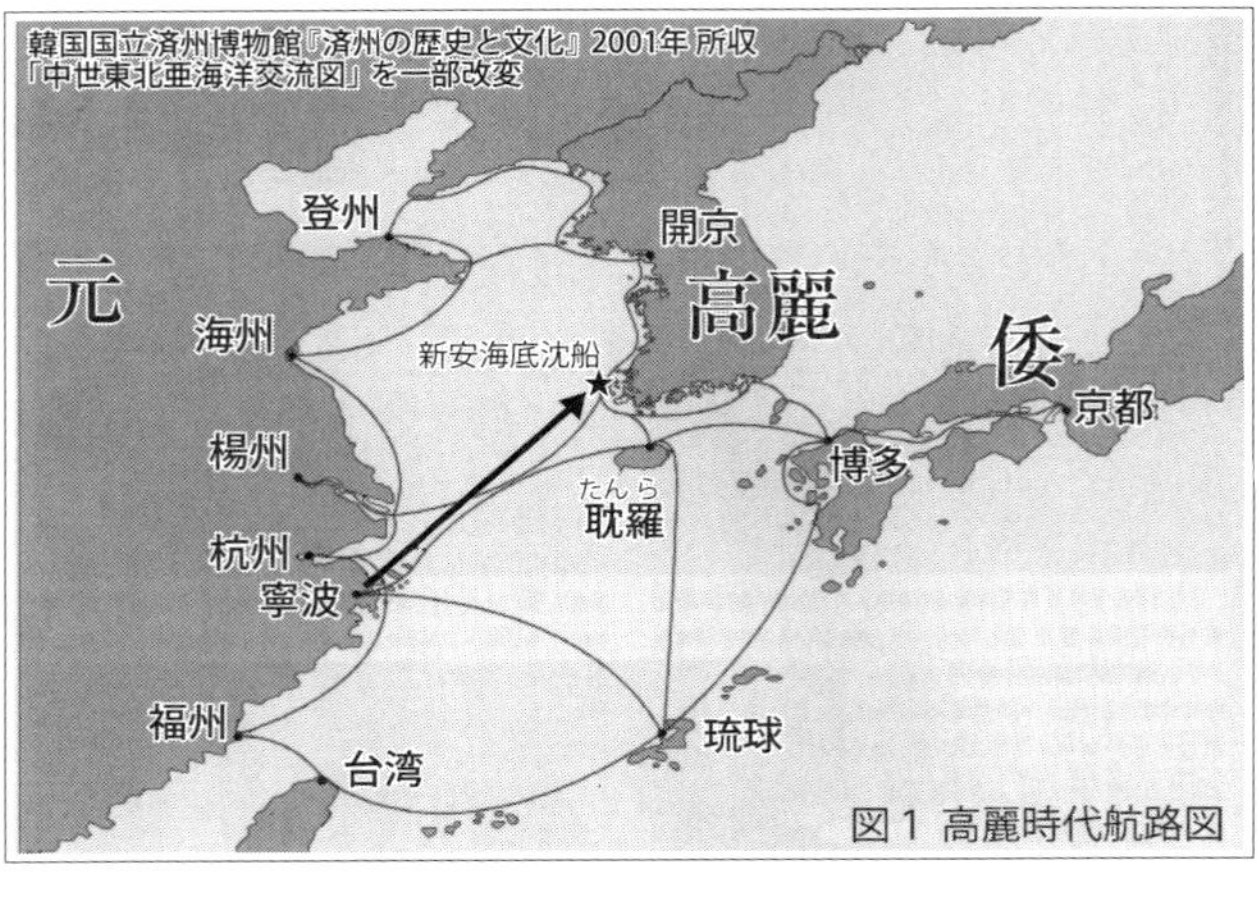

韓国国立済州博物館『済州の歴史と文化』2001年 所収
「中世東北亜海洋交流図」を一部改変

図1 高麗時代航路図

に木製品、石製品などがある。これらの物品は、方形や円形の箱に入れた状態で船に積み込まれた。中には赤い漆器もあり、これは特殊な薬剤で処理されて、現在、中央博物館に真空で保管されている。

陶磁器は、大多数が中国・元の陶磁器であるが、特異なものとして高麗青磁七点と日本の瀬戸瓶[*6]二点が含まれていた。銅銭は、新と後漢から宋、元までさまざまな国の各種銅銭が二八トンに達する。また、紫檀[*7]木一〇一七本が船倉に積載されていた。船体片は七〇〇点余りで、この破片から、長さ二八・四メートル、幅六・六メートルの貿易船が復元された。

一・新安陶磁の種類と様式

引き揚げられた陶磁器は二万二〇〇〇点余りに達し、とても多様である。品質の面から、洗練されたものと、普通ないしはやや粗雑なものの二種類に大きく分けられる。

浙江《せっこう》省龍泉窯の青磁が一万二〇〇〇点余りで半分以上を占め、江西省景徳鎮《けいとくちん》窯の白磁が五二〇〇点余りで四分の一程度である。定窯《ていよう》白磁、枢府窯《すいふよう》白磁、江西省吉州窯《きっしゅうよう》の黒釉と白磁黒花、鈞窯《きんよう》系白黒釉、甕のような雑釉もある。また、ごく少数ではあるが、南宋官窯様式の青磁もみられる。

＊6　瀬戸焼は日本六古窯のひとつで、愛知県瀬戸市とその周辺で生産される陶磁器。瓶は壺形の容器のうち、口が狭いもの、あるいは器形が細長いもの。

＊7　東南アジア・インドの南部に生育する木材。黒檀・鉄刀木とともに唐木三大銘木のひとつ。材は周辺部が白、中心部が黒紅紫色で、木目が美しく堅いことから家具材として重用される。虫や菌に侵されにくく耐朽性に優れる。

日本へ輸出するためのものであったため、新安遺物は日本人の好みで構成されている。

◆青磁

新安海底で発見された青磁は、中国元代の特徴をもつものがほとんどであり、龍泉窯[*8]とその系統窯の生産品で構成される。

洗練された南宋代の龍泉窯様式をみせる代表的なものとして、青磁魚龍飾瓶〔図2〕、青磁鳳凰飾瓶、青磁多口瓶、青磁鎬文《しのぎもん》壺〔図3〕、青磁三足香爐などがある。これらはすべて青磁釉が明るく、光沢が美しく翡翠色に近い。胎土はほとんど白色に近い。特に、青磁鎬文壺は、京畿道南楊州市《けいきどうなんようしゅうし》《キョンギドナミャンジュシ》の水鐘寺《すいしょうじ》《スジョンサ》仏塔で金属製舎利器と一緒に出土したものと同じ様式である。こうした青磁鎬文壺が新安貿易磁器に含まれていることは、日本でもこうした青磁壺が好まれたことを物語る。このことは、鎌倉市太平尼寺でこれ

図2◀青磁魚龍飾瓶。頸の左右に龍頭と魚体の耳を持つ大きな瓶で、世界的にも数点しか残っていない貴重な青磁である。

図3▼青磁鎬文壺。「鎬文」は、中央部分を残し両側を低く削って、刀の背峰のようにした文様。

＊8　浙江南西部の龍泉県を中心に分布する、青磁を焼く窯群。五代・北宋時代に始まり、清代まで生産が続けられた。南宋から元代に盛んに良質の青磁を生産し、海外輸出も行われ、世界の各地がこれを模造し磁器産業を確立することとなった。日本の鎌倉時代にも大量に輸入されている。

と似た青磁壺が出土した事実からも証明される。

元代に流行した鉄斑文[*9]と露胎文[*10]の例としては、青磁鉄斑文童子像、青磁貼花露胎鉄斑文盤、青磁人物形燭台〔図4〕などがある。特に、「使司帥府公用」という官庁名が台底に刻まれた青磁皿も注目される。元は、建国以後、各地を治めるために宣慰使《せんいし》を設置し、大徳六年（一三〇二）十月、宣慰使司都元帥府《せんいししとげんすいふ》に改称した。「使司帥府」は宣慰使司都元帥府の略称である。これによって、この青磁皿は、都元帥府が龍泉窯に注文して制作されたものと判断される。新安沈船の年代と、引き揚げられた遺物の製作時期を究明するために重要な銘文である。

◆白磁

白磁にも、名品に属する高級なものが大量に発見されている。これらの白磁は紙のように薄く、光を当てると光が透けるためランプの笠が作れるほどである。景徳鎮窯白磁[*11]は、器壁が薄く半透光性の青白磁が主であるが、洗練された青白磁は五〇〇点余りで、新安白磁の一〇%にも満たない。景徳鎮窯で焼かれた白磁の中には、器壁が厚くて雪のように白い枢府窯白磁[*12]も見られる。枢府白磁器はその両側に「枢府」という文字が陽刻されていることからその名がある。新安沈船からは内底面に鉄砂顔料で動物・月・花などの黒褐色の

図4▶青磁人物形燭台。女人像の燭台で、顔・首・手には釉薬が付けられておらず、中は空洞である。左肩に蓮の茎が付いた蓮弁を結んでおり、蓮弁の上の長い竹筒部分に蝋燭を刺して使用する。

＊9　釉下に鉄絵具で斑文の装飾を施す技法で、日本では龍泉窯の無造作に見えつつも絶妙のバランスで鉄斑文を散らした青磁を「飛青磁」と呼び、茶人が珍重した。

＊10　釉を掛けず胎土が現れている状態を「露胎」という。本例では露胎の貼花文を青磁釉上に配しており、露胎部分は焦げて赤褐色を呈している。

＊11　江西省北東部の景徳鎮にある中国最大の陶窯。唐代に昌南鎮窯として始まり、北宋の景徳年間（一〇〇四～一〇〇七）に真宗帝が御用窯を設立し景徳鎮窯

絵が描かれた枢府白磁が発見されているが、これは類例のない珍しいものである。

白磁の大部分は伏焼《ふせやき》法で焼成されており、口縁部に釉薬が付けられておらず、黒く土っぽい部分がある。これは、口縁部に金属の輪を付けた痕跡である。中国内でも華麗な陶磁器を作るときに口縁部に金《きん》枠を付けたものがある。しかし、新安遺物のなかには金枠を付けたものはなく、一般的な金属で枠を付けている。これらははじめから貿易用の磁器として作られたと思われる。本技法では、磁器の制作時に金属縁を付けることもあるが、貿易先に到着してから付けることもある。その理由は、運搬する途中で口の部分が欠けてしまった場合に、到着してから金属縁を付ければ、それが隠せるからである。出港する前からあらかじめ金属縁をつけて船に積む場合もあるが、金属縁がしっかり付けられていなかったために取れてしまう場合もある。

その他、鉄斑文装飾の青白磁菩薩像や各種硯滴《けんてき》[*13]など、さまざまな造形が見られ興味深い〔図5〕。また、陽刻木葉の上に鉄砂顔料で「流紅記」[*14]の「流水阿太急」「深宮盡日閑」という五言二句が書か

図5▲青白磁人物・動物形硯滴。さまざまな動物や人物の形をした硯滴が多数発掘されている。ここに掲げたのは牛に乗っている姿であるが、右の背中を牛の頭にもたれかけて楽な姿勢で座っている人物の顔は中国人ではなく西域人と思われ、服装も特異である。このほか、興味深い形をした黒褐色の紋様のある白磁の硯滴が数多く発見されている。

と改称、青磁・白磁を生産、特に、白磁の素地に文様を彫り、彫った部分の釉薬の厚みにより文様がうす青くあらわれる「影青〔インチン〕」で知られる。明代以後は染め付け磁器や赤絵磁器を多く産した。高嶺〔カオリン〕山で産出された最高級の純白の粘土を原料に白く透き通るような磁器は、日本の有田焼を始めドイツのマイセンなど、世界の陶磁器文化に多大な影響を与えた。

＊12　景徳鎮で元代に作られた、青みのない純白（卵白色）の白磁。その中に「枢府」の文字を型押ししたものがあるため、この卵白釉碗を一般に「枢府窯」器と呼ぶ。元朝政府機関のひとつ、宮中の枢密院の略称が「枢府」であり、その御用品として焼かれたといわれる。

＊13　硯に水を注ぐ小型の水指容器で、水滴、水注とも。さまざまな工夫をこらしたものがある。

＊14　宋代の張實による伝奇小説。宋の劉斧による『青瑣高議』前集巻五に収められている。唐の僖宗〔きそう〕の時代、于祐という人物が御苑を流れる小川で一枚の紅葉を拾ったところ、その葉の上に五言四句の詩が書き付けられていた、という。

れた、青白磁辰砂彩《しんしゃ》[*15]（釉裏紅《ゆうりこう》）詩銘皿（図6）は、全世界で一点だけである。類似した釉裏紅の最古の編年例としては「至《し》[*16]元戊寅《げんぼいん》」（一三三八）銘を持つ青花白磁釉裏紅壺二点が知られているが、新安沈没船の年代は一三二三年頃と推定されるため、この新安沈船の青白磁辰砂彩詩銘皿は、「至元戊寅」銘青白磁よりも早い時期に属する。

ほかに、河北省定窯《ていよう》[*17]製品と確認されるか、その系統と考えられる大盤[*18]、香炉、梅瓶《メイピン》[*19]などが数点発見された。すべて釉薬が特有の卵白色を帯び、細い網状の氷裂があるものとないものがある。

景徳鎮窯のうち品質のよくない白磁は、粗い手法で制作されている。平鉢の内底に「玉出崑山」「白玉満堂」「富貴長命」「寿山福海」などの陰印刻文字もみられる。一般的な瓶の形のほか、桃の形をした碗や、人が横たわっている形の枕も一点だけ発見されている。中が空洞になっている菩薩像、高さが一〇～一五センチほどの小さな香炉も発掘されている。

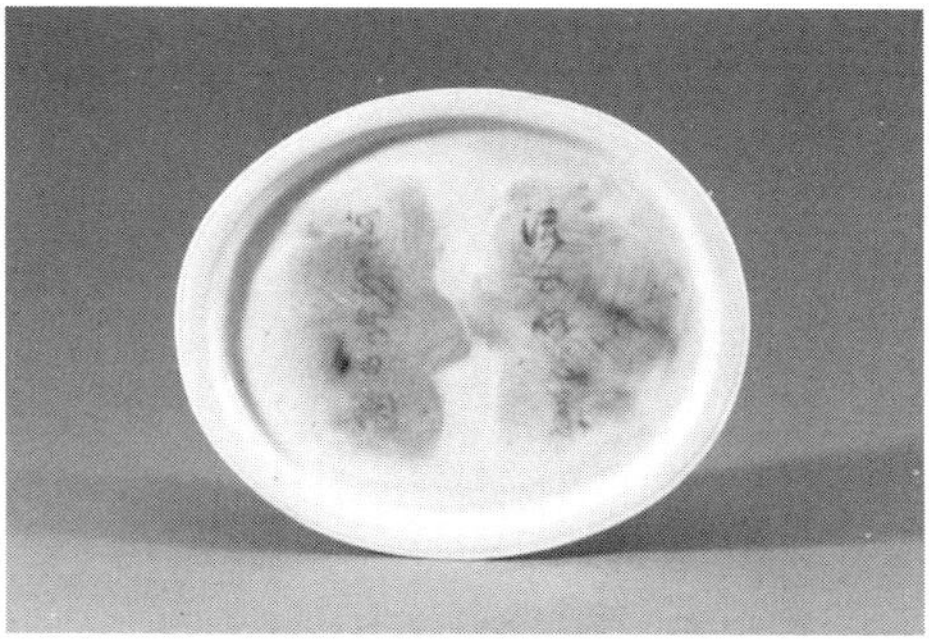

図6▲青白磁辰砂彩（釉裏紅）詩銘皿。詩の書かれた白磁の皿は、世界でこの一点しか見つかっていない。中国でも銘文の書かれた白磁皿はあるが、詩が書かれているのではなく、年号と干支が書かれている。赤や緑の色は、銅の成分によるものである。白磁でありながら青白磁という呼称がついているのは、中国では紙のように薄い白磁、繊細な白磁を「チンパイ（青白）」と呼ぶためである。

＊15　白磁の素地に銅を含む顔料で文様を描き、透明釉をかけて還元焔で焼成すると白地に淡紅色の文様が浮き上がる。この色を「釉裏紅」といい、元代の景徳鎮窯で盛んになった。「辰砂〔しんしゃ〕」は本来、硫化水銀の俗称で、硫化水銀の朱色になぞらえて紅色をしたものを呼ぶが、高麗・李朝では釉裏紅を「辰砂」「辰砂彩」と呼び、日本でも俗に「辰砂」ともいう。

＊16　中国・元の順帝（恵宗）の治世で用いられた元号。一三三五年～一三四〇年。後世、世祖クビライ時代の至元と区別して後至元と呼ぶことがある。

＊17　河北省曲陽県に存在した宋代を代表する名窯。晩唐に始まり、北宋代に「白定」と称される象牙質の白磁を生産した。黒釉をかけた「黒定」、柿釉を掛けた「柿定（紅定）」などもある。

＊18　径四〇センチを超える大皿のこと。元代の磁器の特色のひとつは大作が多いことで、主な輸出先であった西アジアの需要に応じたものと考えられている。

＊19　口が小さく肩が張り、丈が長く裾のすぼまった形の瓶。宋代に登場した器形で、主に酒を入れるのに用いる。鎌倉の東国の武士達に珍重された。

◆白黒釉・黒釉・白地黒花

新安遺物において、鈞窯系の花盆・水盤・壺も、その一群を占めている。鈞窯[20]は、河南省禹県に位置し、河北と河南地方にかけて膨大な鈞窯系を形成した。宋代に良質の白磁をつくったところであり、象牙色を帯びているのが特色である。ただし、新安海底出土の鈞窯磁器は、それを模倣して浙江省金華地域でつくった製品と推定される。

南方の特色をみせる黒釉も大量に発見されている。こうした黒釉が日本にも輸入されて、「天目」[21]という名前で流行した。北方窯の特色をみせるものもあり、光沢がよい河南天目、福建省の建窯[22]天目などの製品で多様である。釉薬が内側だけに塗られていて、外側には塗られていない黒釉の陶磁器は、中国の江西省吉州窯[23]で制作したものが有名である。吉州窯の白磁黒花文は、大胆で多少粗いものと、繊細なものの二種類がある。河北省磁州窯[24]陶磁器模様の影響を受けて、華南地方で模倣したものである。

◆高麗青磁

この他にも高麗青磁[25]が含まれており特別な意味をもつ。青磁陽刻蓮唐草文《はすからくさもん》梅瓶、青磁象嵌雲鶴文《うんかくもん》梅瓶、青磁象嵌雲鶴文碗、青磁象嵌蓮唐草文盞卓《さんたく》、青磁象嵌花文枕、青磁象嵌花文盞（盞の蓋か）、青磁獅子の七点である。これら青磁は少量であるとはいえ比較的洗練された十二～十三世紀の様式をみせており、日本への貴重な貿易品であったと判断される。

＊20　宋代の五大名窯のひとつで、産地はかつて「鈞州」と呼ばれたため「鈞窯」と呼ばれる。失透性乳青色の釉（澱青釉・月白釉）を施し、これに銅紅釉（紫紅釉）などを加えてオパール状の独特の雰囲気と赤紫色の斑文をあらわしたものが重用された。

＊21　鎌倉時代に浙江省の天目山に留学した僧が持ち帰った茶碗から生まれた名称。口縁部がくびれ、胴部が漏斗〔ろうと〕状にすぼまり、小さめの高台がつく。黒色の鉄釉がかかる。禅宗が盛んになった鎌倉時代の日本では、留学僧によって多量に将来された。

＊22　福建省建陽県にあった陶窯。唐時代後期から青磁を焼成したが、宋代に天目茶碗を量産したことで知られる。曜変天目・油滴天目などが有名。建窯の天目を「建盞〔けんさん〕」と呼び、北宋の士大夫階級に愛用された。

＊23　江西省吉安市に存在した窯。永和鎮にあったことから永和窯とも呼ぶ。唐末頃には生産を開始、南宋から元の時代にかけては、抹茶法による喫茶の流行に伴い天目茶碗が盛んに作られた。日本で「玳玻盞〔たいひさん〕」「鼈盞〔べつさん〕」と呼ぶ、黒飴釉の上に失透釉を斑に掛ける鼈甲状の釉調のものが名高い。

二・新安船の出港時期と陶磁の性格

新安海底引き揚げ品には、編年可能な資料があり、新安陶磁器の積載時期と新安船の出港時期、需要場所、貿易品の種類と数量などをある程度具体的に究明できる。

◆時期の問題

新安船から引き揚げられた重要な編年可能な資料は、銅銭、木簡の墨書銘、漆器の銘文などである。銅銭の場合、中国・新[*26]の貨幣である天鳳元年（一四）[*27]貨泉《かせん》、後漢の五銖銭《ごしゅせん》などから、唐、宋の各種銅銭を経て元・至大三年（一三一〇）の至大通宝まで多様である。したがって、新安船の出港は、至大三年以降になる。

木製箱のなかから出土した木簡は、全三六四点である。木簡の銘文には、日付を記した「四月廿二日」「四月廿三日」「五月十一日」などと、さらに重量も示した「十貫六月二日」、年号と月を表示した「至治参年五月」などがある。このうち、八次発掘で引き揚げられた木簡の「至治三年六月一日」〔図7〕という銘文が貴重な端緒となる。至治三年は一三二三年である。このように日付が書かれた木簡は、貿易品の積み込みや制作時期などの究明

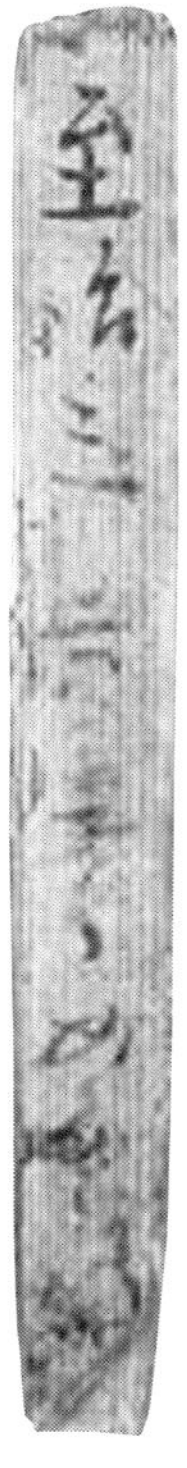

図7◀「至治三年」銘木簡。「至治三年」は、一三二三年にあたる。海上貿易を担当した官庁である市舶司は、唐代に初めて設置され、一三二〇年に廃止されたが、一三二二年に再設置された。これらの根拠から、新安船は、一三二三年に寧波の市舶司を通じて日本に向かって出航したとみられる。

＊24　河北省邯鄲〔かんたん〕市近郊の磁県にあり，北宋より今日まで続いている華北最大の民窯。掻き落とし法で白地に黒の文様を表したものをはじめ、種類が多く、おもに一般庶民の使用する雑器を焼いた。宋代のものが特に名高い。

＊25　朝鮮半島で高麗時代に焼造された透明感のある青緑色の磁器。青磁釉は厚くかけないと発色しないため、釉薬がはがれない工夫や素地を薄く成形する工夫などさまざまな技術がある。焼成時に欠陥が出やすいが、釉薬の厚みから時間をかけて美しい貫入が多く入る。中国の青磁技術を導入して九世紀前半～十世紀後半に焼き始められた。十二世紀に最盛期を迎え、中国越州窯青磁の「秘色」に対して「翡色」と評されて中国各地でも名品として高く評価された。優美な造形を基調とし、半島特有の技法として象嵌青磁がある。十四世紀には大量生産化とともに作風や質の低下が指摘されるようになり、粉青沙器〔ふんせいさき〕に取っ

に重要である。

漆器平鉢に陰刻された「辛未公（兮カ）塘陳万一叔造」の銘文も注目される。「辛未」年は、元の至順二年（一三三一）、または至元八年（一二七一）年であると考えられる。これは、新安遺物の年代推定に参考となる。その理由は、新安船に十二～十三世紀の高麗青磁が積まれている事実ともよく合致するからである。

このようにみると、新安貿易磁器の年代は、一三二三年以前と判断される。

中国は、唐代に海上貿易を積極的に支援するための官庁として市舶司《しはくし》を置いた。そのため、新安貿易磁器も市舶司存続期間にはその許可を受けて海外に輸出されたであろう。元代には、慶元（現在の寧波）、泉州、広東《カントン》に市舶司が設置され、十四世紀初めには私貿易を禁じるなど、市舶司の海上貿易管理はとても厳格であった。市舶司は、延祐七年（一三二〇）に廃止されたが、至治二年（一三二二）慶元に再び設置された。そのため、「至治三年」（一三二三）は、市舶司が再設置された翌年になる。このため、新安船は、慶元市舶司の許可を受けて一三二三年頃に出港したものと推定される。

◆磁器の品質と需要層

新安陶磁器は、日本が中国から輸入した貿易磁器である。貿易の性格は、木簡の銘文のうち「綱司私」と「東福寺公物」[*28]という銘文を通じて輪郭が明らかになる。綱司は、中国

て代わられた。

＊26 中国の王朝。八年～二三年。前漢の外戚であった王莽〔おうもう〕が前漢最後の皇太子の孺子嬰より禅譲を受けて建てた。周を理想とした政策を行なったが国内は混乱、また近隣勢力に対して高圧的な態度を取ったためにこれらの離反を招くなど、その統治は失敗に終わり、やがて赤眉・緑林の乱が起こり、更始帝の軍により長安を落とされて王莽は殺され、一代限りで滅んだ。

＊27 王莽が天鳳元年（一四）に、五銖銭〔ごしゅせん〕の流通を禁止し、貨布とともに発行した銅貨。後漢まで鋳造された。円形方孔で「貨泉」の銘を持ち、日本の弥生文化の遺跡からも出土する。

＊28 京都市東山区本町十五丁目にある臨済宗東福寺派大本山の寺院。本尊は釈迦如来、開基は九条道家、開山は円爾〔えんに〕（弁円〔べんねん〕、聖一国師）。嘉禎二年（一二三六）の発願、仏殿完成は建長七年（一二五五）、法堂完成は文永十年（一二七三）。京都五山第四位の禅寺として中世、近世を通じて栄えた。現在も二五か寺の塔頭を有する。

貿易船で航海責任者の職責として船主と船長を兼ねたという。この「綱司」銘木簡が、一一〇点ともっとも多い。こうした事実からみて、綱司という責任者が、私貿易にも関連していたことが分かる。反面、東福寺に供給するものは、公的なものであった。そのため、新安貿易品は、公用と私用に明らかに区分されている。慣例的に海外貿易では、公貿易（あるいは官貿易）であってもその内部と周辺で私貿易や密貿易が行なわれた。新安船も公貿易と私貿易が一緒になされた貿易船であった。

品質面では、大部分の中国貿易磁器がそうであるように、最上品ではなく普通の水準のものが大部分を占める。しかし、全世界陶磁史でたった一点である青白磁辰砂彩詩銘皿の存在、洗練された南宋青磁様式の青磁魚龍飾瓶、七点の洗練された高麗青磁などは、日本の最上流階級の需要をねらって制作されたことが明らかである。

新安陶磁器の品質を比率でみると、青磁の場合、優秀なものは一〇〇点ほどで、全体引き揚げ陶磁器二万二〇〇〇点余りの〇・五％に過ぎず、引き揚げられた青磁一万二〇〇〇点余りのうちの一％にも満たない。白磁も、優秀なものは五〇〇点余りに過ぎないが、全体引き揚げ貿易磁器の二％を少し超え、引き揚げられた白磁の総点数五二〇〇点の一〇％近くになる。こうした比率からみると、青磁よりも白磁が優秀な品質が多いということになる。また、絶対数でみても、優秀な白磁は優秀な青磁の五倍になる。これは、元代に青磁がしだいに衰退し、白磁が多様に発達する当時の趨勢を反映する。

新安陶磁器は、日本の寺社や貴族、武士を含む有力者など高級需要層に供給するためのものであった。これは、木簡の様々な銘文のうち、「東福寺」（四一点）、「釣寂庵《ちょうじゃくあん》」（五点）、「筥崎宮」[*29]（三点）など当時の有名な寺院名が書かれているためにすぐに分かる。釣寂庵は、福岡市博多の東福寺の末寺である承天寺《じょうてんじ》[*30]に建てられた庵（子院）である。筥崎宮も福岡市にある八幡宮神社であるが、「筥崎宮」銘木簡には「教仙」という名があって手決（署名―訳者注）をしている。教仙は、筥崎宮の神職であったと推測されている。これらの場所が、新安陶磁器の需要場所であったことは確実である。

このように新安陶磁器の貿易には、僧侶や神職が深く関連していた。このことは、木簡や木製箱に日本人の僧侶・神職の名前が書かれた例が全部で四二点発見されたことからも十分に把握される。名前は、木簡に「教仙」「随忍」「秀忍」など一二名、木製箱に「子顕」一名で全一三名である。木簡七点に同じ名前が書かれた例もある。こうした僧侶・神職の名が書かれていたことから、中国貿易磁器の運搬と需要に日本のさまざまな僧侶・神職と、東福寺、釣寂庵、筥崎宮などの寺社が介入した事実には疑う余地がない。また、荷主であると思われる日本人の名前として、「菊一」「八郎」などと書かれた木簡も数点発見された。

以上のことから、新安陶磁器の日本の需要層は、有名寺社、幕府の統治者や武士などの有力者、そして富裕層である。彼らは富と権勢の象徴として、または、鑑賞と蒐集のために中国陶磁器をはじめとする物品を購入した。鎌倉時代（一一八五～一三三三）、南北朝時

＊29　福岡県福岡市東区箱崎にある神社。式内社、筑前国一宮。別称として筥崎八幡宮とも呼ばれ、京都の石清水八幡宮、大分の宇佐神宮とともに日本三大八幡宮の一つ。延喜二十一年（九二一）に八幡神の託宣があり、筑前国穂波郡の大分宮を玄界灘に面した土地に移したのに始まり、延長元年（九二三）に現在地に遷座。元寇の際に亀山上皇が「敵国降伏」を祈願し、神門に「敵国降伏」の扁額が掲げられて以来、海上交通・海外防護の神として信仰されている。

＊30　福岡県福岡市博多区にある臨済宗東福寺派の寺院。仁治二年（一二四一）、大宰少弐・武藤資頼が宋より帰国した円爾を招聘して創建。創建にあたっては謝国明ら宋商人が多く援助した。円爾は後に上洛して東福寺を開山した。寛元元年（一二四三）、官寺となる。

代（一三三三～一三九二）、室町時代（一三九二～一五七三）前期に至るまで、中国陶磁器は各種の茶会のみならず日常生活でも愛用された。特に、新安遺物のうち石臼は、茶を挽いて抹茶を楽しんだ寺院やその他の需要場所に供給しようとしたものである。

このような新安中国磁器は、平安時代（七九四～一一八五）から貴族中心に流行した茶道に使用するためのものであった。これは、後代に千利休（一五二二～一五九一）による仏教の禅の精神を具現しようとした日本の茶道とは異なる趣向であった。

◆陶磁史的意義

新安陶磁器は、日本の上流需要層に供給するために中国で大量生産した貿易磁器である。中国は中唐期（七六六～八三五）の約七〇年間に、海外に磁器を大量輸出し始めた。新安の陶磁器がもつ特別な意味は、洗練された白磁が洗練された青磁より五倍も多い点からみて、中国陶磁器の中心が青磁から白磁に移る転換期の状況を如実に表わしていることである。

新安陶磁器に青花白磁が一点もないという点も注目される。これは、東南アジア、イスラム地域、ヨーロッパなどに対して活発であった、中国からの青花白磁の輸出様相とは大きく異なる。イギリスのロンドン大学博物館所蔵品で[*31]「David Vase」として知られる「至正十一年」（一三五一）銘青花白磁瓶は、中国青花白磁の代表的な輸出品の一例である。こ

＊31　イギリスの綿糸貿易商、サー・パーシヴァル・デイヴィッド（一八九二～一九六四）による中国陶磁コレクション（デイヴィッド・コレクション）に含まれる瓶。この瓶が一九二九年ぶイギリスのホブソンにより紹介されたのが、元代の染付陶磁器が確認された最初である。一四〇〇点余りからなるこのコレクションは、一九五〇年ロンドン大学に一括して寄贈され、パーシヴァル・デイヴィッド財団が設立された。官窯を中心に各時代の精品が多数含まれ、学術価値の高い在銘品、基準作品が多く含まれている。

うした点からみると、新安貿易磁器は、時期的に、元代に青花白磁が大量生産されるよりも前に制作した陶磁器といえる。

この他にも、世界で唯一の青白磁辰砂彩詩銘皿に焦点を当てざるをえない。この辰砂彩皿は、青白磁に辰砂彩を施した点、辰砂彩が赤色と緑色の二色で発色した点、青白磁に辰砂彩を施した上に詩が書かれている点などが、すべて特別で唯一である。これと類似した例として先に紹介した「至元戊寅」銘辰砂彩（釉裏紅）白磁には、詩は書かれていない。

新安貿易磁器の性格を把握する際に重要なのは、一緒に引き揚げられた高麗青磁である。わずか七点に過ぎないが、十二〜十三世紀の洗練期のものである。これらは貴重なものとして年代が古いものを中国で購入して、日本に輸出しようとしたのではないかと推定される。これらの高麗青磁は、後代に至るまで日本で模倣して作られるほど日本で需要があったのである。雲や鶴の模様を日本人が好んだため、そうしたものが新安船に積まれていた。おそらく、日本の荷主が高価な骨董品として購入したものであろう。

結語

中国から日本への輸出用として大量生産した新安陶磁器は、一般的な品質の貿易磁器が大部分を占める。しかし、世界で唯一の青白磁辰砂彩詩銘皿をはじめ、非常に洗練された青磁と白磁が含まれている。一方、高麗青磁七点は、船に積まれた当時でも高価な骨董品として購入され、積まれたものと推定される。これについては、さらに深い研究を期待したい。新安陶磁器のうち、青磁は主に龍泉青磁であり、白磁は大多数が景徳鎮白磁である。景徳鎮白磁五二〇〇点のうち、洗練された品質の良いものが五〇〇点余りと一〇%を超えるのに対し、龍泉青磁一万二〇〇〇点のうち、品質の良いものは一〇〇点程度で一%にも満たず、青花白磁は一点もない。このように青磁よりも白磁のほうが品質の良いものが高い比率を占めるのは、元代に青磁から白磁へと転換していく影響によるものである。新安陶磁器は、中国窯業の生産体系が青磁を主とするものから白磁を主とするものに変わり、陶磁器貿易のために青花白磁を制作する以前、すなわち十四世紀中頃以前の陶磁制作の様相を示すといえよう。

新安船は、木簡の「至治三年」(一三二三)銘によって、一三二三年頃に寧波港から出港して博多港を目的地としたものとみられる。木簡の「綱司私」と「東福寺公物」という記載によると、公貿易と私貿易を明らかに区分しており、二種類の貿易が平行して行なわれている。また、僧侶・神職の名が記され、日本の僧や神職たちが新安陶磁器の貿易に参与した事実が確認された。この他にも、木簡の銘文を通して新安貿易磁器の需要層は、京都東福寺や福岡釣寂庵・筥崎宮などの寺社と、そのほかの勢力と富をもつさまざまな個人であったことを伝えてくれる。

［司会］
平川　南

市　大樹
李　成市
犬飼　隆
林　敬煕
李　鎔賢
神野志　隆光
宋　義政
三上　喜孝
梁　淑子
山口　英男

第四部―シンポジウム

古代日本と古代朝鮮の文字文化交流

二日間にわたって行われた基調報告を受け、複雑多岐にわたる内容の整理と確認、そしてテーマを深めるための約一〇〇分間の討議記録。

I　記録のはじまり　――文字と暦の導入

平川：日本古代の社会は、当初、文字を持ち得ませんでした。それが、中国から漢字というものを取り入れ、そしてそれを、センテンス、すなわち意味を持つまとまりとして実際の内なる政治でも使い始めたのは、およそ、五世紀ぐらいというふうに見られております。

そして、やがて日本＝倭《わ》[*1]の国は、古代国家というものを確立していく段階で、国家の由来をきちんと文字記録にとどめる、すなわち歴史書を編纂する必要に迫られます。いわば国家の確立過程で、国家の歴史を記録するために文字を十分に学ぶということが大事になってくるわけです。これらが昨日来の、さまざまな文字文化の形成についての発表で明らかになったかと思います。

文字の習得と並んで、「暦」と「時刻」の導入によって、初めて歴史を編むことができるようになります。これが文字による記録のいわば始まりということで、まず最初に扱うべきテーマではないかと思います。

＊1　中国各王朝が日本列島周辺およびその住人を指して用いた呼称。中国後漢の歴史書『漢書』（八〇年ころ成立）地理志の記載が最古例で、七世紀末頃に対外的な国号を「日本」に変更するまで日本の自称としても使用された。

1．文字と筆記具

平川：文字について考えるとき、皆さんが必ず気にされることのひとつに、当時の文房具はどんなものなのか、ということがあります。この点について申し上げると、紀元前一世紀にもうすでに朝鮮半島では筆が存在しておりました。その筆が発掘によって確認されております。茶戸里《ちゃこり》《タホリ》という有名な遺跡からです。この筆について、まず最初に、韓国の国立中央博物館の考古歴史部長である宋さんから、簡単に報告をいただきたいと思います。

宋：韓国の南方、慶尚南道《けいしょうなんどう》《キョンサンナムド》にある、有名な茶戸里遺跡から出土した文房具〔図1〕です。下が復元されたものです。この筆は韓国ではよく知られている資料で、長さは二一・六センチ程度です。復元中央に掲げた刀は、文字を削るための削刀《さくとう》で、今の消しゴムのような役割を果たしました。この遺跡では直接的に文字資料は発見されていないのですが、いろいろな中国製の刀銭*2や倭系の遺物が出土しており、国際交流の一面を見ることができます。

＊2　古代中国で鋳造され用いられた、刀の形状を模した青銅貨幣。

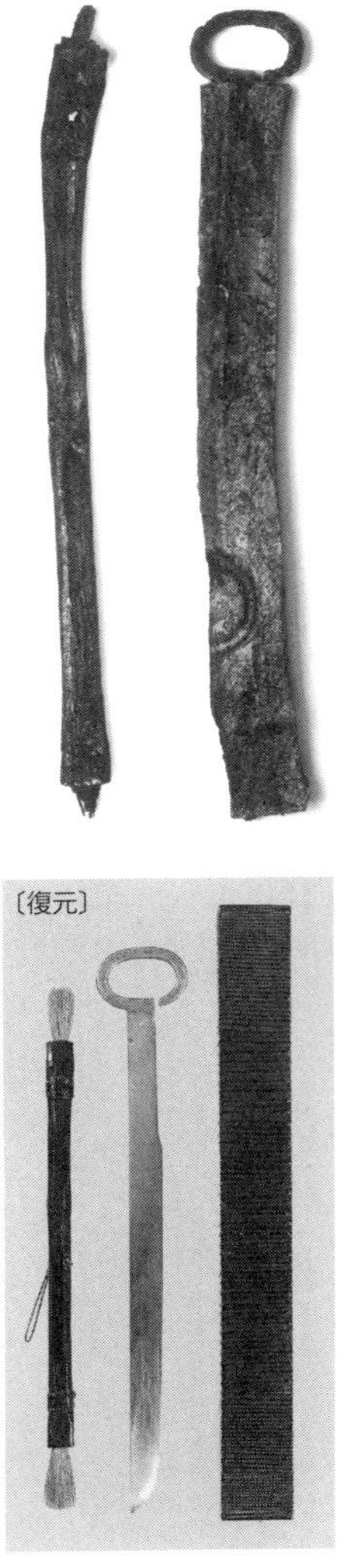

図1◀一九八八年、慶尚南道昌原市〔しょうげんし／チャンウォンシ〕茶戸里遺跡一号墳からおびただしい遺物とともに、上下に穂先を持つタイプの筆が五点出土した。この一号墳からは、漆鞘に入った鉄製の環頭刀子（上段右）も出土しており、木簡に書き誤った部分を削り消すために使用したことが推測される。紀元前一世紀ごろ。下段は復元で、右から漆鞘、環頭刀子、筆。（韓国国立中央博物館蔵／文献［1］より転載）

この遺跡では、それ以外にも幅広い交流範囲を示す資料が出土しています。その一つがハトムギの種です。韓国ではハトムギのことを「ユルム」と呼びますが、原産地は東南アジアの熱帯地方です。記録として最初に出てくるのは中国の『後漢書』[*3]で、馬援《ばえん》《マユアン》いう名の将軍が、交趾（現在のベトナム）に遠征したとき、現地でハトムギを愛用したところ効能があったため車一台に満載して帰った、という記述があります。

茶戸里遺跡は中国の前漢[*4]代、紀元前一世紀中ごろぐらいの遺跡であり、『後漢書』よりも古い資料です。したがって、文献記録には残っていないのですが、こういった考古学的な資料から見ると、当時の交易は想像以上に幅広く行われていました。それを示しているということで、この資料を紹介いたしました。

平川：この茶戸里からは、この文房具と、それから「はかり」などが出ています。いま宋先生がおっしゃったように、活発に行われていた交易に関連して文字の必要性を切実に感じていた、というのが、当時の半島の情勢だったというふうにも理解できます。

茶戸里では筆が五点出土しておりまして、特徴は両側に穂先があるという、この点が非常に特異な筆ということになります。刀子《とうす》も一緒に出ているということで、役人のことを中国で「刀筆《とうひつ》の吏《り》」といいますが、それをまさに裏付けるような形で出土した資料です。

＊3　南宋の范曄（はんよう）編。後漢（二五～二二〇）のことを記した中国の正史。

＊4　中国古代の王朝。秦滅亡後の前二〇二年、楚漢戦争に勝利した劉邦（りゅうほう）によって建国された。都は長安で、中央集権体制が確立された七代武帝のときに全盛を迎えた。紀元後八年、王莽（おうもう）によって倒された。

2. 暦

平川：文字に続いて、今度は暦について見てみましょう。暦がないと「何年何月に起きた出来事か」ということを記録できませんから、日本列島に新しい国が確立されるには必要となる要素ですので、私たちはその暦の現物の出現を待ち望んでいるわけです。

後ほど紹介しますが、現在、最も古い暦は六八九年、持統三年の暦木簡です。しかしそれに先立つ年紀を持つ資料として、昨年の九月に福岡県糸島半島の元岡遺跡で出土した鉄刀〔図2〕の銘文というのがございます。出土時に大きく報道されましたので、皆さんご承知かと思います。古墳は七世紀のはじめぐらいに築造されたということです。

鉄刀はさび付いていてそのままでは銘文が見えませんので、X線で透過してみると、文字が見えてまいります。金や銀で象嵌《ぞうがん》されておりますが、まだ分析中とのことで金か銀か分かりません。[*5] あるいは金銀という場合もあります。この銘文で特徴的なのが、「大歳《たいさい》」

＊5 その後の分析で、金象嵌であることが確定した。

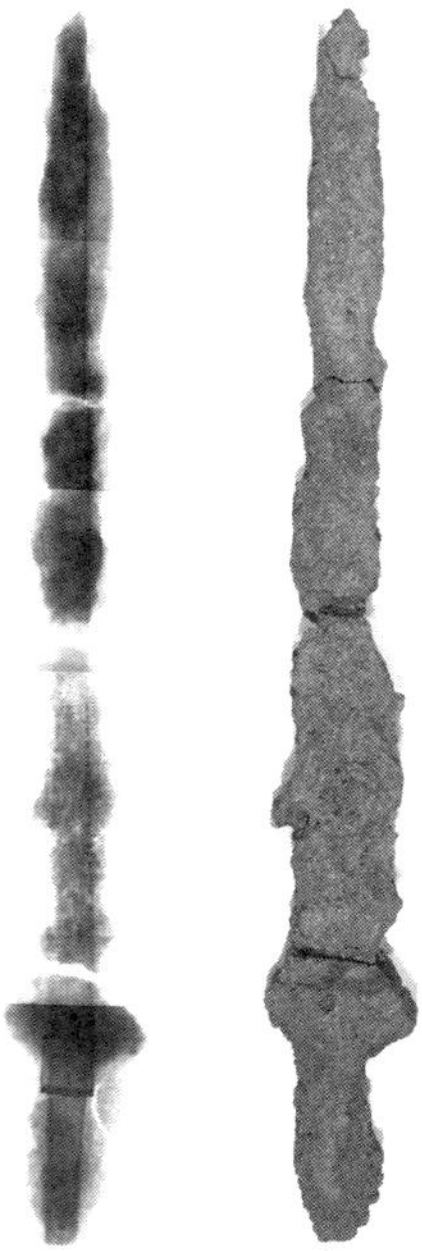

〔X線写真〕

〔X線拡大〕

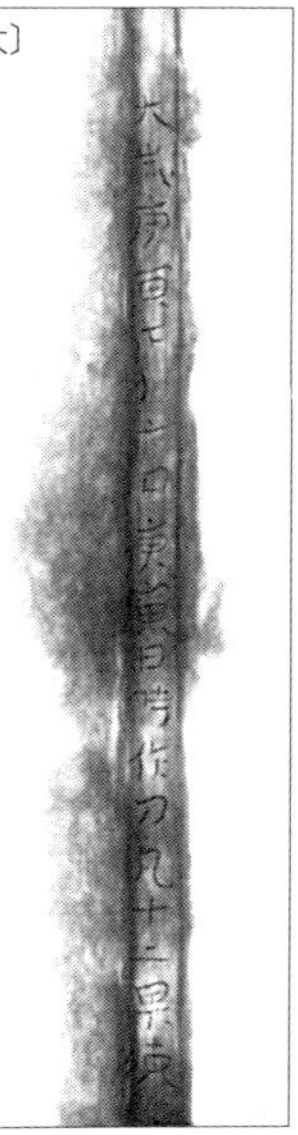

大歳庚寅正月六日庚寅日時作刀凡十二果□〔練カ〕

図2◀福岡市の元岡・桑原遺跡群内にある、元岡古墳群G6号墳から出土した紀年銘入り象嵌大刀。元岡・桑原遺跡群は糸島半島の東側根元部の丘陵地帯にある、旧石器時代から近世までの複合遺跡で、古墳七基、後期群集墳七〇基余、木簡や祭祀具・帯金具などの古代の官衙施設に関連する遺物や五〇基ほどの製鉄炉などが発見されている。（福岡市埋蔵文化センター蔵）

という言葉、そして、「庚寅《こういん》」という年号があることです。[*6]この年代については九州大学の坂上さんらが古墳の年代と合わせて検討し、五七〇年の暦であるという説を発表しています。「大歳」という文字が一番の決め手になっているのですが、これは『日本書紀』をはじめ「太歳」と表記されることが多く、天体の木星のことですね。木星は十二年周期で巡行していきますので、木星すなわち「太歳」で干支を記していくというのが、年の記載の仕方として行われている。

この年の記載と同じ記載の仕方が、実は百済の資料で知られております。陵山里廃寺《りょうざんり》《ヌンサンニ》跡から出土した舎利龕《しゃりがん》の銘なのですが、ほぼ同じころの資料で、五六七年です〔図3〕。「百済昌王」そして「太歳」という言葉が入っていますので、こういう太歳干支で十干十二支を記すというのが、早くから朝鮮半島の資料で知られていたわけです。

また、先ほど李成市さんが[*7]報告されましたが、欽明紀の五五三年に、百済に対して暦《こよみの》博士《はかせ》の招聘《しょうへい》と暦本の要請をする記述があり、その翌年の五五四年に実際に上番《じょうばん》して来たという記述があります。倭の国に百済から暦博士が来て、そして、暦を伝えたと考えると、この銘文はその暦を使って書いたものではないか、そういう解釈がされております。

わが国では六世紀の資料は見つかっておりませんが、七世紀の暦の現物資料〔図4〕が見つかっております。これについては市さんが奈良文化財研究所におられた時にちょうど

図3▶陵山里廃寺跡は百済の古都・扶余にある寺跡。舎利龕は上部アーチ型の直方体の御影石で、塔の心礎石の上から出土した。龕室の左右に隷書風の字で「百済昌王十三季太歳在」「丁亥妹兄公主供養舎利」と刻まれている。「昌王」は百済第二七代王・威徳王（在位五五四〜五九八）。（韓国国立扶余博物館蔵／文献［5］より転載）

＊6　坂上康俊「庚寅年銘鉄刀の背景となる暦について」『福岡市埋蔵文化財調査報告書第一二一〇集　九州大学統合移転用地内埋蔵文化財調査報告書　元岡・桑原遺跡群二二―第五六次調査の報告一―』福岡市教育委員会、二〇一三年

＊7　八頁参照

長さ（一〇八）ミリ×幅（一〇〇）ミリ×厚さ一四ミリ

〔復元図〕

三月大

一日癸丑開　九坎天倉
二日甲寅閉　帰忌
三日乙卯建　厭対
四日丙辰除
五日丁巳満　重
六日戊午平
七日己未定　血忌
八日庚申執　□□□□
九日辛酉破　上玄罔虚厭□
十日壬戌破　三月節急盈九坎
十一日癸亥危　重馬牛出椋□
十二日甲子成　絶紀帰忌□□天倉
十三日乙丑収　天間日□□
十四日丙寅開　血忌□□厭対
十五日丁卯閉
十六日戊辰建
十七日己巳除　重
十八日庚午満
十九日辛未平
廿日壬申定　厭
廿一日癸酉執　九坎
廿二日甲戌破
廿三日乙亥危　重
廿四日丙子成　帰忌天倉
廿五日丁丑収　三月中
廿六日戊寅開　血忌厭対
廿七日己卯閉
廿八日庚辰建
廿九日辛巳除　重
卅日壬午満　往亡

四月大

一日癸未平
二日甲申定　厭
三日乙酉執
四日丙戌破　九坎
五日丁亥危　重
六日戊子成　帰忌天倉
七日己丑収
八日庚寅開　血忌厭対
九日辛卯閉
十日壬辰閉　四月節
十一日癸巳建　重
十二日甲午除
十三日乙未満　□□厭九坎
十四日丙申平　天間日血忌□
十五日丁酉定　天李乃井□
十六日戊戌執　望天倉小□
十七日己亥破　往亡天倉重
十八日庚子危　人出宅大小□□
十九日辛丑成　□□帰忌厭対
廿日壬寅収
廿一日癸卯開
廿二日甲辰閉
廿三日乙巳建　重
廿四日丙午除
廿五日丁未満　四月中九坎厭
廿六日戊申平　血忌
廿七日己酉定
廿八日庚戌執
廿九日辛亥破　天倉重
卅日壬子危

図４▲奈良県明日香村の石神遺跡から出土した暦木簡。具注暦は吉凶判断のための様々な暦注を記載した暦で、「注が具〔つぶ〕さに記入されている」ということでこの名がある。注の配置から、持続３年（689）の暦で、表面は３月８日～14日、裏面は４月13日～19日の暦日が記されていることが判明した。周囲が丸く削られているのは廃棄後に木器として転用されたため。本来は表面に３月、裏面に４月、それぞれ一か月分の暦日を記した長方形の板であったと考えられる（復元図参照）。（奈良文化財研究所提供）

この資料を解読され、私も見せていただいた覚えがありますので、ご説明をお願いします。

市：発見された時は円盤の形をしており、真ん中に穴が空いていました。実はこれは、木簡としての使用が終わって二次加工された後の姿で、本来は違っていたと考えられます。文字を見ていきますと、暦に書かれる要素が出てまいります。当時の暦は「具注暦《ぐちゅうれき》」と言いまして、その日の吉凶が書かれてあります。

　こうした暦注は、ある一定の規則性を持って配されます。この木簡自体には、何年何月何日という記載はまったくありませんけれども、歴注を条件に合わせて絞り込むことによって、表面《おもて》は六八九年の三月、裏面は四月のカレンダーであることが分かりました。それは復元図のようになります。

　当時は暦は紙に書いて巻物形式にして配られましたけれども、それでは使い勝手が悪かったようです。そこでこの木簡にあるように板を用意し、表裏にそれぞれ一月分ずつ書いていったと考えられます。一年は十二か月ですので、六枚の板があれば、一年分の暦ができます。

　ただ、年によっては閏月《うるうづき》[*8]がありました。六八九年も八月に閏月がありましたので、七枚の板を用意して、前年の末頃に一気に書いたのではないか、と推測できます。

「中国での暦術の切り替えと日本への導入」という表［表1］を掲げました。はじめに「元嘉暦《げんかれき》」という名前が書いてあります。これは中国で四四五年に作られた暦です。中国

＊8　旧暦（太陰太陽暦）では月の満ち欠けの一巡を「一か月」とし、その一二回の繰り返しを「一年」とするが、月の満ち欠けによる一二か月は太陽暦の一年とくらべて約一一日ほど短い。その結果、暦と実際の季節の間に三年間で一か月分ほどのずれが生じる。そこで約三年に一度、一か月を加えて一年を一三か月とする調整を行う。この挿入された月を「閏月」といい、挿入月の前月名の前に「閏」を置いて「閏四月」「閏八月」などと呼称する。

では、暦は頻繁に最新の形で更新されていきます。次の「儀鳳暦《ぎほうれき》」というのを見てください。日本では、六九〇年代になってあらたにこの「儀鳳暦」が使われていきます。調べたところ、この、四四五年に作られた「元嘉暦」は、六八九年までは単独で使われており、六九〇年から数年間は「元嘉暦」と「儀鳳暦」を併存して使っていたことが分かりました。

なぜこのような大変古い時代の暦をいつまでも使っていたのか、疑問として上がってくるわけですが、実は「元嘉暦」は朝鮮半島の百済で長く使われました。五五四年に百済から暦博士が上番して日本にやってきたということが『日本書紀』の欽明紀に書いてありますので、暦を百済から学んだことを、この木簡はよく示しているように思います。

平川：一年を一月、二月…というふうに表裏に記して、六枚あれば一年分というのは、今のカレンダーとまったく同じやり方ですね。発見された時の形は非常に異様ですが、本当は板状だったということでした。

この暦には、最終的には毎日の吉凶を書き込みます。後には陰《おん》[*9]

暦　法	中国での採用	日本での採用
元嘉暦	元嘉22年(445)	6世紀中ごろ
儀鳳暦(麟徳暦)	麟徳2年(665)	持統天皇4年(690)
大衍暦	開元17年(729)	天平宝字8年(764)
五紀暦	宝応元年(762)	天安2年(858)
正元暦	興元元年(784)	――――
観象暦	元和2年(807)	――――
宣明暦	長慶2年(822)	貞観4年(862)
貞享暦	――――	貞享元年(1684)

表1▲中国での暦術の切り替えと日本への導入

陽寮《みょうりょう》というところで吉凶を書き込んだ暦を作りまして、まずは天皇に進上して、そして天皇が中央官庁、そして全国の国に暦を分かつ「頒暦《はんれき》」ということを行います。国家の支配者が時を頒《わか》つ、時間を支配するという、たいへん重要な制度になっておりました。

六世紀の後半の段階で、大和で暦博士の指導のもとに行われた暦が果たして、大和から九州の豪族に頒暦されたのかどうか、というのは、またひとつ面白い今後の課題であろうというふうに考えています。

3. 時刻

平川：暦の次には時間も厳格に定める必要があるということで、「漏《ろう》刻《こく》」というものが飛鳥で発見されています。これも市さんのフィールドですので、簡単に説明をお願いします。

市：現在の飛鳥寺のすぐ西北に隣接して、水落《みずおち》遺跡があります。この遺跡に、当時「漏刻」と呼ばれた水時計が設置されており、それを実際に復元したのがこの模型〔図5〕です。土を盛って造った基壇の周りに石を貼り付けて、かなり頑丈な構造です。

柱の配置や太さから、楼閣《ろうかく》風の立派な建物だったのではないかと推

図5◀奈良県明日香村・飛鳥水落遺跡の漏刻遺構全景と復元模型（右下）。（奈良文化財研究所提供）

測されています。一階部分には水時計を置き、二階部分には鐘を吊して、一階で計測した時間を二階で鐘をついて通知していたようであります。

『日本書紀』から六六〇年に「漏刻」を設置したことが分かっており、それが水落遺跡であったのではないか、と推測されています。

平川：このような「時を記す」ということは、地方でも文書に出て来ます。これは秋田城から出土した漆紙文書《うるしがみもんじょ》[*10]〔図6〕ですが、「五月六日卯時《うのとき》」というふうに時刻を入れて、駅家《うまや》[*11]から手紙を自分の勤務先に出したという資料が見つかっております。これが八世紀の中ごろですので、このころの地方にも、何かそういう時刻が分かるようなものが、漏刻のようなしっかりしたものでなくても存在したということです。卯時というと午前五時～七時頃ですから、朝一番の便でこの手紙を出したということになります。このように、時刻を計り知らせる機能が地方の行政施設にもあり、それが行政文書に記されている。当時の律令制の文書行政というのは、時刻まで制約しているということになるかと思います。

＊9　律令制において中務〔なかつかさ〕省に属し、占い・天文・時・暦の編纂を担当する部署。七世紀の飛鳥時代に設置され、明治二年（一八六九）まで存続した。陰陽頭〔おんようのかみ〕以下の官人のもと、陰陽師を養成する陰陽博士、天文観測に基づく占星術を行使・教授する天文博士、暦の編纂・作成を教授する暦博士、漏刻（水時計）を管理して時報を司る漏刻博士、その他に庶務職が置かれた。陰陽・天文・暦三博士の下では学生（がくしょう）、得業生（とくごうしょう）が学んだ。

＊10　漆はほこりやちりを極度に嫌う。また急激な乾燥を避け、常に良好な状態を保つために紙を表面に密着させて蓋とする。古代、紙が貴重であったため、この蓋紙として不要となった文書が多く転用された。それが漆の硬化作用で腐らず地中に残ったのが漆紙文書である。役所の公文書が多いため、資料的価値が高い。

＊11　七九頁参照

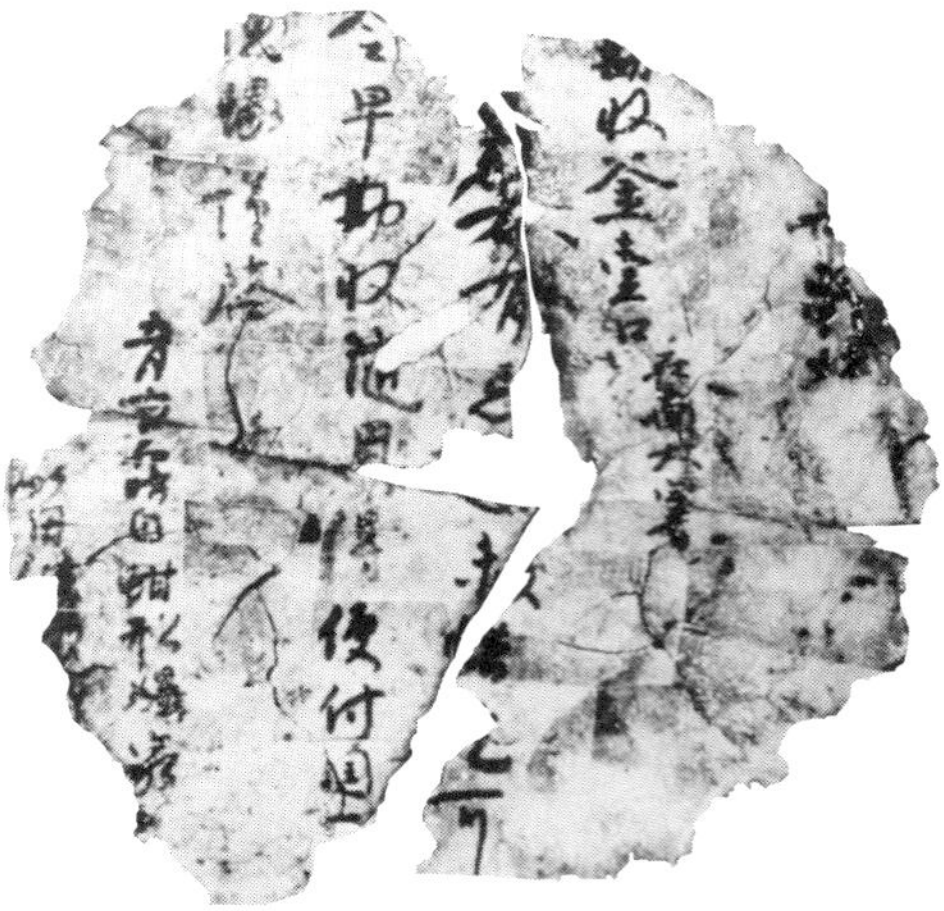

〔オモテ面〕
在南大室者
勘収釜壹口
□□若有忘怠未収者乞可
令早勘収随恩得便付国□□
□〔徳カ〕縁謹啓
五月六日卯時自蚶形驛家申
竹田継□

〔ウラ面〕
□
封
務所　竹継状
介御舘

図6▶秋田城跡出土漆紙文書。五月六日の卯時〔午前五時から七時〕に、蚶形〔きさかた〕駅家から出羽国司の次官である出羽介に宛てて出されたもの。秋田城は、奈良時代から平安時代にわたって出羽国〔現在の山形・秋田〕に置かれた大規模な地方官庁の遺跡で、当初は「出羽柵〔でわのき〔さく〕〕」と呼ばれた。古代の政治・軍事・文化の中心地であった。「蚶方駅家」は『延喜式』にも記載がある現在の秋田県にかほ市象潟〔きさかた〕町付近に置かれた駅家。〔秋田市教育委員会蔵／秋田市教育委員会秋田城跡調査事務所提供〕

II 文体と用字

1. 文体

平川：文体と用字については、犬飼さんがかなり詳細に報告をされておりますので、それをなぞるような形で確認をしていきたいと思います。まず最初に、長屋王家木簡〔図7〕を見ていただければと思います。たいへん見事に書かれたものです。もう一点は西河原森ノ内遺跡出土の木簡〔図8〕です。これらはいわゆる「和文体」、要するに日本語に則した形で漢字を使って文章をしたためてある例です。西河原森ノ内遺跡のものは、この和文体の使用について、非常に早い段階で指摘された記念すべき木簡であります。これらについては先ほどの発表で犬飼さんから丁寧に説明[*12]していただきましたが、神野志さん、ちょっと、国文学の立場から一言だけお願いいします。

神野志：私はこの中で一人だけ文学研究の立場で出席しておりますが、その立場で申します。こういう木簡は、漢字の「意味字」、つまり「訓字」を並べる形、すなわち日本語の語順で並べる形で表記しています。こうした表現が、七世紀の後半から七世紀の末にはか

＊12　一二六頁参照

〔図7〕

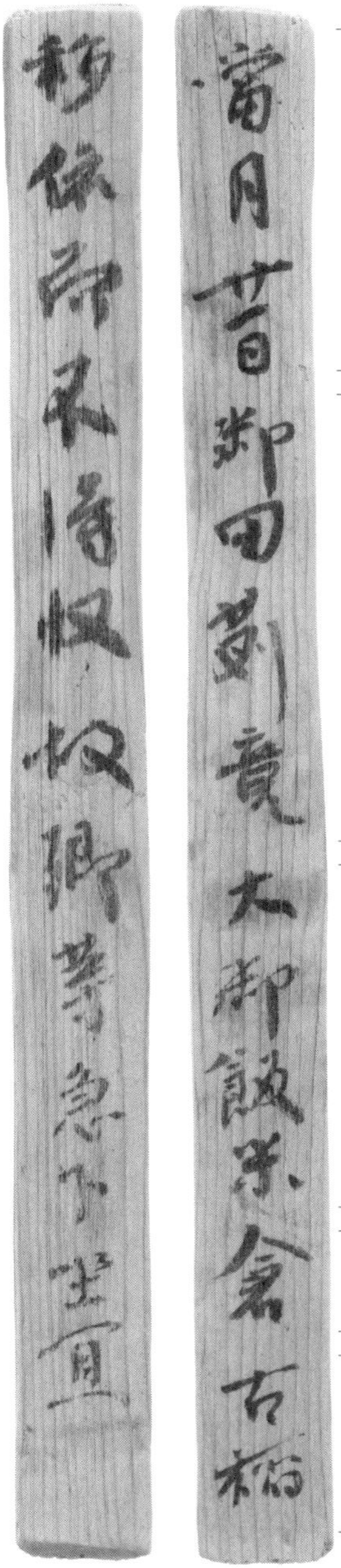

当月廿一日、

御田苅り竟《おわ》る。

大《おお》御《み》飯《け》の米は、

倉に

古稲を

移すに依《よ》りて、

収むるを得ず。

故《かれ》、

卿等急ぎ下り坐《ま》す宜《べ》し。

・當月廿一日御田苅竟大御飯米倉古稲

・移依而不得収故卿等急下坐宜

長さ二一九ミリ×幅一四ミリ×厚さ二ミリ

〔図8〕

・椋□伝之我持往稲者馬不得故我者反来之故是汝トア

・自舟人率而可行也　其稲在処者衣知評平留五十戸旦波博士家

長さ四一〇ミリ×幅三五ミリ×厚さ二ミリ

なり広く現れてくる。これは代表的な例ですが、訓字を並べるようなものだけではなくて、仮名も交えたり、あるいは仮名だけで書かれた表記というものも混じっておりまして、広く日本語を表す形が、こういう木簡を通じて見えてきます。私ども『古事記』や『万葉集』という文献について考える立場から言いますと、実際の生活の中で、「文字をこのような形で使う」という基盤があってはじめて、『古事記』のような文献というか、作品を書くことが可能になっていくと考えさせられます。

そういう現実の基盤を示すものとして、われわれ文学を研究する者にとっても大きな興味を喚起する資料として受け止めたいと思っています。

平川：今、神野志さんがおっしゃったように、従来、限られた文献資料の中で考えてきた文体、あるいは語音の表記などの研究が、出土する文字によって新たな展開を示してきたと言えます。つまり、漢字・漢文としてきちんと書かれた『日本書紀』などを見ている限りは、それが実際の古代社会で日常的だったかとついつい思ってしまうのですが、出土文字資料をご覧になっていただくと、決してきちんとした漢字・漢文ではなく、まさに日本語の語順通りに書いていたということがよくお分かりになるかと思います。先ほど犬飼さんが紹介された長屋王家木簡を始め、そういう用法が木簡だけでなく、いろいろな資料に見えておりまして、それがおそらく実態ではないかと思われます。

もうちょっと資料を見てみましょう。この山ノ上碑〔図9〕ですね。銘文の内容を掲げ

図7▶平城京の長屋王邸跡から出土した文書木簡。和文体＝日本語の語順で記され、意味の切れ目に、筆の運びが若干止まったかのような微妙な空きが見られる。「急下坐」の敬語表現も見える。八世紀前半。（奈良文化財研究所提供）

図8▶滋賀県野洲市西河原森ノ内遺跡出土の手紙木簡。「椋□〔直〕〔くらのあたい〕伝う。我が持ち往〔に〕し稲は、馬得ぬ故に、我は返り来ぬ。故〔かれ〕、是〔こ〕に汝〔なんじ〕卜部〔うらべ〕、自ら舟人率〔い〕て行くべし。その稲の在処〔ありどころ〕は、衣知〔えち〕の評〔こおり〕の平留〔へる〕の五十戸〔さと〕の旦波〔たにわの〕博士〔ふひと〕の家ぞ。」というように、日本語の語順＝和文体で記されている。七世紀後半。（野洲市教育委員会提供）

辛己歳集月三日記
佐野三家定賜健守命孫黒賣刀自此
新川臣児斯多々弥足尼孫大児臣娶生児
長利僧母為記定文也　放光寺僧

【訓読】
辛　己《かのとみ》(巳)　歳集月《じゅうがつ》三日記す
佐野の三家《みやけ》を定め賜える健守　命《たけもりのみこと》の孫・黒売刀自《くろめとじ》、此れ新川臣《にいかわのおみ》の児・斯多々《したた》
弥足尼《みのすくね》の孫・大児臣《おおごのおみ》と娶《めと》いて生める児・長利僧《ちょうりのほうし》、母の為に記し定める文也
放光寺僧

図9▶山ノ上碑。辛巳年は天武一〇年（六八一）に比定されており、完存する日本最古の碑。高さ約一一一センチ、幅約四七センチ、厚さ約五二センチの自然石の一面を平坦に整えて、五三文字が彫られている。（高崎市教育委員会提供）

ておきます。例えば一番最後のところの

…母為記定文也　放光寺僧
（…母の為に記し定める文也、放光寺の僧）

というように、漢字で書いてある一字一字を順番に読んでいけばそのまま日本語の文章になっている、という例です。

こうした例は、決して立派な碑だけではありません。これは私が説明でよく使う資料なのですが、須恵器に刻まれた文字の例です〔図10〕。当時の須恵器を作っていた工人が書

いたのでしょうか、まだ作りかけの生乾きのときに箆《へら》で書いた文字です。

此壺使人者億万富貴曰事在

（此の壺使う人は億万富貴《ふうき》と曰《い》う事在《な》り）

というふうに、漢文のような形でひっくり返って読むのではなく、日本語の語順通りとなっている資料です。

このことは実は朝鮮半島においても、古代朝鮮の資料ではっきりと見えます。もっとも極端な例である壬申誓記石《じんしんせいきせき》〔図11〕について、李鎔賢さん、解説していただけますか？

李鎔賢：ご覧になっている資料は、新羅の王都である慶州で発見されたもので、ご覧の通り韓国語の語順に沿って、そのまま表記されています。一行目を見ていただくと、

…二人并誓記　天前誓　今自三年以後…

（…二人並びて誓い、記す。天の前に誓い、今より三年以後…）

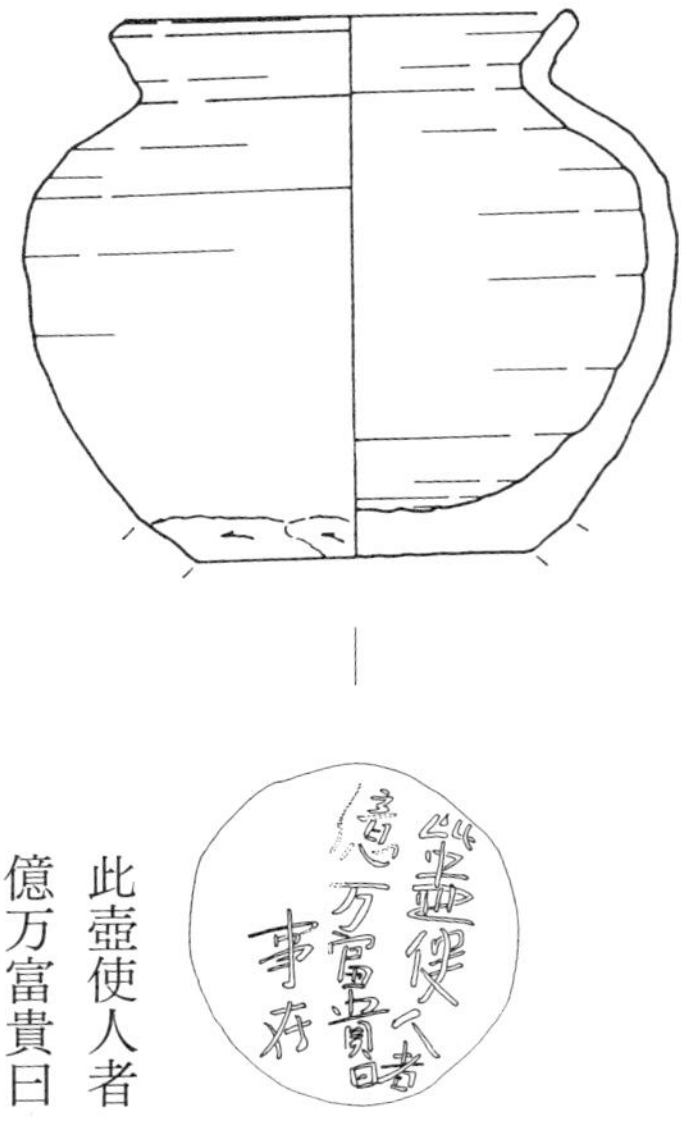

図10◀須恵器に刻まれた文字の例。壺の底に、吉祥を願う文言が日本語の順で刻まれている。埼玉県鳩山町B窯跡出土。八世紀。（鳩山町教育委員会提供）

壬申年六月十六日二人并誓記天前誓今自
三年以後忠道執持過失无誓若此事失
天大罪得誓若國不安大乱世可容
行誓之　又別先辛未年七月廿二日大誓
詩尚書礼傳倫得誓三年

図11▶壬申誓記石。一九三五年、韓国慶尚北道月城郡慶州市で発見された。自然石に五行にわたって七四文字が刻まれている。二人の青年が、互いに身を律するために、三年の間儒教経典を熱心に勉強することを誓い合った内容が記されている。文体は正格漢文ではなく、韓国語の語順による表記である。「壬申年」は五五二年または六一二年とされている。統一新羅時代。（韓国国立慶州博物館蔵／文献［1］より転載）

【訓読】壬申年六月一六日、二人并《なら》びて誓い、記す。天の前に誓い、今自《よ》り三年以後、忠道を執持し、過失无《な》きを誓う。若《も》し此の事を失えば天の大罪を得んことを誓う。若し国安からず、世大いに乱るとも可《よろし》く容《まさ》に行わんことを誓う。又、別に先の辛未年七月廿二日に大誓す。詩・尚書・礼・伝・倫を得るを誓うこと三年。

となっていますね。最後は普通の漢文ならば、「今自三年以後」ではなく、「自今三年以後」になります。そのあとも同じで、韓国語の語順で記されています。

内容としては、花郎《ファラン》[*13]である二人が、お互いに五経[*14]を三年のうちに習得し身を律する、国が危なくなったときには一緒に活躍する、ということを誓い合ったものです。この石碑の年代については、近年では、早めに五五二年とする傾向があります。

＊13　新羅の貴族の青年組織。貴族の優秀な子弟を花郎とし、そこに花郎徒として子弟を属させ、互いに鍛錬させた。真興王（在位五四〇〜五七六）の時代に作られたとされるが、その詳しい実態は明らかでない。

＊14　儒教で基本経典とされる五種類の経書。時代によってどれを五経とするか

平川：ありがとうございました。

2. 用字

平川　続いて、文体だけではなくて、今度はその用字について見ていきたいと思います。

埼玉県行田市の稲荷山古墳出土鉄剣銘文、これは漢字の音で固有名詞などを表記する例です〔次頁図12①〕。犬飼さんからご説明をいただきます。

犬飼：「獲加多支鹵《ワカタケル》」の「鹵《ル》（卤）」のことはもうお話ししましたので、「斯鬼《シキ》」についてお話ししましょう。これは雄略天皇の斯鬼宮《しきのみや》*15のことを指しています。この「鬼」という字は音読みで「キ」と読ませているわけですけれども、上代特殊仮名遣い*16のキの乙類によく適当する字を選んで当てています。そういう点では日本語の発音がよく分かっているのですが、その一方で、この「斯」と「鬼」という字は、例の白村江《はくそんこう》*17の戦いのときに有名になった鬼室福信《きしつふくしん》の子とも言われる、鬼室集斯《きしつしゅうし》*18、――そしてその一族が亡命して近江に土地を与えられ、天智天皇のブレーンになるわけですが――、その鬼室集斯の名前にも使われていますように、いかにも百済系の用字という色彩のある書き方をしております。

平川：せっかくいい画像を出したので、もうちょっと説明してください（笑）。

犬飼：いえいえ、報告で十分申しました（笑）。では、この「鹵（卤）」の字ですね。これが江田船山古墳の鉄刀にも同じ形でございます。朝鮮半島の六世紀半ばの木簡にもこの「鹵

は変遷があるが、唐代では太宗が「易」＝『周易正義』、「書」＝『尚書正義』、「詩」＝『毛詩正義』、「礼記」＝『礼記正義』、「春秋」＝『春秋正義』を五経に定めている。

*15　異説もあるが、銘文にある「獲加多支鹵大王」は雄略天皇、「斯鬼宮」は雄略天皇が営んだ泊瀬朝倉宮に比定されている。泊瀬朝倉宮は現在の奈良県桜井市にあり、古代の大和国磯城〔しき〕郡に含まれる。

*16　「上代特殊仮名遣い」とは、古代（上代）の万葉仮名を用いた文献に見られる、奈良時代およびそれ以前の日本語発音に即したと思われる仮名の使い分け（仮名遣い）。キ・ケ・コ・ソ・ト・ノ・ヒ・ヘ・ミ・メ・ヨ・ロ（古事記ではモも）とその濁音の合計一九（あるいは二〇）の音節の万葉仮名による表記には二類の使い分けがある（ほかにエにア行・ヤ行の別）。このことから、古代にはイ・エ・オの母音がそれぞれ二種類存在していたと考えられ、その書き分けを甲類・乙類として区別する。

*17　一九頁参照

①：裏面

①：部分拡大

②：部分拡大

②：部分

③

長さ二四五ミリ×幅二六ミリ×厚さ一〇・五ミリ

(卣)」の字がございまして、五世紀から六世紀ぐらいの朝鮮半島と日本列島では、「ル」の音はこの「鹵(卣)」の字形で使っていたということになります〔図12③〕。

平川：ちなみに稲荷山古墳の鉄剣で、「百練利刀」の「百練」というのは、先ほどの元岡遺跡出土鉄刀の「十二練」というのと同じように、刀を鍛えるときに何回練り直すかという表現で、江田船山では「八十錬」といいますね。用字について、ほかに何かございますか。

犬飼：次の「加火魚」と書かれた木簡がちょっと面白いと思います〔次頁図13左〕。八世紀半ばの荷札木簡ですが、魚のエイにあたる新羅語の「カブル」という発音を、万葉仮名と同じように漢字のよみを借りて「加火」とあらわしています。その下の「魚」は意味をあらわす字で、「助史《ジョス》」は塩辛にあたる新羅語です。現代の韓国でもエイの塩辛を食べるそうですね。「加」は音よみですが、「火」を音よみすると最初の子音が「h-」の類なので「ブル」の「b-」に合いませんから、漢字を新羅の固有語でよんだ発音、日本で言う訓よみです。一つの単語を書くのに漢字の音よみを借りた字と訓よみを借りた字を混ぜて使っていることになります。

日本にも似た例があります。たとえば飛鳥京木簡に魚のコノシロを「近代」と書いた例があります。「近」を「コン」と音よみして母音のオを付け加えて「コノ」、「代」は訓よみして「シロ」とよみます。ただ、日本では、この用字法は七世紀までです。八世紀には

図12▶「ル」音を「鹵(卣)」で表記する日韓の例。
①②はともに日本の例で、雄略天皇の名である大泊瀬幼武尊〔おおはつせわかたけるのみこと〕の音を「獲加多支鹵」と表記したと解されている。「斯鬼宮」の字も見える。(①：埼玉県行田市稲荷山古墳出土の鉄剣・裏面。埼玉県立さきたま史跡の博物館提供／②：熊本県玉名郡江田船山古墳出土の鉄刀・峰部分。東京国立博物館蔵・Image: TNM Image Archives)
③は韓国の例で、百済の扶余陵山里廃寺跡出土木簡。「すがる」と読める人名の「る」が、「鹵(卣)」で表記されている。(文献〔2〕より転載)。

*18 七世紀の百済の貴族で、百済復興運動で活躍した鬼室福信の縁者(一説に子)。白村江の戦いの後に一族とともに日本へ亡命した。『日本書紀』の記述によると、後の大学頭(=大学寮長官)の前身である「学識頭」に任ぜられており、六六五年(天智四)には小錦下の位階が授けられた。また、六六九(天智八)年には男女七〇〇余人とともに近江国蒲生郡に遷されている。

文多比

長さ一〇七ミリ×幅一七ミリ×厚さ四ミリ

加火魚助史三—

長さ一五四ミリ×幅三五ミリ×厚さ六ミリ

図13▶日韓の付札木簡。固有語の音を漢字で表記した例。
右：大阪府難波宮跡出土のもので、干し肉の荷札。（大阪府文化財センター提供）
左：慶州市月城の雁鴨池（がんおうち／アナプチ）遺跡出土のもので、エイの塩辛の荷札。（文献［2］より転載）

漢字の訓よみを借りた万葉仮名はその前後の漢字全体を訓でよむときに限って使うようになります。

平川：ありがとうございました。荷札木簡からは、生活に根ざしたさまざまな物品の名称表記が確認できますね。私の方からも、もうひとつ資料を紹介しましょう。こちらは日本の例で、同じく物品名を記した荷札です。干し肉の「腊《きたい》」という文字を、一字ずつで「文多比」というふうに書いてあります。難波宮跡から出土した、七世紀の中ごろの木簡です。たいへん古い表記です〔図13右〕。

前期難波宮[*19]から出た木簡群は同時期の地方木簡での文字の配り方とはまったく違っていて、極めて八世紀的です。文字の大きさといい、字の間隔といい、とても整っているのに驚きます。都で最初にそういう文化を摂取したということが、私はこうした文字の配りでも分かるのかな、というふうに思っています。

＊19　三二頁＊1参照

III　文字の機能

平川：それでは次に、文字の機能について考えてみたいと思います。つまり「どういう文字が」「どういう人によって」「どういう場で使われたか」、すなわち文字の生態を明らかにするということが、当時の社会を見ていくときにとても大事なテーマになるわけですね。

このテーマを内容によって分けていったら、いくらでもありますね。いろいろなケースがあるわけです。

時間の関係もありますので、ここに掲げた七点の資料について、順次その機能、文字の働きをひとつひとつ確認していきたいと思います。

1．籍帳―文字による支配

平川：まずは籍帳《せきちょう》類ということで、これこそ今年一番国内で話題を呼んだ資料、福岡県太宰府市の国分松本遺跡から出た木簡〔図14－1〕です。戸籍に関わる木簡で、しかも、待望していた正倉院文書の大宝二年（七〇二）の戸籍よりもさかのぼる七世紀の戸籍の姿が、

＊20　大宝元年（七〇一）に制定された大宝律令での地方行政組織「国―郡―里」に先立っては、「郡」に相当する組織を「評」といった。

初めてわれわれのもとに登場したということで大きな話題を呼びましたし、先日の木簡学会でもこれが最大の注目を集めました。

　これについて、私のほうから簡単に説明をしておきます。「嶋評《しまのひょう》」と冒頭にありますが、ご承知のように七世紀には「国郡」の「郡」は「評[*20]」という制度です。この「嶋評」ですが、現在の糸島半島[*21]の一帯にあたります。先ほどご紹介した「大歳庚寅」の年の銘文が書いてあった鉄刀が出土した元岡遺跡があるのがちょうど嶋郡（嶋評）ですね。ですから、

＊21　福岡県北西部、玄界灘に突出した半島。一帯は古代の伊都国（『魏志倭人伝』に記載された倭国内の国のひとつ）があった場所とされる。

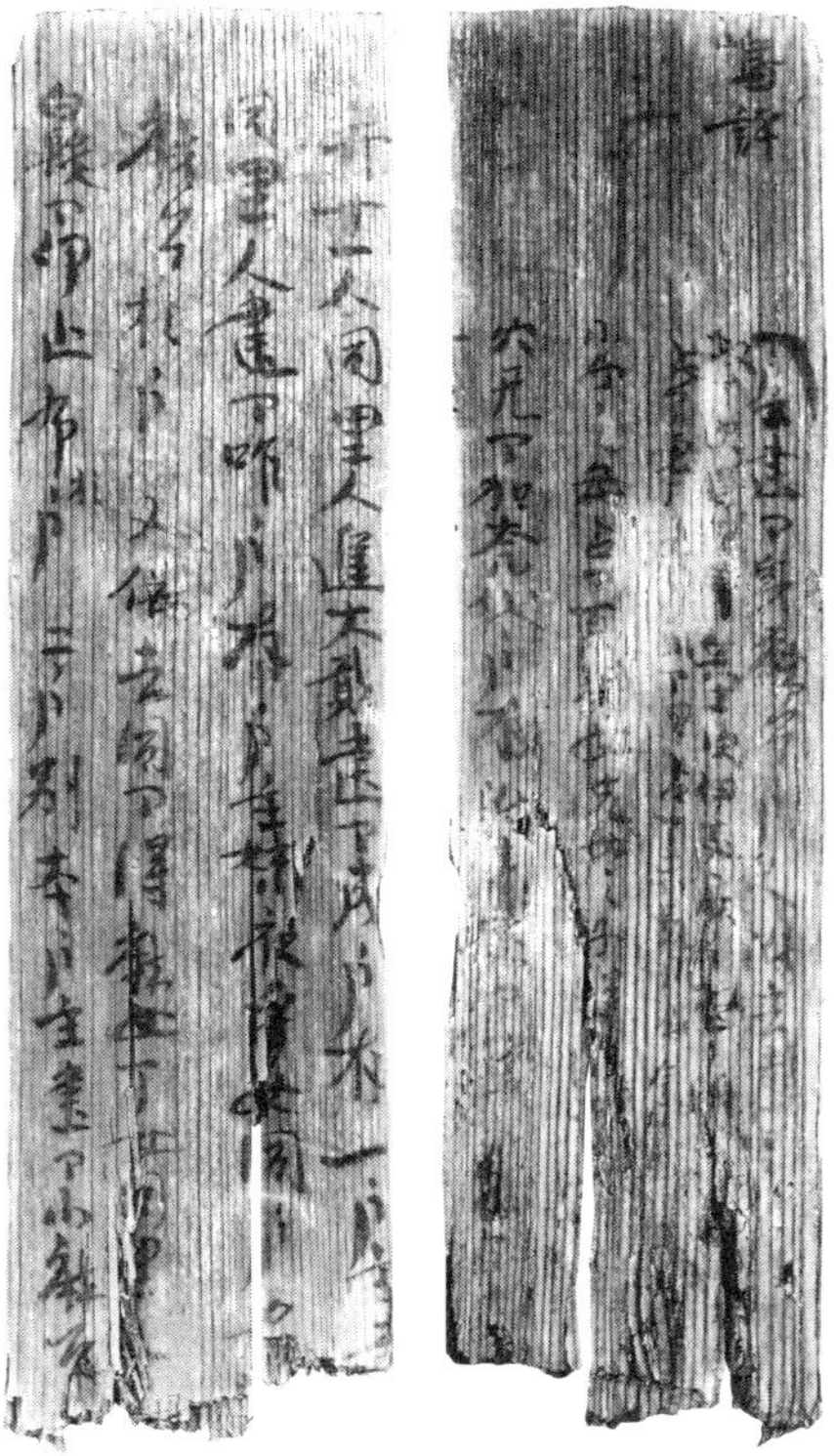

図14―1◀福岡県太宰府市国分松本遺跡出土木簡（太宰府市教育委員会提供）

長さ（三〇七）ミリ×幅（八〇）ミリ×厚さ九ミリ

・嶋評　戸主建ア身麻呂戸又附去建□〔アカ〕
　政丁次得□□〔万呂カ〕兵士次伊支麻呂政丁次
「嶋□□〔戸カ〕」占ア恵□□川ア里占ア赤足戸有□□
　小子之母占ア真□〔廣カ〕女老女之子得
□□□」穴凡ア加奈代戸有附□□□□□〔建ア万呂戸カ〕占ア
　□□

・并十一人同里人進大貳建ア成戸有　戸主□〔建カ〕
同里人建ア咋戸有戸主妹夜乎女同戸□□〔有カ〕
麻呂損戸　又依去同ア得麻女丁同里□□〔人カ〕
白髪ア伊止布損戸　二戸別本戸主建ア小麻呂□

糸島半島からは、昨年は銘文が記された太刀が、今年はそこから提出した戸籍が、と、二年続きで文字文化に関連する重要資料が出てきたということになります。糸島半島は言ってみれば当時の外交の玄関口のような所でしたから、さまざまな新しい文化の入る所でもあるということでしょう。

この木簡がなぜ重要かというのをお示ししたいと思います。先ほど、山口さんが報告してくださった正倉院文書の中で、一番古いのが大宝二年の戸籍ということでした。七〇二年の戸籍ということになりますが、この戸籍について、山口さん、筑前の戸籍すなわち西《さい》海道《かいどう》[*22]の戸籍と、もうひとつ、御野《みの》の戸籍についても簡単に説明してください。

山口：正倉院文書には、大宝二年の筑前国、御野国[*23]の戸籍、それから養老五年の下総国の戸籍などがあります。例えば先ほどの国分松本遺跡で出土した木簡との比較として、書式を見てみたいと思います。

この御野国の戸籍〔図14－2〕は三段書きになっておりまして、「戸」の一番先頭のところに、「戸」の内訳を集計したようなものが書かれています。次に戸主の名、その次が嫡子の名、それから子どもが順々に書かれ、それから戸主の妻という肩書きで名が書かれています。

もうひとつ、国分松本の戸籍の木簡と同じ筑前国の戸籍〔図14－2〕を見てみましょう。こちらはまず、一人ごとに一行ずつ改行をしていますね。それから、戸主の次は妻で、そ

＊22　律令制における広域の地方行政区画である五畿七道の一つ。九州とその周辺の島々の行政区分（および同所を通る幹線道路）を指す。行政区画には筑前・筑後・豊前・豊後・肥前・肥後・日向・大隅（・多禰）・薩摩・壱岐・対馬の十二か国が含まれる。

＊23　律令下の東山道の国の一つ、「美濃国」の別表記。現在の岐阜県南部を占めていた。八世紀初頭の藤原宮木簡でもこの表記が用いられる。ほかに「三野」「美野」などの表記もある。「美濃」の表記は八世紀代になってから用いられたようである。

の下にこの子どもたちが並んでいく、というふうな順番があります。これらの正倉院文書の例から、戸籍の書き方は、御野型と西海道型というふうな形で書式が違うんだ、と指摘されています。けれども、この木簡を見ますと必ずしもそうではない。御野型のようなところもありますし、西海道型のようなところもあります〔次頁表2〕。そういう戸籍の制度自体が確立してくる過程について、いろいろなことをうかがわせるものだということが、まずは考えられていくのだろうと思います。

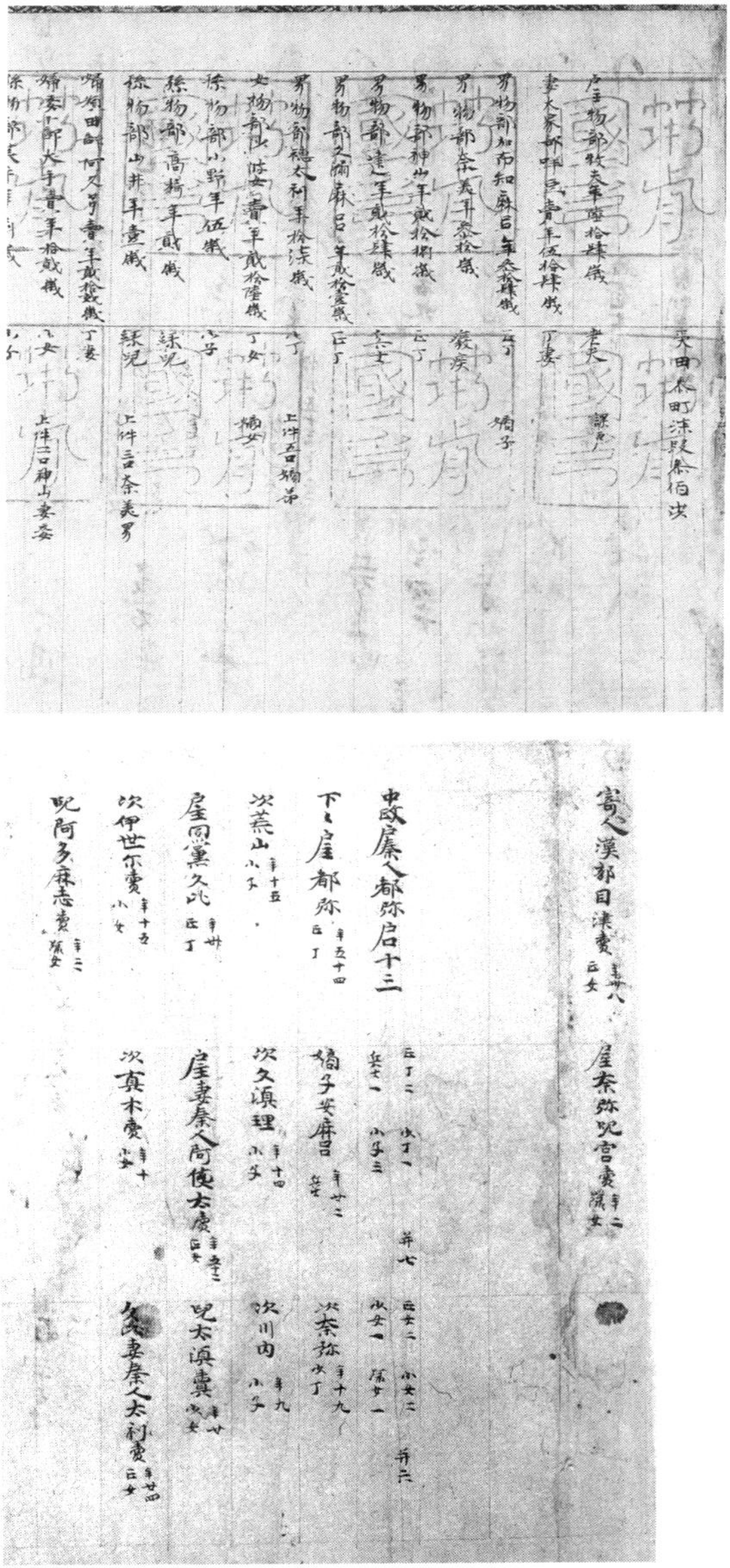

図14―2▲正倉院文書より、御野国加毛〔かも〕郡半布里〔はにゅうり〕（現在の岐阜県加茂郡富加町羽生付近）の戸籍（上）と筑前国嶋郡川辺里〔かわべり〕（現在の福岡県糸島市志摩馬場付近）戸籍（下）。ともに大宝二年（702）のもの。（正倉院宝物）

それから、戸籍は、国民を一人一人登録していくということですから、国家の支配にとっては非常に重要な意味を持つわけですけれども、その戸籍をどのように編成していくか、つまり「戸《こ》」をどういうふうに編成していくかということについては、非常に長い研究史があります。その研究史の中で従来考えられているところで言えば、戸籍の編成においては、まず軍事面での要請がかなり大きかったのだろうという理解になっておりました。それとの関わりでこの戸籍の木簡を見てみましょう。

この木簡は、おそらく国の機関で作成され、国の機関のあった場所で廃棄されたもののようです。戸籍の内容をかなり詳細にチェックするという作業との関わりで作成された木簡ではなかろうかと思われます。そうすると、「戸籍の編成を軍事的な意味でやっている」という理解と、それから、「チェックする内容を記した木簡が国の機関で廃棄されている」ということから、どういうことを考えていけばいいのでしょうか。

このように、戸籍を編成していく実態や権限などに関して、この出土資料の発見によって、今後、具体的なところが研究され、解明されていく、ということが期待できます。古代国家の成立過程を考える上で非常に重要な資料になっていくのだろうと思います。

平川：先ほど大宝の西海道と御野の戸籍を見ていただいて、明らかに異なるということは

御野型（御野国）の特徴

- 戸主のみ氏姓を書き、その他の構成員はこれを省いて「次」に「次」にと名だけを連ねて書く（外部から入籍した者については氏姓を記載）
- 受田額の記載はない
- 国印が押印されていない

西海道型（筑前国・豊前国・豊後国）の特徴

- 一行に一人ずつ記す
- 個人ごとに氏姓も名もきっちりと書く
- 各戸の受田額が記される
- 紙面全面に国印が押されている

表2▶正倉院文書籍帳に見る御野型と西海道型の特徴。このほかに、戸のまとめ方や等級の記載、戸口の記載順序、戸主との続柄（親族名称）、年齢の区分表示などにも違いがある。

お気づきかと思います。特に御野の戸籍は男子を先に書いて、あとから女性を書くということで、早くから、これは兵士を取ることに重点を置いた戸籍ではないかということが言われていたわけです。

参考として多賀城から出た戸籍木簡〔図15－右〕を見てみましょう。これはおそらく戸籍からの抜き書きと考えられるのですが、「黒万呂姉」、あるいは「弟万呂母」、「戸主同族」などという文字が書かれています。この用語の書き方は御野型に非常に似ております。

今回の国分松本遺跡から出た木簡については、これは「戸籍そのもの」ではないという

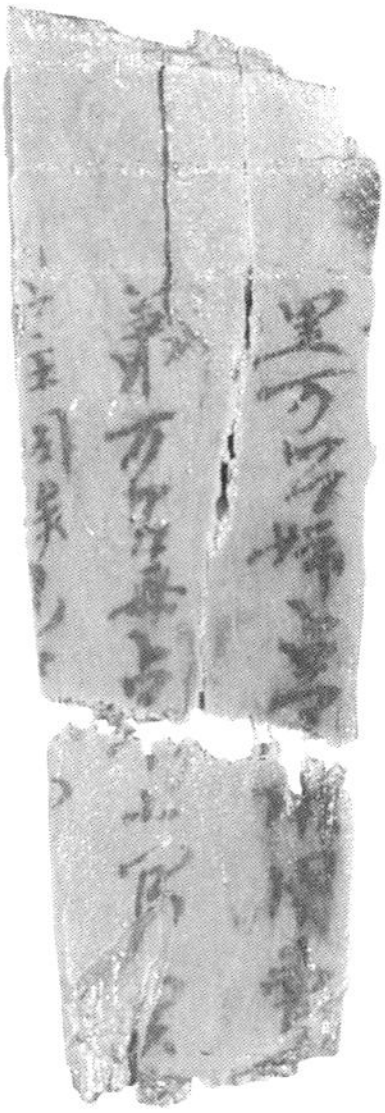

「□　□」
黒万呂姉占マ麻用賣
弟万呂母占マ小富賣□
戸主同族□

長さ（一一八）ミリ×幅（三八）ミリ×厚さ七ミリ

三貴　至女　今母　只文
丑牟　至文　安貴　翅文
□□　□貴　□□　□□

長さ一五三ミリ×幅（一八）ミリ×厚さ一二ミリ

図15◀日韓の戸籍様木簡。
右：宮城県多賀城市多賀城跡出土木簡。
（宮城県多賀城跡調査研究所提供）
左：扶余の陵山里廃寺跡出土二九九号木簡。（文献［2］より転載）

ことは、もうお気づきかと思うんですが、戸籍と戸籍の間の、おそらく人口の移動のようなものを記したというふうに考えれば理解しやすいと思います。その中で「戸主妹」とか、あるいは、「本戸主」というふうな書き方、それから続柄を「次」に「次」にと記す書き方ですね。これらは、いわゆる御野型の特徴でもあるということで、おそらく最初の六九〇年ごろに作られた戸籍の場合は、――七〇二年の大宝の戸籍の型式そのままではなく若干の違いは認められるものの――、大きく言うと御野型に近いんではないか、ということで今は理解しておきたいと思います。

先ほど犬飼さんと李成市さんの報告で、扶余の陵山里廃寺跡の出土木簡について触れられたんですが、この陵山里廃寺跡からは、同じく戸籍木簡〔図15-左〕も出ております。こちらは名前を四段に記してありまして、御野のタイプ、すなわち人名を三段で示すようなものに近いのかな、ということで、挙げてみました。古代朝鮮に関わる戸籍計帳類そのものというのは韓国国内でまだ出土はしていないんですけれども、石碑とか、あるいは木簡で最近発見され、確認されているものを見ると、明らかに労働を戸籍に基づいて徴発している。そういうことの分かる資料というのが非常に増えてきているので、そこに注目が集まっております。

この古代朝鮮半島の労働徴発関係の資料ということで、李成市さん、慶州の南山新城《なんざんしんじょう》《ナムサンシンソン》碑や羅州《らしゅう》《ナジュ》伏岩里《ふくがんり》《ボクアムリ》遺跡の木簡なども含めて簡単に説明してください。

李成市：まず、南山新城碑〔図16〕でありますが、冒頭に

辛亥年二月廿六日　南山新城作節　如法…

（辛亥年二月二十六日、南山新城作りしとき、法の如く…）

とあり、「南山新城を法に従って築き、三年以内に、もし築いた城が壊れた場合には罰せられることを誓う」という誓いの文言がありまして、最後に築いた城壁の距離が刻されて

〔拓本〕

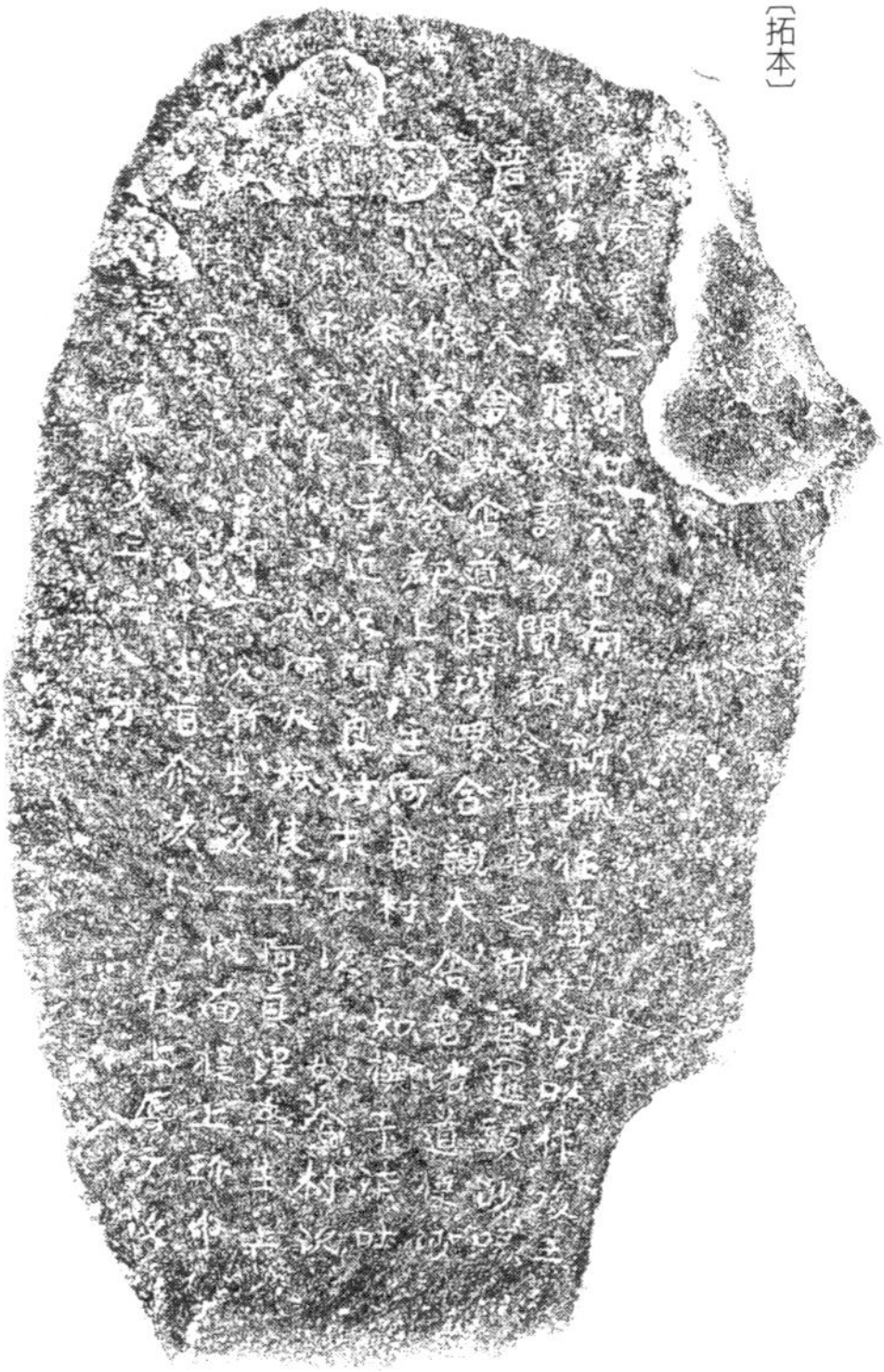

図16◀南山新城碑（写真は第一碑）。南山新城は新羅の王都・慶州を守る山城のひとつ。本碑は五九一年（真平王十三）の築城に際して建立されたもので、一九三四年以来、二〇一四年現在までに一〇基が発見されている。自然石の花崗岩を若干磨いて文字を刻み、下には空間を残し、地面に埋めて建てられるようにしている。碑文は古風で素朴な書体で陰刻し、行数と各行の文字数は一定でない。各碑はいずれも建立年月日と誓約文で始まるなどおおよそ同じ形式を採っている。築城に関係した人々の情報が記されており、築城担当地域ごとにそれぞれ碑を立てたと思われる。（韓国国立慶州博物館蔵／文献［1］より転載）

います。地方（村・城）と王京（里）から徴発された人間集団に、王京の支配者が非常時に逃げる城として五九一年に南山新城という城をつくらせたのですが、作業集団ごとにこういう碑を作らせました。現在一〇個見つかっていますが、『三国史記』に二八五四歩と城壁の距離が伝わっているので、二〇〇ぐらいの集団が徴発されて、築城の際にこういう宣誓碑が作られたのだろうと考えられます。

現在まで見つかっているこれらの碑の地名を見てみますと、だいたい新羅が六世紀末に支配していた地域の村、城が網羅されており、このような各地域の村主（在地首長）レベルの人々が中央の徴発責任者の名と共に列挙されております。王京の山城を作るために全国の人々を動員する、その各徴発単位ごとに築城を担った人々を職務別に列挙する。そのような性格の碑であり彼らに率いられた人々が築城に従事したと考えられています。

次に、伏岩里遺跡出土木簡〔図17〕をご紹介します。李鎔賢さんがすでに二号木簡についてご指摘[*24]なさいましたが、二号木簡の場合、おそらく徴発された人々が列挙されておりまして、「除公丁《じょこうてい》」であるとか「中口《ちゅうこう》」であるとか「小口《しょうこう》」であるとか、ある地方村落の家族集団をそのまま列挙したと思われるような人的構成が書かれております。

むしろ五号木簡のほうが少し分かりやすいのですが、表側には「大祀《だいし》村《そん》□〔主カ〕弥首山《みしゅさん》」に率いられた、「丁一《ていいち》　中口《ちゅうこう》□」が何人、さらに次の年齢層の人間が四人、また一人、それから「牛」と書いてありますが、この村からそれぞれ徴発された集団の年齢構成が書かれ

＊24　五七頁参照

年齢	唐	新羅	百済	高麗	年齢	日本
21〜59	丁	丁	丁	丁	21〜60	正丁
16〜20	中	助子 追子	中		17〜20	中男（小丁）
4〜15	小	小子 三年間中座小子	小		4〜16	小子
3以上	黄				3以下	黄（緑）
60以上	老	除公 老公			61〜65 60〜70	次丁（老丁） 耆老

〔参考資料〕律令での年齢区分は「戸令」で定められている。中国（唐）、韓国（新羅・百済・高麗）、日本の年齢区分の例。

図17◀韓国・伏岩里遺跡から出土した木簡。徴発（労役や物品の強制的な取り立て）のために使われたと思われ、人々の年齢構成などが記されている。（文献［4］より転載）

二号木簡

兄将除公丁　婦中口二　小口四
□兄定文丁　妹中口一
前□□□
「定」

長さ（二八一）ミリ×幅五〇ミリ×厚さ二ミリ

五号木簡

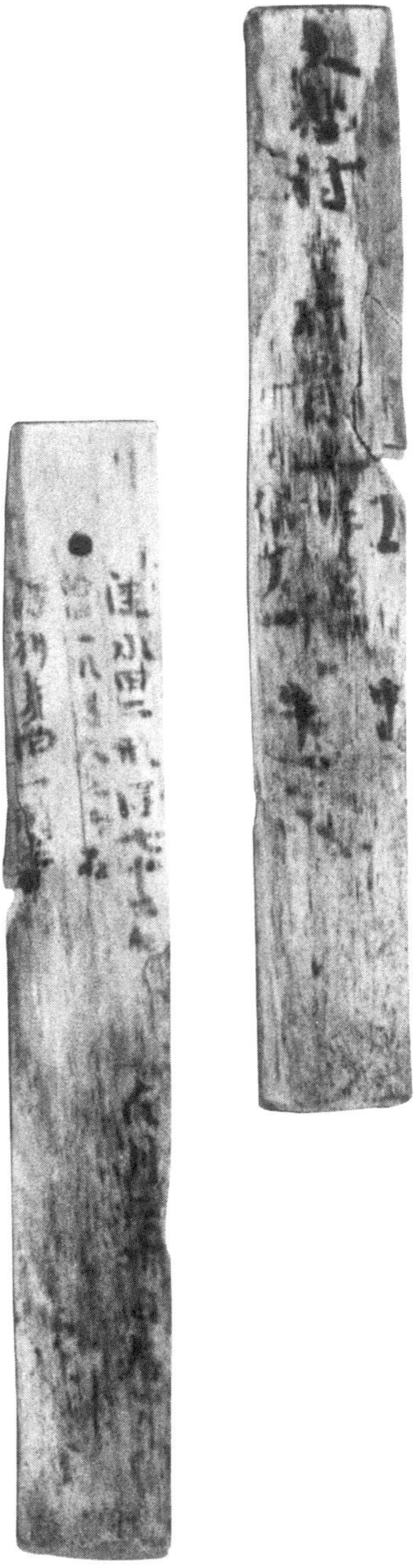

・大祀○村□〔主カ〕弥首山　丁一　中口□
□□四
□丁一　牛一
・　□水田二形得七十二石　在月三十日者
○畠一形得六十二石
得耕麦田一形半

長さ一八五ミリ×幅二七ミリ×厚さ六ミリ

ております。一定の労役に徴発するに際して必要としたであろう情報とみられます。そして裏には、「水田」の「二形《けい》」という広さから一カ月の間に「七十二石」収穫があった、「畑」の「一形」という広さから「六十二石」の収穫があった、さらに麦畑を「一形半」耕したと解せる内容がみられます。このように、ある地域の人間集団を徴発して、一定の面積の水田や畑を収穫させ、麦畑を耕やさせたことが記載されています。

　これらの木簡を見ますと、先ほどの平川さんのご説明のように、戸籍のようなものの存在を前提にしないと、法的に定められたさまざまな年齢構成の人間を労役に徴発するということはあり得ないだろうと私も考えています。そのような資料として重視されるものです。

平川：「除公」というのは、新羅[*25]の村落文書にも年齢区分としてありますね。このように、年齢区分を書くということは、明らかに戸籍等を前提にしないと考えられないだろうと。なお、牛が出てきましたが、どうやら収穫の終わった水田と畑を、今度は牛が田起こしをして冬場の麦をつくるという、そういう生産のかたちをとっているときの牛の役割が垣間見えているのではないか、ということも付け加えておきます。

2. 告知

①告知

平川：今までのところはあまり皆さんの意見が対立しない内容でして、穏やかにここまで

＊25　二二頁・六〇頁参照

＊26　五畿七道のひとつ。本州日本海側の中部の行政区分（および同所を通る幹線道路）を指す。行政区画には若狭・越前・加賀・能登・越中・越後・佐渡が含まれる。

＊27　石川県中部、金沢平野の北部にある潟湖。最深部でも約二・五メートルと浅く、江戸時代から干拓が行われてきた。一九六〇年代から行われた国営干拓事業前の面積は約二二・五平方キロにおよぶ。

来ました。ここから先は若干いろいろと問題も含めながら議論も加えていきたいと思います。

木簡の果たす大きな機能の一つとして、告知というのがあります。字を書いて、市中なり、あるいは村の一番人の集まるところに掲示するというものです。特に二〇〇〇年に歴博で「文字のある風景」という展示を企画したときに、それに合わせるようにタイミングよく出土したのが、石川県津幡町《つばたまち》の加茂遺跡の牓示札《ぼうじさつ》〔図18〕です。これは極めてよく知られた資料です。

これはこのまま墨が残っていたわけでなく、風にさらされて全部墨が落ち、墨の防腐作用で文字部分が残り、浮き上がって見えたものを解読し、復元したものです。このように、上の穴にフックを取り付けて、下の真ん中のところに穴を開け、ひもで固定していたけれども、やがて風であおられて、板の節目に沿って割れてしまったという、そういう資料です。ちょうど北陸道[*26]能登路と河北潟《かほくがた》[*27]との結接点の、人が一番集まる場所にある、深見村《ふかみ》というところに立てかけられたものです。

ところで、昨日、市さんが、平城京の告知札《こくちさつ》について、それらがいわば「証拠を示す」ということで、告知札の機能について、これまでの考

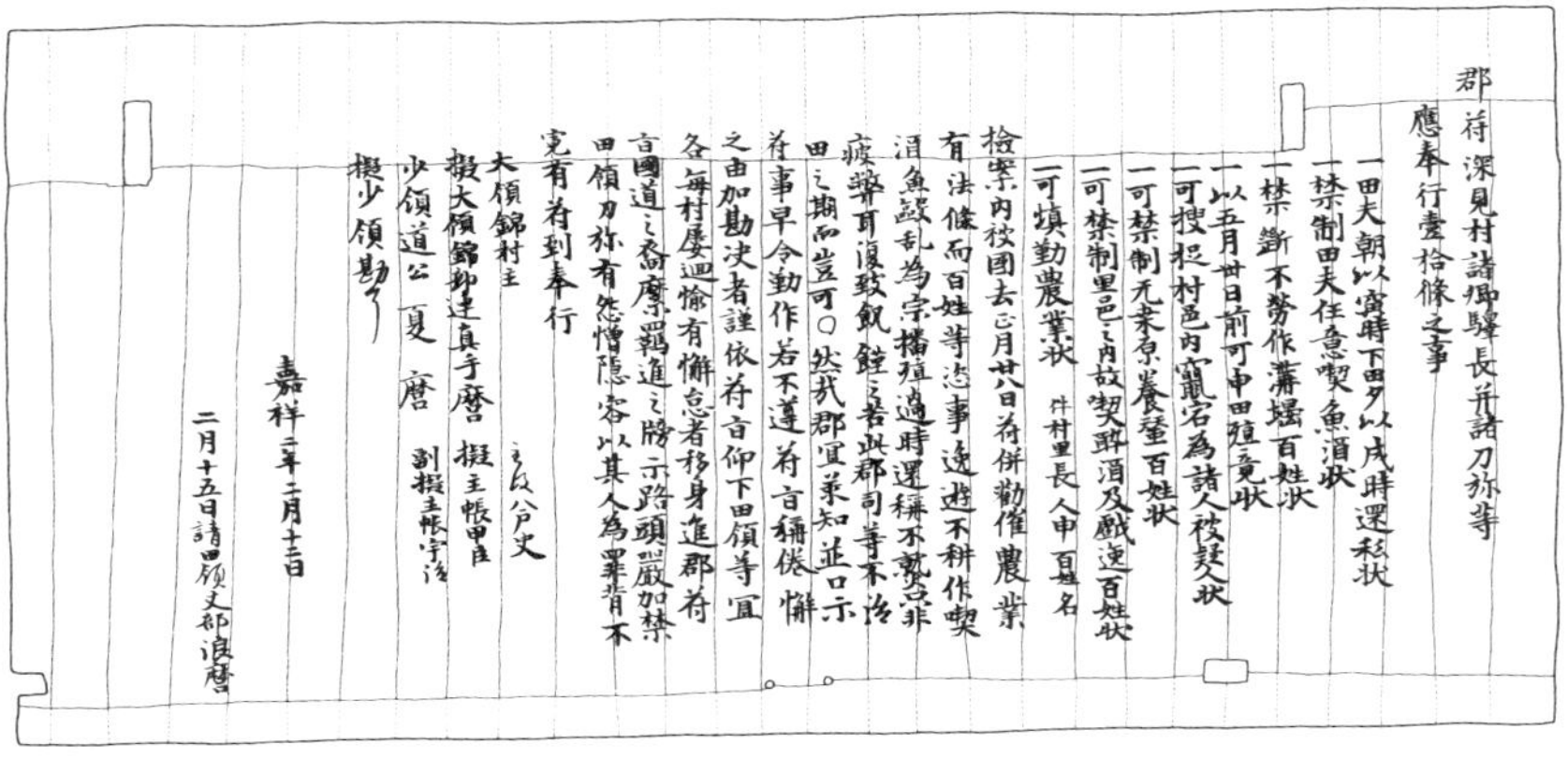
郡符深見村諸郷駅長并諸刀弥等
應奉行壹拾條之事
一田夫朝以寅時下田夕以戌時還私状
一禁制田夫任意喫魚酒状
一禁斷不勞作溝堰百姓状
一以五月卅日前可申田殖竟状
一可捜捉村邑内竄宕為諸人被疑人状
一可禁制无桑原養蚕百姓状
一可禁制里邑之内故喫醉酒及戯逸百姓状
一可塡勤農業状　件村里長人申百姓名
擧案内被國去正月廿八日符併勧催農業
有法條而百姓等恣事逸遊不耕作喫
酒魚殴乱為宗播殖過時還稱不熟只非
疲弊耳復致飢饉之苦此郡司等不治
之由加勘決者謹依符旨仰下田領等宜
各毎村屢廻愉有懈怠者移身進郡符
旨國道之裔縻羇進之牓示路頭嚴加禁
田領刀祢有怨憎隠容以其人為罪背不
寛有符到奉行
大領錦村主　主政八戸史
擬大領錦部連真手麿　擬主帳甲臣
少領道公夏麿　副擬主帳宇治
擬少領勘了
嘉祥二年二月十二日
二月十五日請田領丈部浪麿

図18▲石川県津幡町加茂遺跡から出土した牓示札（お触れ書き）。平安時代（嘉祥２年〈849〉）のもの。図は復元案で、薄い部分は推定。文字は國學院大学教授佐野光一氏の筆による。（『発見！　古代のお触れ書き―石川県加茂遺跡出土加賀郡牓示札』平川南監修・石川県埋蔵文化財センター編、大修館書店、2001より転載）

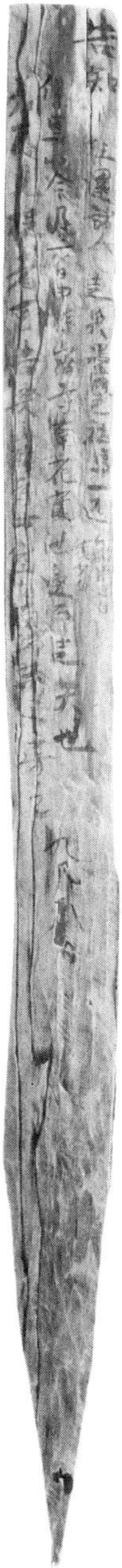

告知　往還諸人　走失黒鹿毛牡馬一匹 在験片目白額少白
件馬以今月六日申時山階寺南花薗池辺而走失也　九月八日
若有見捉者可告来山階寺中室自南端第三房之

長さ九九三ミリ×幅七三ミリ×厚さ九ミリ

図19▶平城京跡左京東三坊大路東側側溝出土の告知木簡。九世紀初頭のもの。（奈良文化財研究所提供）

え方を若干批判する形で報告されました。この点については、会場からの質問用紙の中に、何人かから異論が出されております。今まで考えられてきたような、都の市中の一定のところに掲げられた、告知札としての本来の機能そのものについては、否定せずに認めてもいいのではないか、というご意見です。この点について市さん、何か反論なり、追加説明を。

市：昨日、私は告知札を取り上げ、平城宮跡から出土した木簡を使って馬場基《はじめ》さんの考え方を紹介いたしました。これまで、告知札はすべて掲げられて実際に往来する人たちが目にすることは自明なものとして議論が進められてきました。私はこのような告知のための札も、確実にあると思っております。

次に掲げる資料は、平城京左京の東三坊大路の道路側溝から出土した木簡〔図19〕です。

平城京は奈良時代の都なんですが、この木簡は平安時代初頭のものです。東三坊大路は、平安京[28]に都が遷された後も、大和[29]と山城[30]を結ぶ主要な道でした。

木簡の出土地点は交通の要所であったらしく、全部で四点の告知札が見つかっています。この資料を見ていただきますと、「告知」という文字が冒頭に書いてあって、下に宛先として「往還諸人《おうかんしょにん》」と書いてあります。通行人に対して告知をしているわけです。「山階《やましな》寺」、これは興福寺のことですが、その南花薗の池辺から走り失せた黒鹿毛《くろかげ》の馬について、「片目が白くて額の毛は少々明るい」などと特徴を書いた上で、「もし見つけ捉えたならば届け出てほしい」ということが書かれてあります。

この告知札は、確実に告知のために使われたと思います。こういった告知札がほとんどで、私もまったく異論はないわけですけれども、昨日私が触れた資料は勝手が違っており、本当に掲げられたものなのか検討の余地があり、馬場さんの説を紹介させていただきました。

平川：こうした告知札は、おそらく都の中の、一番人通りの多いところに掲示される。村なり町に高札場《こうさつば》[31]がありますが、そういうところにはしょっちゅう新しい情報が掲示される。そして、馬が見つかれば、その告知札は引っ込められる。先ほどの牓示札のように、たとえば一年も長く掲示されれば墨が飛んでいくものですが、通常見つかる告知札は墨が飛んでいないというのは、札が頻繁に入れ替えられていたことも影響しているというふうにも

＊28　平城京は、天平十二年（七四〇）に恭仁京や難波京への遷都によって平城京は一時的に放棄されるが、同十七年に再び都として戻された。延暦三年（七八四）の長岡京遷都を経て、同十三年に平安京に都が定まった。

＊29　律令制下の畿内五国のひとつ。現在の奈良県全域を占めていた。

＊30　律令制下の畿内五国のひとつ。現在の京都府中南部を占めていた。平城京のあった大和国の背後にあるところから「山背」と表記していたが、平安京遷都により「山城」と改定された。

＊31　奈良時代末期から明治時代初期にかけて、法度・掟書・罪人の罪状などを板に記し、人通りの多いところに高く掲げ周知した。これを高札といい、江戸時代に最も盛んに行われた。

考えられます。

②禁制

平川：その点では、告知札よりもっと、掲げることだけで役割を果たす「禁制《きんぜい》」という資料が、古代日本、古代朝鮮の中にも確認できるようになってきましたので、ちょっと紹介しておきたいと思います。

これは最近見つかった資料で、岩手県の道上《どうのうえ》遺跡から出土した、「禁制木簡」〔図20〕

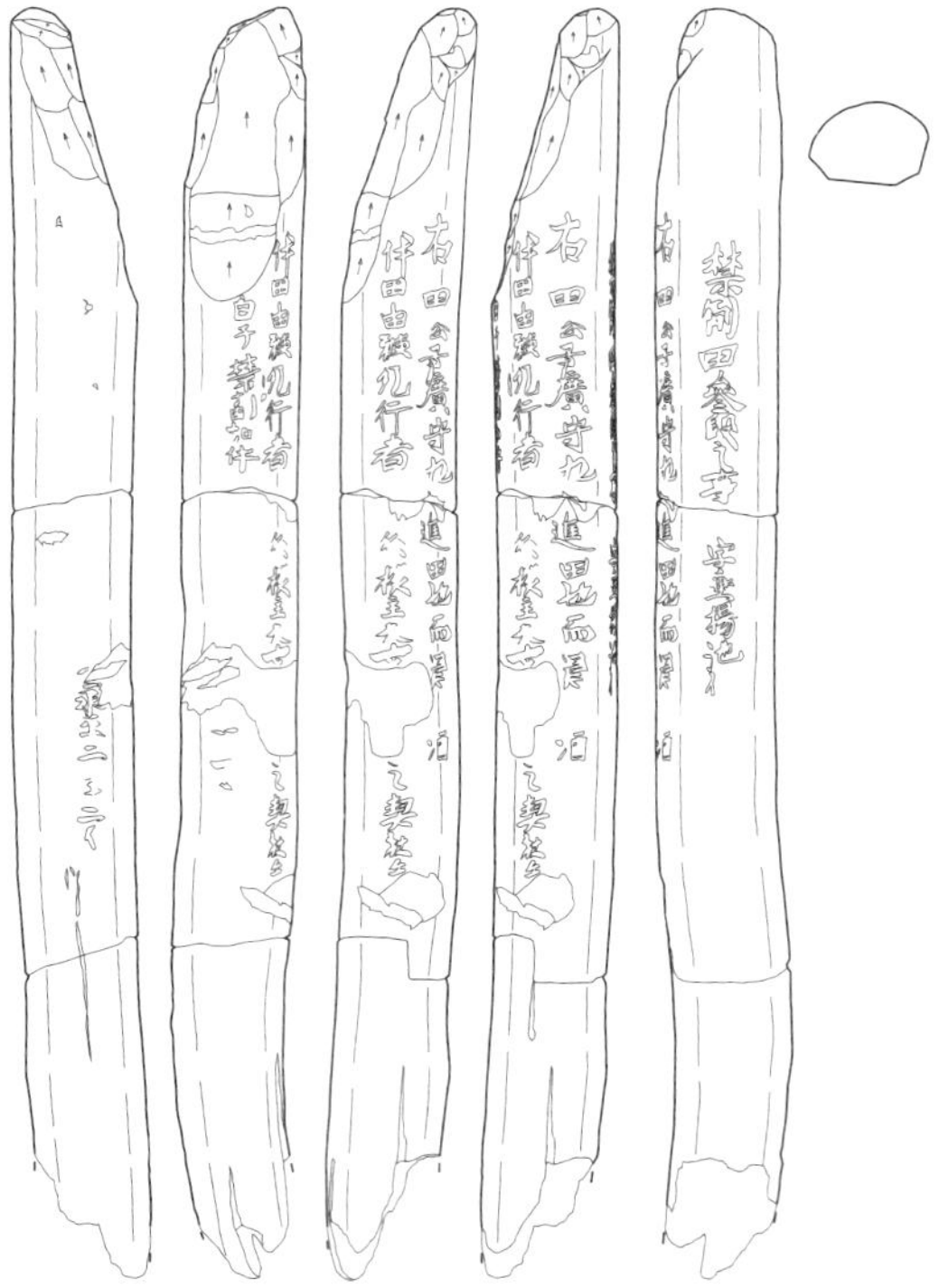

図20▲岩手県奥州市道上遺跡出土の禁制木簡。軽く面取りした棒に、六行にわたって文字が記されている。「字垂楊池」と字〔あざ〕名が記され、字が記された平安時代の木簡としては初例。公子廣守丸〔きみこのひろもりまろ〕という人物が、貴族に寄進した三段の田に関する禁制が記されている。（岩手県文化振興事業団埋蔵文化財センター提供）

・禁制田参段之事　字垂楊池〔側ヵ〕
・右田公子廣守丸進田也而□□〔彼ヵ後ヵ〕酒□□□
・件田由被犯行者□□役主□□之契状〔并ヵ〕□□
・白于禁制如件
・□
・□永□ニ□ニ□

長さ（四六三）ミリ×幅四四ミリ×厚さ四二ミリ

といっているものです。どういう内容のものかと言いますと、「この田んぼに勝手に入るな」ということが書かれております。中世に「この領域に入るな」という禁制が盛んにあるんですけれども、古代からもう、こういったことが行われている。田の畦《あぜ》か何かに、この木簡を突き刺しておくわけです。ですから、丸い木そのままの状態に皮を剥いだだけのところに墨で字を書いてありまして、現在では実際に字が残っているんです。墨はないのですが、文字の部分が浮いて残っていまして、それを解読できたわけですけれども、はっきりと「禁制」という文字も入っています。字名《あざ》まで入って、この田三段《たん》[*32]がそういった禁制の対象になっているということで、非常に面白い資料です。

韓国の資料を見てみましょう。慶州の月城垓子《げつじょうがいし》《ウォルソンヘジャ》から出土した木簡〔図21〕です。道上遺跡の例とまったく同じような丸い棒状のものに、「教事《きょうじ》」という文字があります。李成市さん、ちょっと「教事」の説明をお願いします。

李成市：基本的に「教」というのは、高句麗以来、王の命令を指すのですが、この木簡では「典太等《てんだいとう》」[*33]という王ではない主体が命を下す内容になっています。この他にも、六世紀前半の新羅碑には王をはじめ複数の高官が「教」の主体になっている事例もありますが、この木簡が発見されたことによって、「教事」という用語を、王以外の支配者層の命令にも用いることが判明した。そういう木簡です。

平川：もう一点、扶余の東南里《とうなんり》《トンナムリ》遺跡の木簡〔図21〕も掲げておりますが、こちらのほうは

＊32　尺貫法の面積の単位。明治以降は一段＝約九九一・七四平方メートル＝約一〇アールであるが、当初は米一石の収穫が上げられる田の面積を一段としていた（米一石は大人一人の一年間の消費量に相当）。一段の面積はおおむね三六〇歩であったことから、次第に一段＝三六〇歩に固定された。太閤検地によって三〇〇歩に改められ、今日に至る。「反」とも書き、土地面積のほかに布の大きさや長さを表すこともある。

＊33　典大等とも。新羅で王を補佐する機関であった執事部の副長官（侍郎）。

・四月一日典太等教事

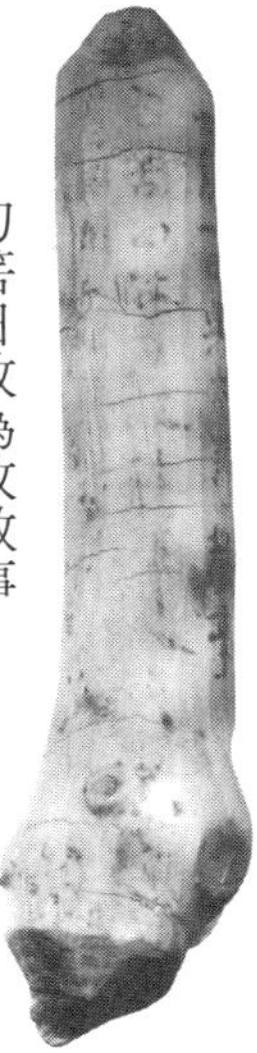

・勺筈日故為改教事

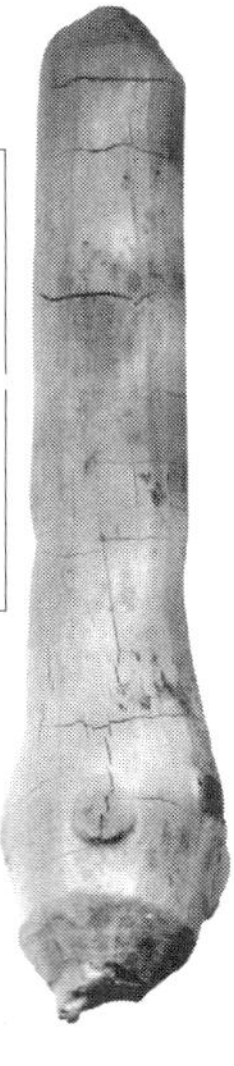

・

長さ二四・四ミリ×幅四〇～五一ミリ

図21◀韓国の木簡の例。いずれも「教」の字が見え、禁制木簡と推測される。右：韓国・慶州の月城垓子より出土した新羅木簡（一二号木簡）。「教事」とある。「垓子」は堀のこと。（文献［2］より転載）左：韓国・扶余の東南里遺跡の木簡。百済、もしくは統一新羅のものか。「宅教」「教事」とある。（文献［2］より転載）

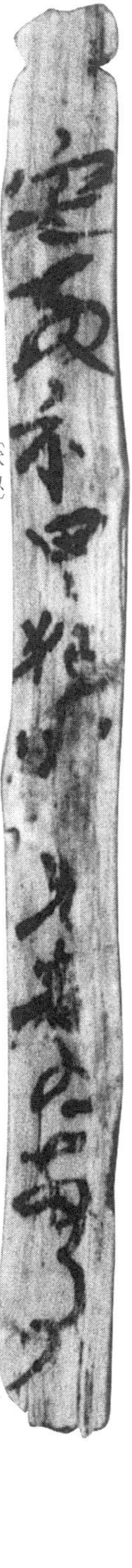

宅教禾田之犯□□〔状以〕先□為教事

長さ（二六五）ミリ×幅二〇・五ミリ×厚さ六ミリ

「宅教《たっきょう》」というふうに、やはり「教」が書かれています。非常にくねくねしたような自然木みたいなものをそのまま使っているという点から見ても、同じような禁制の類だろう、ということで注目しているものです。

③誓約

平川：それでは、次に古代日本と古代朝鮮の石碑文化の差異ということを、若干整理しておきたいと思います。昨日以来、朝鮮半島の石碑がたびたび資料として登場します。それに対して、日本の石碑というのは、ほとんど出てこない。

つまり、古代の朝鮮半島では、王が地方に行ったときに、その行った先に碑を建てる。自分の功績を顕彰するというふうなこととか、李成市さんが説明された資料のように、いわば誓約を公の場に石碑として建てるということを行います。しかし、この文化は古代日本にはあまりないのではないか、と思うんですが、三上さん、日本の石碑の性格の概要を簡単にまとめていただけますか。

三上：本書巻頭に、朝鮮半島と日本列島の古代の石碑の分布状況を示しました。李鎔賢[*34]さんの報告にもありましたように、韓国ではごく最近も、二〇〇九年に浦項中城里《ほこうちゅうじょうり》《ポハンチュンソンリ》碑という西暦五〇一年にあたる年紀の銘がある石碑が発見されました。私事ですけども、ちょうど私が韓国に留学しているときに、この石碑が発見されたというニュースを聞きまして、たいへん驚いた記憶があります。それに対して日本の石碑というのは、新たに発見されるということはまずないわけですね。

そういった中で日本の石碑の特徴というのを見ていきますと、ひとつは新羅に見られるような、何か誓約をするとか、それを石に刻むことによって誓約に違わないようにするとかいうようなものはありませんで、どちらかと言うと、仏教的な色彩の強いものが多いという傾向がうかがえます。

もうひとつの傾向としては、地域的な問題として、[*35]東山道《とうさんどう》と呼ばれている地域に、な

＊34　五五頁参照

＊35　五畿七道のひとつ。本州内陸部を近江国から陸奥国に貫く行政区分（および同所を通る幹線道路）を指す。行政区画には近江・美濃・飛騨・信濃・上野・下野・出羽・陸奥が含まれる。

ぜか古代の石碑が集中しているという事実があります。有名なものは群馬県のいわゆる上野三碑《こうずけさんぴ》〔図22－上〕と呼ばれるものですけれども、これらは時期的に見ましても七世紀の末から八世紀のはじめというごく限られた期間に作られているということが分かります。

特に多胡碑《たごひ》に関しては、この地域が非常に渡来人の集中している地域であるということなどが示唆的でありまして、どうもこの東山道、特にこの上野三碑と言われる石碑には、新羅の石碑文化の影響が若干垣間見られるのではないかと思われます。例えば自然石と言いますか、不整形な石に字を刻んでいるという形態上の特徴も、新羅の石碑文化の特徴と非常に似ているような気がいたします。

面白いのは、この七世紀の末から八世紀のはじめという時期です。私も、七世紀後半から八世紀前半というのは、朝鮮半島の文字文化が直接的に日本列島の社会に影響を与えていた時期だと考えておりまして、その時期に相当しているわけです。

これが八世紀以降になりますと、多賀城《たがじょう》碑〔図22－下〕というのが八世紀の後半に作られます。これは多賀城を修築した記念に、[36]藤原朝獦《ふじわらのあさかり》という、当時陸奥を支配していた人物が建てた石碑なのですけれども、これは[37]藤原仲麻呂《なかまろ》という当時有名な政治家の息子にあたります。

藤原仲麻呂という人物は、ご承知のように当時の中国文化に非常に影響を受けた政治家でありまして、役所の名前を中国風に変えたりするというような政策を次々と行った人物

＊36　？～天平宝字八年（七六四）。孝謙天皇の信任が厚かった藤原仲麻呂（恵美押勝）の三男として台頭。天平宝字元年（七五七）従五位下陸奥守に任ぜられる。東北の城柵造営や蝦夷経営に功を認められ、陸奥出羽按察使・東海道節度使などを歴任し参議にまで昇進するが、恵美押勝の乱にあたり捕らえられ斬首された。

＊37　一六七頁＊10参照

なのですが、その息子が建てた石碑なのです。この石碑は、日本列島の石碑の中でも突出して大きな石碑であるという点、それから、中国の石碑の影響を受けていると見られる点から、同時代の唐代の石碑文化の影響を受けている可能性があります。

　こうして石碑というのを見てみましても、七世紀から八世紀、いわゆる大宝律令ができる前後のあたりの石碑の特徴と、それから、それが次第に中国化していって、八世紀の後半に多賀城碑のような形の石碑が出てくるという点が、特徴として言えるのではないか。

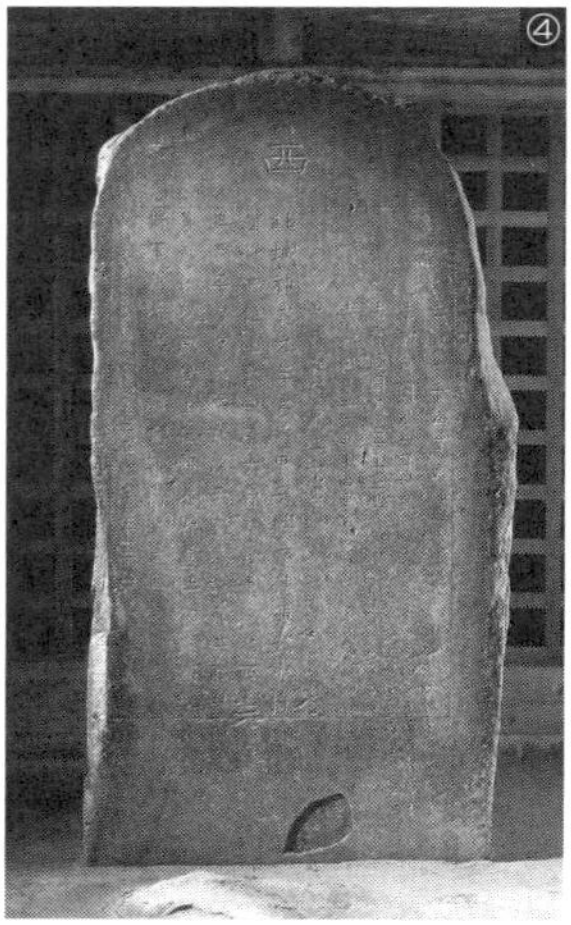

図22◀日本の古代の石碑。

①〜③：七世紀後半から八世紀前半の石碑である、上野三碑。群馬県高崎市の半径五キロメートル以内に近接した地点に所在する。①山上碑（高崎市山名町・七世紀後半）。亡母を記念して建立した石碑で、高さ約一・一メートルの自然石に四行にわたって五三字が刻まれている。②多胡碑（高崎市吉井町・八世紀初頭）。建郡の記念碑で、笠石・碑身・台石から成り、六行にわたって八〇字が刻まれている。台石からの高さ約一・二六メートル。③金井沢碑（高崎市山名町・八世紀初頭）。祖先供養のための宣誓碑で、高さ約一・一メートルの丸みを帯びた岩塊の一面を整え、九行にわたって一一二文字が刻まれている。（高崎市教育委員会提供）

④：八世紀後半の石碑、多賀城碑（宮城県多賀城市・天平宝字六年〈七六二〉）。鎮守将軍藤原恵美朝臣朝獦が多賀城を修造したことを記念して建立。高さ約一・九メートルの石の一面を整え、額部に大きく「西」の字が、その下の長方形の線刻のなかに一一行にわたって一四〇字が刻まれている。（宮城県多賀城跡調査研究所提供）

ただ、日本列島の古代の石碑は非常に点数が少ないのはいったいなぜなのだろう、という謎は残ったままで、この点を解明することが日本列島の文字文化のひとつの特徴を理解する大きな鍵になるのではないか、というふうに思います。

平川：いまおっしゃられたように、古代の石碑についていえば、朝鮮半島では二〇〇九年に発見された中城里碑をはじめほとんどが、戦後の工事などで各地から出ている。それに対して日本列島では、戦後これだけ発掘調査や工事が行われても、一点も出てこないというのは、もうひょっとしたらこれだけで終わりじゃないかという気がいたします。いったいそれはなぜなのかというのが課題として残っておりますが、これを議論しますと、これだけで、ひとつのシンポジウムができるくらいの深い内容ですので、今日はそこは保留いたします。

3．椋・倉の穀物運用と出納事務　—荷札をめぐって—

平川：時間の都合で、ちょっと予定していたトピックを二、三飛ばしましょう。出挙《すいこ》に関しては三上さんが詳細に説明されまして、ほとんど問題はないかと思います。

荷札木簡に関しては、期せずして日韓で一番古い荷札木簡である[*38]城山山城《じょうさんさんじょう》《ソンサンサンソン》の木簡、あれはほとんどが荷札だったのですが、梁さんに発表していただきました。それから、高麗[*39]木簡を林敬熙さんに発表していただいた。そして、市さんが七世紀の初めのころの飛鳥[*40]の

*38　九五頁〜参照
*39　一〇八頁〜参照
*40　四二頁〜参照

荷札木簡について触れてくださいましたが、このシンポジウムでも若干触れておきたいと思います。

ところでこういった木簡を扱いますと、市民の方から、「いったいどういう樹種ですか？」という質問を必ずいただきますが、実はとても大事な点であります。この城山山城では、この樹種同定ということを非常にきちっとやっておられるので、梁さん、城山山城の六世紀中ごろの木簡の樹種をちょっと説明いただけませんでしょうか？

梁：城山山城で出ている三〇〇点の木簡のうち、二五〇点ほどの樹種の同定を行っていますが、大部分、六八％がマツです。それ以外にもさまざまな樹種を使っているのですけども、それぞれ数点で、ヤナギですとかノグルミですとかコナラ、そういった周辺で簡単に手に入るものを使っています。

平川：城山山城の荷札木簡を見ると黒い筋がありまして、木の髄《ずい》です。細い木の枝をわざと選んで、ふたつに割るだけの非常に簡単な加工をしています。両側に外皮がついている場合が多いんです。あるいは、細い枝を選んで半分に割って、そして外側の皮を取って、その皮を取った外側に文字を書いてしまって、逆側の髄のある部分、内側に書かないというタイプもございます。そういう作り方だと短時間に何本も作れてしまう。そんな簡略な木簡の作り方をしています。

市さんが触れられた飛鳥の荷札木簡についても質問が来ているんですが、ちょっと補足をしていただけますか？

市：最初に樹種についてちょっと申し上げておきますと、日本の場合、あまりマツは出てまいりません。大半はヒノキで、それからスギがよく使われています。建築部材としてよく使われる木が選ばれているようです。

荷札木簡は、中央に税を送る際にタグとして使われました。当然中央では、大蔵省[*41]などの役所が、チェックをすることになります。

これまでは、もの（税）と荷札を直接付き合わせて、厳密なチェックをしたのではないか、と考えられてきました。しかし、昨日申し上げましたように、荷札の記載は簡略であり、果たして荷札を使って厳密なチェックをできたのか、疑問が出てきます。私のように木簡ばかりを見ていると、つい木簡だけがすべてというふうに勘違いをしてしまいますが、税を都へ持って行く際には紙のリストも作っておりますので、そちらで対応するんではないかと。

中央の側では、いちいち税を納めた個人の名前まで把握する必要はなく、全体数がわかればそれでいいわけです。要するに、全体の総量が問題であって、荷物ひとつひとつについて誰が送ったものかということは、ほとんど意味がなかったのではないかと思います。

じゃあ、なぜわざわざ人名を荷札に記載するのか。

地方で税の徴収を担った中心的な役所は、郡（評）でした。そこで農民たちから税を取

＊41　律令制で規定された八省のひとつで、財政、特に出納に関わる事務を行った。

り立てて、荷物を整えて都まで持っていくことになりますが、その際には、「誰が納めたのか」といったことが大事になります。

郡では農民の納めた物品の品質や分量などを点検し、問題がないと判断されたとき、納入者の名前の書かれた荷札が取り付けられるのではないか。つまり受け手の都でなく、むしろ発信側である地方において意味を持ったんではないか、というふうに私は思っています。

平川：では、続いて十二、三世紀の高麗木簡と、六世紀の城山山城の木簡、両方とも荷札ですけれども、それについて何か林敬熙さんのほうからコメントしていただけますでしょうか？　六世紀と十二、三世紀の荷札の形状とか記載様式の違いなどですね。

林：すごく難しいご質問をなさいましたね。私は高麗木簡を専門的にやっておりますので、城山山城についてはあまり本格的には検討していませんけれども、いくつか気づいたことを挙げます。まず、形態の面で言いますと、城山山城木簡〔次頁図23－右〕は、下端にひもを縛る切り込みがありますが、高麗木簡〔同－左〕のほうはほぼ全点、上のほうに切り込みがあります。

もうひとつは、遺跡における性格です。城山山城木簡、それに限らずほかの韓国の古代木簡、あるいは日本の木簡は、別の場所から荷札として集まってきたものが廃棄されて、そこで出土しているわけです。それに対して、高麗木簡の場合は、運ばれる途中で沈没し

図23▶韓国の荷札木簡の例。
右：新羅・咸安〔かんあん／ハマン〕城山山城出土の荷札木簡。六世紀中ごろ。（文献［3］より転載）
左：泰安海域で沈没した、高麗時代（十二～十三世紀）の船から発見された木簡・竹札。（韓国国立海洋文化財研究所『泰安馬島一号船』二〇一〇年より転載）

たものです。城山山城木簡のような場合は、かなり公的な性格が強いのではないかと思いますが、高麗木簡の場合は、運んでいる途中なので、そもそも性格が異なるのではないかと考えられます。ですので、私の報告で「荷札木簡」という言葉は使わないで、わざわざ「貨物票」としているのは、そういった性格の違いがあるのではないか、と思っているためです。

もうひとつ重要なのは、古代と高麗というふうに時代で比較するよりは、高麗時代の同時代のほかのもの、たとえば金所長のご報告にあった新安船の木簡はおそらく日本の荷札木簡ですので、これと比較をするほうが、意味があるのではないかと思っています。

平川：ちなみに金所長さんが報告された件については、「新安の沈没船に高麗青磁が積み込まれているということは、高麗に立ち寄ったのか」というご質問がありました。これについては金所長さんからご回答をいただいていて、「新安で見つかったのは難破のため本来のルートから外れ、たまたま新安沖に沈んだものである、したがって立ち寄ったわけではない」、というお答えでした。

4．神仏への祈り

平川：それでは、宋さんに火旺山城《かおうさんじょう》《ファワンサンソン》出土木簡〔二五五頁図24－②〕の画像を用意していただきました。大変貴重な資料ですのでぜひ皆さんで見ていただければ、と思います。そして若干説明をいただければと思います。

宋：火旺山城蓮池から出土した木簡については、研究によってある程度内容が知られています。ここに掲げた木簡については、平川さんなどによる「雨乞いと関わる人形型の木簡である」というご指摘がありますが、一方では「病気を治すための木簡である」という説もあります。私も内容を見たところ、やはり雨乞いと関わっている可能性が高いという結論であります。

私の個人的な考えとしては、この資料は、木簡というより、そもそも祭儀に使われた人形型の木器に文字が書かれている、つまり、文字が書かれている木器だと考えております。それを証明できる資料を紹介します。

③の右の写真は、中国の元代、十三世紀から十四世紀に祭儀用として使われた剣です。出土した地域は、中央アジアのアルタイ地域です。[*42] ③の左の写真が火旺山城の蓮池から出土したものです。重要なのは、上の長い部分は両刃の剣で、下の部分は片刃の刀、という、複合的な形をしていることです。これまで韓国で出土した同類の資料は一点しかありません。ですので、この独特な剣の形から見ると、祭儀用ではないかと思います。

火旺山城から出土した遺物として、もう一点ご紹介します。図面から見てこれは太鼓です〔図24－①〕。大きさは二〇センチくらいの小さなもので、真ん中にひものようなものをかけるリングがあります。そのひもを首にかけて両手で叩いたと考えられます。この太

＊42　ユーラシア大陸の中央、モンゴル高原の西境をなすアルタイ山脈近辺の地域で、ロシア・モンゴル・中国の国境が交わる。金の産出地で「アルタイ」はモンゴル語で「金」を指す。東西文明の結節点・交流点として遊牧系民族が活躍した。

①

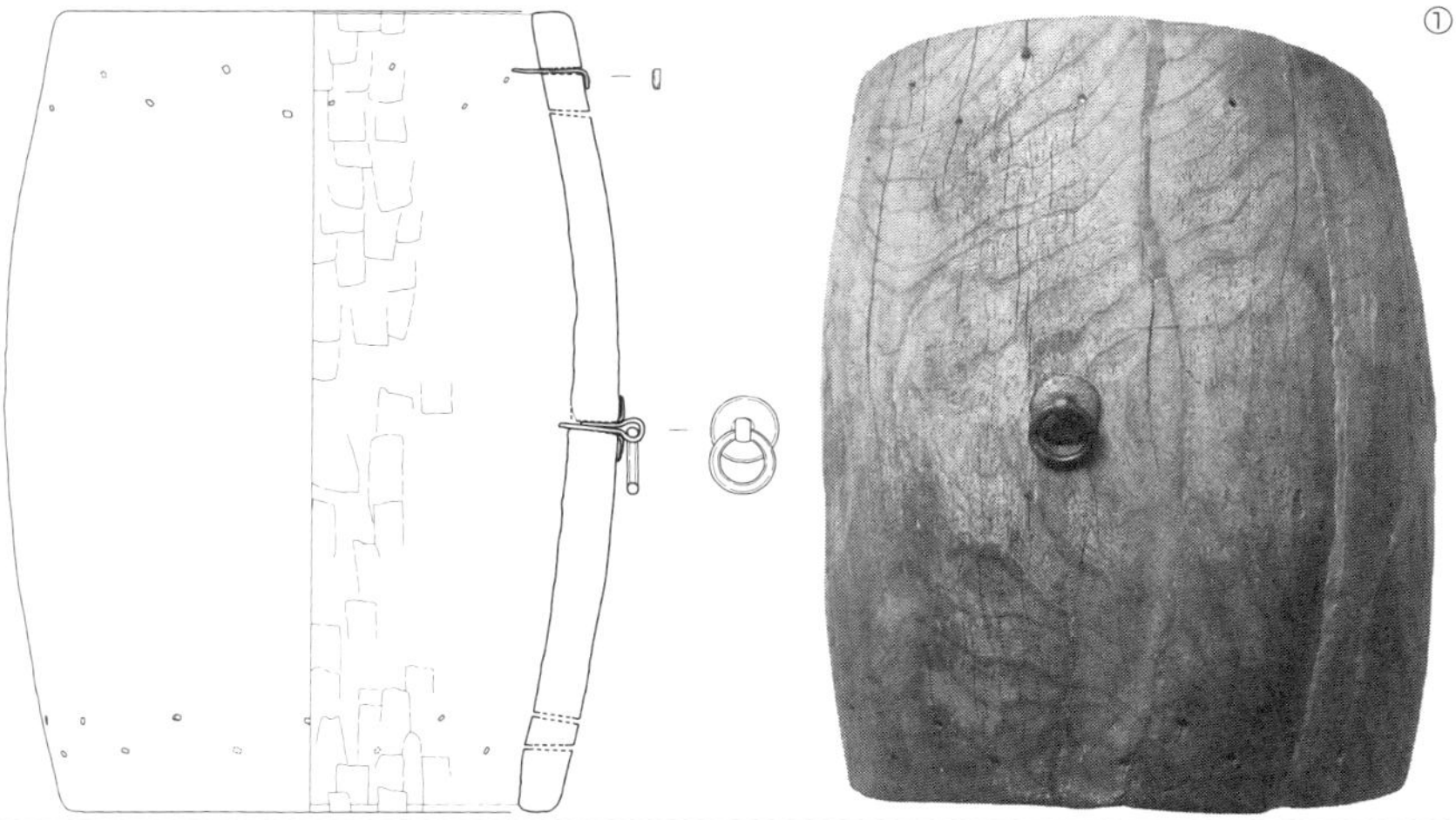

③

②

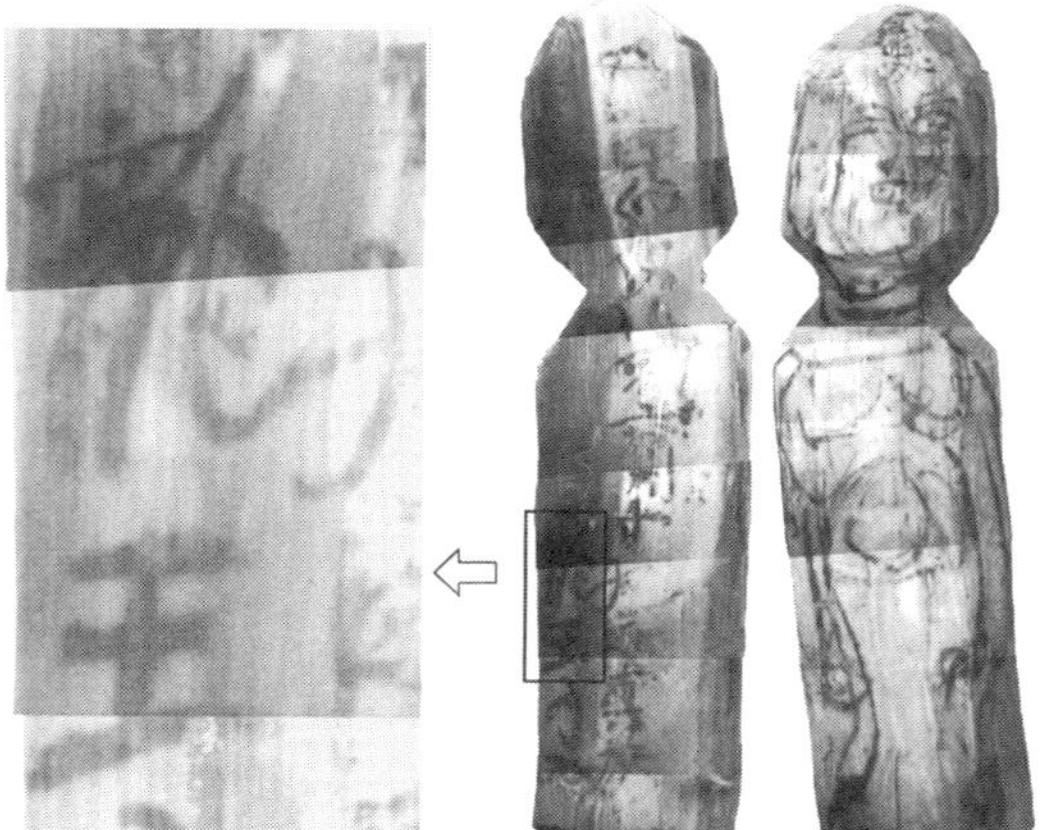

図24▲慶尚南道昌寧にある火旺山城の池跡から出土した祭儀に関わる遺物。（文献［7］より転載）
①太鼓
②「龍王」にまつわる祭祀で使われたと思われる木製品。
③同遺跡出土の剣（左）と、元代（十三〜十四世紀）にアルタイ地域で祭儀用として使われた剣（右・参考資料）。

鼓の上下の部分に穴が多数ありますけども、この穴の空いた場所が、上、下、上、下、と、ジグザグになっているのが特徴です。

現在、韓国で使われている太鼓も、皮をかけるときにこうして釘をひもで絞って作っています。この遺物も、ある部分には釘も残っていますけども、釘の形から見て、やはり皮を釘でかけていたと推定できます。火旺山城から一緒に出土したこういった太鼓などから見ても、木簡の性格はやはり雨乞いと深く関わっていると思っています。

平川：大変貴重な資料ですね。特にこの太鼓は初めて公開する画像というふうに聞いております。まったく現代の太鼓と変わらない、すばらしい資料です。九世紀の山城の池から出たという、とても重要な資料を紹介していただきました。

「神仏への祈り」というテーマについては、三上さんの報告で詳細に報告していただきましたので、あとはそちらに内容をゆずることにいたします。

Ⅳ 国字・国訓

平川：国字・国訓[*43]についても犬飼さんが触れられて、もうほとんどご理解いただいたかな、と思うんですが、追加資料のご紹介というか、補足をいたしたいと思います。

李鎔賢さんが紹介した伏岩里から出ている木簡のうち、五号木簡〔図25－上〕をご覧ください。裏面に「水田」というのがあって、隣の行に「畠」という字が出てくる。ところが、同じ朝鮮半島の資料で昌寧《しょうねい》《チャンニョン》碑〔図25－下〕ですと「白」「田」とあって、「畠」の字をふたつに分けて書いてある。その下には「水田」が一字で「畓」と書いてあります。特に「畠」については日本の国字とされておりますが、このように朝鮮半島にも存在している。そういう点ではいろいろ検討が必要だという、そういう資料です。

また、先ほども問題になった「椋《くら》」[*44]という字、これも従来は日本では「くら」という国訓とされておりましたけれども、韓国の慶州の雁鴨池《がんおうち》《アナプチ》でも、「椋司《くらのつかさ》」と書かれた硯《すずり》が出ているということです。日韓で共通して倉庫の「クラ」を「椋」と表記していたことになります。

＊43 漢字が本来表す中国語の意味ではなく、日本独自の訓を当てたものを国訓という。中国などに同じ字体があることを知らずに日本で独自に漢字を作ったと考えられる場合もあるが、これも国字とは呼ばず国訓とする。

＊44 三二一頁参照

こういった国字・国訓に関わるものとしては、新聞[*45]等でも取り上げられましたが、どんどん資料が増えつつあります。たとえば「鮑《あわび》」という字は、肥[*46]前国風土記に出てくるので国字というふうにされてきたわけですけれど、これも慶州の雁鴨池の木簡に「生鮑」という字がはっきり出ています。従って、従来日本だけで使われている文字、すなわち国字とされてきた「鮑」というのは、日本と古代朝鮮とで共通して使っているということになるかと思います。

国字の問題というのは、たびたび申し上げているように、従来は中国の漢字と、日本にある文字との比較だけを行っていた。そこでの検討資料として、朝鮮半島を含まなかったのです。国字とされた文字は、今、『大漢和辞典』に載せるものでも一四一文字ありますけれども、そのうち果たしてどのくらいまでが国字と言えるか、これから検証をしていくことによって明らかになってくるというふうに考えています。

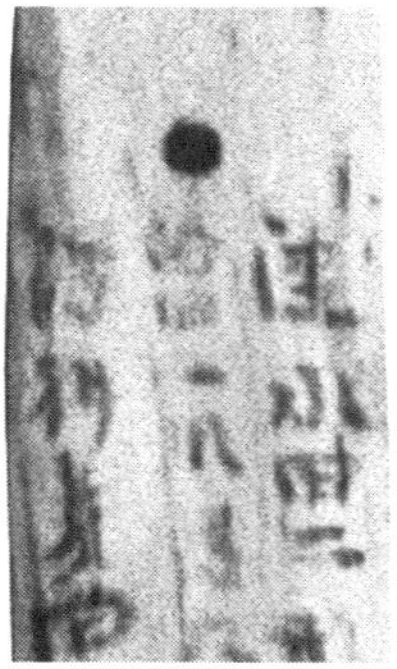

□水田…
畠一形…
得耕麦…

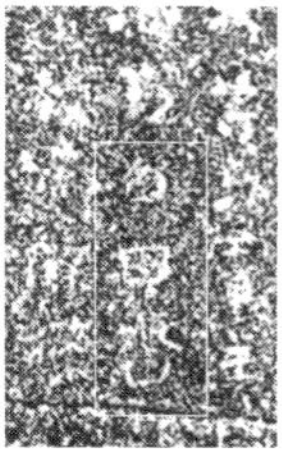

…白田畓…

図25▶従来日本の国字とされていた「畠」の文字に関連する韓国の資料。
上：伏岩里遺跡出土五号木簡（部分）。「水田」と「畠」の文字が見える。（文献［4］より転載）
下：昌寧新羅真興王拓境碑（部分・拓本）。新羅真興王はその領土拡大にともなって各地に石碑を残しており、現在五碑が知られている。「畠」が「白」「田」と分けて書かれ、その下には「水田」が一字で「畓」と記されている。（文献［1］より転載）

＊45　日本経済新聞平成二十四年（二〇一二）八月十八日文化欄「国字・国訓の研究」

＊46　奈良時代初期に各国で編纂された風土記のうち現在の佐賀県・長崎県にあたる肥前国のもので、写本として現存する五つの風土記のうちのひとつ。

V　文字文化の中の『万葉集』

平川：少し急ぎますが、本日は神野志さんに登壇いただいているわけで、古代の文字文化と『万葉集』について、要約してお願いしたいと思います。

神野志：ようやく出番が来たのですが、これについて話さないと来た甲斐がないものですから、ちょっとだけしゃべらせてください。

これまで議論してきたような韓国とつながる日本列島の文字世界の中で、『万葉集』という、私たちに非常によく知られている古代の歌集をどのように考えるべきでしょうか。このテーマについて、やはり皆さんも考えてみたくなるでしょうし、私も、歴史研究者とは違う、文学研究の立場で発言したいと思って参りました。

時間はもうほとんどないので簡単に申します。木簡に歌が書かれた例がいくつか挙がってまいりまして、そうした例を検討した結果はっきりしてきたことですが、私の申し上げたいことの要点はひとつです。つまり、そういう木簡と『万葉集』とは、直接にはつながらない、ということです。ですから、「万葉歌木簡」[*47]などというふうな題をつけた本が出

＊47　栄原永遠男『万葉歌木簡を追う』大阪市立大学人文選書2、和泉書院、二〇一一年

たことに若干戸惑いもあるし、ちょっとそれは違うのではないか、と思うということを含めて、私の発言を聞いていていただければ、と思います。

今までに出土した、歌を書いたと思われる木簡は、基本的には、一字一音で書かれている。これは犬飼[*48]さんが認められた通りで、七世紀に日本語の韻文を書くときは、当時可能であったいくつかの方法のうち、一字一音式表記を選択するのが通常であったのだと思うのです。

私も、当時、日本語を書くやり方は多様にあったと思います。その中のひとつに、訓字を並べるだけのようなものもあり、それが日本語を書くときの主流だったと思うのです。その中で、歌を書くときには一字一音を選んだ、選択したという、この「選択」という言葉でこの行為を押さえることが大事だというふうに犬飼さんはおっしゃいました。私も、やはりそれはとても大事な問題だと思います。

そしてもうひとつ大事なのは、その「選択」というときに、「一字一音で書く、歌はそういうものである」、ということがそこに働いているということです。つまり、歌を書くときには、やはり、「微妙な細部まですべて文字に書く」ということ、「読みが限定され、読み方の問題が生じないものであるべきだ」ということがそこにある、といえるのではないだろうか、と思うのです。

そしてまた、そのことによって歌は外形的に「歌であること」を表示する。用件を伝え

*48　犬飼隆『木簡から探る和歌の起源』笠間書院、二〇〇八年

る手紙とかそういうものではなくて、ほかならぬ「歌であること」を表示するということでもあるのだろう、というふうに思います。

そして、一字一音で書くことと『万葉集』との間を考えれば、『万葉集』は見ていただければすぐお分かりの通り、一字一音で書く巻もありますけれども、基本的には訓を主体に書いてまいります。

『万葉集』の訓主体の表記が、文字（漢字）に関わる、ある意味では正当な選択ではなかったのかと思われるのですが、逆に今度は、一字一音で歌を書くという当時の現実、「歌の現場」という用語を使いたいと思いますが、その「歌の現場」との関わりで、あらためて『万葉集』の問題として考えるということももとめられることになると思います。

でも、その一字一音で書くという現実の歌の書記というものと、『万葉集』との間で考えていったときに、『万葉集』はやはり「一字一音表記ではない」「歌の現場の書記ではない」ということにおいて自らを作っている。それが『万葉集』を考える上では基本になるべきだろうと考えます。それはどういうことなのかというと、歌を書く、歌集としての水準の問題なんですね。

この文字の用法の「水準」について、「人麻呂歌集」[*49]のいわゆる略体[*50]表記の例として、今でも問題になっている、巻十一の二三九四番の歌を例に挙げました。

＊49 『万葉集』左注（歌の本文左側に記された注。所出とする歌集名・作者・制作時期などを記したものが多い）に「柿本朝臣人麻呂之歌集出」として三六〇首あまりが『万葉集』に収められる。

＊50 『万葉集』に収められた「人麻呂歌集歌」約三六〇首のなかには、助詞・助動詞などが書き記されていないものがある。これを略体歌といい、記してあるものを非略体歌という。

朝影吾身成玉垣入風所見去子故　（巻十一・二三九四歌）

（朝影に吾が身は成りぬ玉垣入る風《ほのか》に見えて去りにし子故に）

「人麻呂歌集」は、こういう特別な、一字一音とは違って、読むことが極めて難しくなるような形で記されています。この歌については、「風」という字を本当に「ほのかに」と読んでいいのかどうか、「ほのかに」と読めるのかどうかという問題を抱えると思うのですが――一応「ほのかに見えて」というふうに読んでいますし、それでいいのかとは思うのですが――、そのような文字の使い方をすることが持っている問題性、つまり、「文字の表現」というレベルで考えるべきだろうということが、重要になってきます。

ここに見られる略体表記は、漢字の表意性を存分に発揮させるものであり、定型に依拠して訓字を並べ、その表意のつながりにおいて歌を成り立たせています。このような特異な意匠は「人麻呂歌集」の歌にとどまっており、訓主体書記の極みというべきこころみでありますが、唯一の読み方で読むことのあやうさを抱えるがゆえにこころみにとどまっている、と言えましょう。

ここに、『万葉集』の文字はこんなふうに使われている、という一覧［表3］を、資料として掲げました。昭和十六年というずっと古い段階で、澤瀉《おもだか》さんが『万葉集序説』とい

表3◀『万葉集』の用字（坂本信幸ほか編『万葉道しるべ』和泉書院、一九八二年より。澤瀉久孝『万葉集序説』楽浪書院、一九四一年を元に補足作成したもの）

A、表意文字として

一、国語の意味に相当した漢字を用いたもの　訓読

(a)一語を一字に表わしたもの

吾《われ》・君《きみ》・秋《あき》・月《つき》・来《くる》・去《さる》〔正訓〕

暖《はる》・寒《ふゆ》（10・一八四四、一八八四）・金《にし》（13・三三二七）・乞《こそ》（4・六一五、11・二六六一など）・勤《ゆめ》（1・七三、9・一七四〇など）・疑《らむ》（12・三二一三）〔義訓〕

(b)一語を表すに二字以上をもってしたもの

年魚《あゆ》（6・九六〇、19・四一五六など）・芽子《はぎ》（10・二一二三、二一七三など）・白水郎《あま》（1・二三、7・一二〇四など）〔正訓〕

丸雪《あられ》（7・一二九三）・未通女《をとめ》（9・一七五九、13・三三三七など）〔義訓〕

(c)一字にも書けるものを二字以上にしたもの

神祇《かみ》（3・四四三、13・三二八八、その他三例）・京師《みやこ》（3・三二四、19・四二六〇など）・古昔《いにしへ》（1・一三、9・一八〇七など）・辛苦《くるし》（8・一四六七、10・二一八三など）・悲哀《かなし》・猶預不定《たゆたふ》（2・一九六）

二、漢字をそのまま用いたもの

餓鬼《がき》（4・六〇八、16・三八四〇）、法師《ほふし》（16・三八四六）・布施《ふせ》（5・九〇六）、檀《だに》越《をち》（16・三八四七）

B、表音文字として

三、漢字の音を借りたもの　音仮名

(a)一字一音

阿《あ》・伊《い》・宇《う》〔正音〕　安《あ》・吉《き》〔略音〕

(b)一字二音

南《なむ》・念《ねむ》

四、漢字の訓を借りたもの　訓仮名

(a)一字一音

射《い》・蚊《か》・荷《に》〔借訓〕　市《ち》（3・二七一、10・一九七三など）・跡《と》・常《と》〔略訓〕

(b)二字一音

五十《い》（6・九三一、16・三七九一など）・嗚呼《あ》（1・四〇）

(c)一字二音

鶴《つる》・鴨《かも》〈共に名詞ではなく付属語〉（12・二八八五など）

C、戯書

(a)文字の上の戯れ

山上復有山《いで》（9・一七八七）

(b)擬声語によるもの

神楽声《ささ》（7・一三九八）・神楽《ささ》（2・一五四、二〇六、7・一二五三）・楽《ささ》（1・二九、9・一七一五、その他六例）・追馬喚犬《そま》（11・二六四五）・喚犬追馬《まそ》（13・三三二四）・馬聲蜂音《いぶ》（12・二九九一）・牛鳴《む》（11・二八三九）

(c)数の遊戯

二二《し》（13・三三一八）・重二《し》（6・九四六）・二五《とを》（11・二七一〇）・十六《しし》（3・二三九、6・九二六、その他二例）・八十一《くく》（13・三二四二、三三三〇）

(d)義訓の複雑なもの

火《なむ》（10・一九九八）・義之《てし》（10・二〇六六、11・二五七八、その他五例）・大王《てし》（7・一三二一、10・二〇九二、その他二例）・折木四《かり》（6・九四八）・切木四《かり》（10・二一三一）・一伏三向《ころ》（13・三二八四）・一伏三起《ころ》（12・二九八八）

う書籍のなかで整理してくれたものがございまして、それを今でも、こういう形で整理してみればいいのではないかという基準になっております。そこで整理されているような文字の使い方というものは、やはり、「『万葉集』というテキストがつくっている水準」であって、その水準の中で成り立っていくものを見ないといけないのではないだろうか、ということになると思うのです。

ですから、『万葉集』の文字表現の水準は、「現実にあり得たもの」「現実にあったもの」とは別の水準としてみるべきだろう、つまり、木簡に表れてきたものとははっきり違うということを見るべきだろうと思います。そのような表現の水準において『万葉集』が見られるとすれば、それは、『万葉集』の問題として言うと、「あった歌」「存在した歌」の水準とは別なところで「『万葉集』が作ったもの」を見るということが、当然もとめられることになるんだということです。

レジュメではあえて、私はこう書きました。「『万葉集』はあった歌を集めて構成したものではなくて、歌をあらしめるのである」。こういう、編纂されたものとしての『万葉集』の問題を、もう一歩進めて言えば、ただ、「あった歌を集める」という形で見るのではなくて、そのように編纂・構成することによって、「このようにあった歌」として歌の世界を成り立たせるというか、「あらしめる」ものとして見るのです。

私どもが見ることができるのは、先ほども申しましたが、この「『万葉集』が作ったもの」

です。彼らにとって、『万葉集』を作ったことにおいて成り立っていたものがなんだったのか、ということを考える。このことが、文学研究の立場だというふうに申し上げれば、私どもが問題にしようとしている、というか、私が問題にしたいことは分かっていただけるかと思います。

同じ意味で、ちょっとだけ付け加えさせていただければ、歴史家の皆さんの議論を聞いていると、『日本書紀』を歴史の現実の問題と結びつけて語られることに、先ほどから非常に違和感を感じながら聞いておりました。つまり、『日本書紀』は自分たちの歴史をそうであったものとしてあらしめているわけです。『日本書紀』が「あらしめている」ことを、「こういう事実がそこに見られる」というふうにして、具体的な歴史的事実に還元しうるかどうか。今の『万葉集』の問題と同じことですが、『日本書紀』を作品として、あるいはテキストとして読む、という立場からは、そのような思いがあるのです。

そういうことも含めて、今、私が『万葉集』について言うならば、『万葉集』の歌らしいものが木簡に出てきたからと言って、いきなり『万葉集』にストレートにつなぐべきものではない、と考えています。木簡の世界と『万葉集』が地続きである、というふうな形で考えることはしたくないし、すべきでない、というふうに思っているということを、もう一度繰り返して私の発言とします。

平川：私は神野志さんの作品論というのを、『古事記』についても『日本書紀』についても支持している歴史研究者ですので、今の『万葉集』についても十分傾聴すべきというふうに考えています。

Ⅵ　文化交流の担い手は？

平川：予定では「中世への展開」というテーマも考えていたのですが、残念ながら時間がございません。このテーマについては、現在、日本では、中世木簡への関心がわれわれ学会としても不十分である、という点を、大きな課題として指摘するにとどめたいと思います。昨日の発表で、あえて高麗木簡について金所長さん・林さんに報告していただいたのも、朝鮮半島における古代から中世の展開というものが、日本において中世木簡から古代をさかのぼって考える際の、さまざまなヒントとなるだろう、という観点からです。このシンポでもテーマに設定していたわけですが、さらなる議論は今後の課題とさせていただきたいと思います。

では、本日最後のテーマとして、「文字文化交流の担い手」というのを掲げました。李成市さんから先ほど十分に説明していただいたので、私のほうから最後に、象徴的な資料をいくつかお示しして終えたいと思います。

・□刀自右二人貸稲□□〔十斤カ〕稲二百□〔斤カ〕又□□稲卌□〔斤カ〕貸。
・□□人佐太大連
□首弥皮加之二人知　文作人石木主寸文通。

長さ（二八九）ミリ×幅四五ミリ×厚さ五ミリ

◆日韓で共通の職業を示す表現：「○○人」

ひとつめは、西河原宮ノ内遺跡出土の木簡〔図26－上〕です。裏面に、「文作人《ぶんさくにん》」という言葉が見えます。この木簡の文章を書いた人の名前が、職名である「文作人」、続いて「石木主寸文通《いわきのすぐりぶんつう》」と書かれています。いかにも書記官のような名前ですが、この人がおそらく代々、こういった書記の仕事を地方で行っていたということでしょう。これが出たときにすぐに思いついたのが、五七八年にあたる年紀を持つ、韓国の塢作碑《うさくオジャク》という石碑〔図26－下〕です。この碑に、もうすでに「文作人」という言葉が出てきております。稲荷山鉄剣の「杖刀人《じょうとうじん》」とか江田船山鉄刀の「典曹人《てんそうじん》」などと同じように、こういった三文字

図26▶「文作人」の文字が見える日韓の資料。
上：滋賀県野洲市西河原宮ノ内遺跡出土六号木簡。遺跡周辺は西河原遺跡群と呼ばれる七世紀後半～九世紀の官衙的な遺物が出土する一帯で、遺物に七世紀後半の木簡が多く含まれることでも知られる。本遺跡からは大型の倉庫の遺構とともに貸稲にかかわる七世紀末から八世紀初頭の木簡が出土している。（滋賀県立安土城考古博物館蔵）
下：塢作碑。一九四六年、慶尚北道大邱市大安洞で発見された。塢（新羅では「堤防」「貯水池」などの意味で用いられたと思われる）の造成記念碑。高さ約一・

で職を表すということが、半島から日本のほうに伝わってきたというふうに考えられます。

◆韓国の影響が色濃い石碑

先ほども三上さんから「上野三碑」のひとつとしてご紹介があった、群馬県高崎市の[*51]多《た》胡《ご》碑です。写真はそちらに掲げてあります。この碑には「三つの郡から三百戸を分割し、新しく多胡郡を設けた」という内容が記されており、いわゆる「建郡碑《けんぐんひ》」として理解できます。整形された石に笠石を載せる形状や、領域にかかわる内容を記すというのは、先ほど三上さんがご説明くださったように、[*52]朝鮮半島の石碑文化に類似しています。渡来人（胡人）が集中した地域で新たに多胡郡を建てるときに、石碑という形で表現したというものです。

◆渡来系の人々の名前が記された資料たち〔図27〕

ふたつの漆紙文書をご紹介しましょう。どちらも断片なのですが、非常に象徴的な資料です。ひとつは多賀城の山王遺跡出土の漆紙文書です。これは一目見たときに[*53]「百済《くだらの》王《こにきし》 敬福《きょうふく》」という、渡来系氏族の名前が記されているのがわかりました。「百済王」という氏族の名前そのものが、古代朝鮮との関係を示しています。敬福は陸奥守《むつのかみ》でもありましたから、多賀城にいたということで、この地から出てきたのでしょう。

〇メートル、九行にわたって造成に関わった人名など一八五文字以上が刻まれており、最終行に「文作人壹利兮一尺」とある。銘文にある「戊戌年」は新羅真智王三年（五七八）に比定されている。新羅の農業水利事業の実態を知るうえで貴重な資料。（韓国慶北大学校博物館蔵／文献［6］より転載）

＊51　二四七頁図22参照

＊52　二四五頁参照

＊53　文武元年（六九七）～天平神護二年（七六六）。日本に亡命した百済王族の子孫で、七三八年に陸奥介に任ぜられ、七四三年に陸奥守に昇進。在任中の七四九年に陸奥国小田郡から黄金が発見され七階級の特進を遂げた。橘奈良麻呂の乱や藤原仲麻呂の乱の鎮圧にも功績があった。

〔済〕
□王敬

□六位上行介百済王「三忠」

図27▲渡来系の人々の名が残された漆紙文書。都から上級官人として東北の地に派遣され、活躍していたことがうかがわれる。
上：宮城県多賀城市山王遺跡出土。山王遺跡は多賀城跡の南側に広がる遺跡で、奈良時代には区画された町並みが広がっていた。陸奥国籍帳の草案と思われる文書の裏面に、「百済王敬福」の名と思われる文字が記されている。天平年間後半（七三八～七四六）と推定される。（多賀城市教育委員会提供）
下：秋田県秋田市秋田城跡出土。「三忠」部分が自署。（秋田市教育委員会蔵／秋田市教育委員会秋田城跡調査事務所提供）

いまご紹介した山王遺跡の漆紙文書はどうも役人が書いた筆ですから、敬福の自書とは言えないわけですが、もうひとつ、同じく東北の城柵である秋田城跡から出土した漆紙文書をご紹介します。これにも出羽介《でわのすけ》である「百済　王　三忠《くだらのこにきしさんちゅう》」*54という名が書かれています。「三忠」というのは署名、自署です。自署ということで大変貴重な資料ではないかと思います。こういう百済の王族の一族たちが、日本国内のさまざまな支配にも関わっていたということです。

このように、初期の日本の文字文化の担い手として朝鮮半島からの渡来人が重要な役割を占めており、その証左が地方からも出土している、ということが、近年の資料で具体的にわかってきております。

＊54　敬福と同族の百済王氏で、天平宝字四年（七六〇）に出羽介に、同七年に出羽守に任ぜられている。

Ⅶ おわりに

平川：最後に、日韓から少しユニークな資料をご紹介しましょう〔次頁図28〕。

◇城山山城出土木簡（韓国）

昨年（二〇一一年）開催された韓国国立中央博物館の特別展「文字、その後」の図録の中で、李鎔賢さんがこのようなイラストをつけて紹介されました。ネズミがかじった歯の痕が残っている木簡なのですが、城山山城のヒエの付け札です。倉の中に積み込まれた穀物の付け札を、ネズミが前歯の成長を防ぐためにガリガリかじっていたという資料です。

◇畝田東遺跡群出土木簡（石川県金沢市）ほか

日本でもこういった、ネズミにかじられたあとがある木簡が見つかっています。ここに示したのは金沢市の畝《う ね》田《だ》東《ひがし》遺跡群の木簡で、歯形が付いております。やはり穀物のところにネズミが入り込んで、歯の成長を防ぐためにかじるんだと、こういうことまで木簡資料から読み解いていくというのも、とても興味深いと考えています。

さらに、私はいつも「象徴的だ」ということでこの資料を説明に使うんですが、ここに書かれている「畔越《あぜこし》」とか「須㐬女《するめ》」とかいうのは実は稲の品種名なんですね。最後の「否益」も品種名で「いなます」と読みます。「いなます」というのは「稲が益す」という意味で、もともとは「稲益」であった。漢字で書いたら本来は「否」ではなく、「稲」でなければならない。しかも「否」という否定語を使っていて、「益すことがない」というふうな意味に取れるのだけれども、音さえ合えば平気で使ってしまう、ということを示す例でもあります。耳から聞こえた音が「いな」であれば平気で使った、そんなゆるやかな古代の文字文化というのも、頭の中に入れておく必要があるのではないかと思います。

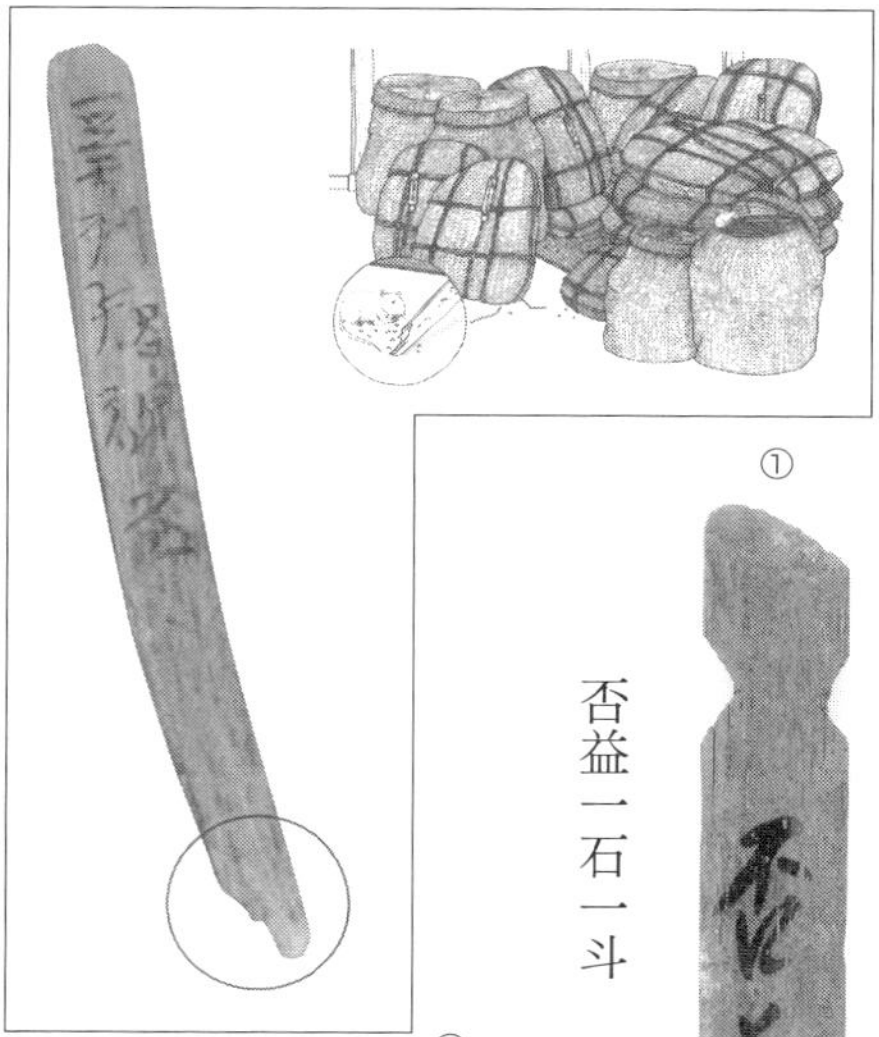

①

否益一石一斗

長さ一七〇ミリ×幅一八ミリ×厚さ五ミリ

①裏面拡大：ネズミの歯形

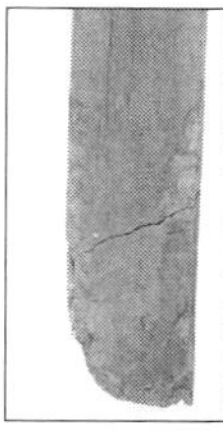

②

須㐬女一石一斗

長さ一四七ミリ×幅二四ミリ×厚さ二ミリ

③

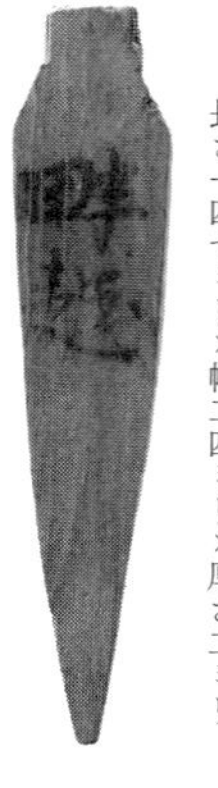

畔越

長さ一三三ミリ×幅二九ミリ×厚さ五ミリ

図28▶日韓の荷札から、使用実態が生々しく伝わるユニークな例。
上：韓国・新羅の城山山城から出土した、ネズミがかじった痕のある荷札（二九号木簡）。（文献［1］より転載）
下：いずれもイネの品種名が記されている日本の荷札。①にはネズミがかじった痕がある。（①②石川県金沢市畝田東遺跡群畝田ナベタ遺跡出土：石川県埋蔵文化財センター提供／③山形県遊佐町上高田遺跡出土：山形県埋蔵文化財センター提供）

さて、議論のまとめとして、古代日本の文字文化は、口頭伝達の場合も文書伝達の場合も含めて考え、そして、半島との交流から築きあげられたものだ、という視点で考える必要があることを確認いたします。

最後に、昨日「開催の趣旨」で申し上げたことの繰り返しになりますが、本日のシンポジウムとそれを支える日韓の研究の意義を申し上げて、このシンポジウムを閉じたいと思います。

「漢字」という共通の手段を使用してきた古代日本と古代朝鮮の文字文化交流の歴史を、現在の日本と韓国との深い交流の原点として、これからも生かしていきたい。皆さんにもぜひこのことをご理解いただきたいと思います。

韓国から大勢の研究者の方においでいただき、日本の共同研究のメンバーも同席していただいて、昨日今日と、このような交流、そしてシンポジウムをすることができました。本当にありがとうございました。最後に李成市さんから閉会の辞をいただいて、シンポジウムを閉じたいと思います。ありがとうございました。(拍手)

閉会の辞

李　成市

歴博国際シンポジウム「古代日本と古代朝鮮の文字文化交流」を二日間にわたって開催してまいりましたが、長時間にわたって参席下さり、ありがとうございます。昨日、平川南館長の開催のご挨拶にありましたとおり、この両日にわたるシンポジウムは、これまで一〇年間にわたる日韓両国の共同研究の成果を、市民の皆さんに披露する目的で開催されました。

韓国国立文化財研究所には、二〇〇二年に国立歴史民俗博物館で開催された「文字のある風景」において、韓国出土の遺物の貸与などで全面的なご支援を頂きました。それを機縁にして、二〇〇三年より一〇年間にわたり共同研究を継続してまいりました。

当初は、早稲田大学朝鮮文化研究所が窓口となり、国立文化財研究所との共同研究が開始されましたが、その後、国立歴史民俗博物館と韓国国立文化財研究所、国立中央博物館との間に、各々正式な学術交流協定が結ばれ、それに基づき両機関の間に研究者の相互派遣をはじめ定期的な研究交流が行われてまいりました。共同で日韓の出土文字資料の分析を行い、それらの資料を共有しながら、古代における日本列島と朝鮮半島の文字文化交流の実態を検討し成果を蓄積してきたという経緯があります。

こうした研究者の信頼関係の構築を積み重ねながら、出土文字資料を総合的に検討し、新たな交流史を模索するという地道な作業が一〇年以上にわたり継続して行われてきました。一口に共同研究と言っても、全く異なる研究環境にあるものが共同研究をすることは決して容易ではありません。あえて、この場をかりて申し上げれば、かつて韓国と日本の研究者は、対等な関係にあったわけではなく、非対称な関係にあったことは、日本国内だけで調査、研究していると自覚できません。一九四五年以前には、両国はどのような研究状況にあったのか、それが何をもたらしたのか、そのような反省に基づき、研究上の新たな信頼関係の構築に努めてきました。

私たちは、まずは韓国の研究機関である国立文化財研究所や国立中央博物館に、共同研究の内容と研究目的を提示し、ご理解して頂くところから始めなければなりませんでした。国際学術交流は、相互の信頼関係が不可欠です。そのような信頼関係なくして、共同研究は不可能です。ましてや、このたびのような共同研究の成果を発表するというシンポジウムの開催は容易ではありません。長い時間をかけて協力関係を形成し、互いの研究成果の蓄積があって初めて実現できるものであると考えております。

幸い昨年（二〇一一年）一〇月には、韓国国立中央博物館において長年の共同研究の成果の一端が展示で公にされ、韓国の市民にも文字文化を通しての古代日韓関係が広く知られるようになりました。共同研究を「特別展　文字それ以後」に結実させてくださった国立中央博物館の歴史考古部の先生方のご尽力に改めて敬意を表し、お礼申し上げる次第です。

このたびのシンポジウムは、国立歴史民俗博物館と韓国国立文化財研究所、国立中央博物館との日韓共同研究に直接携わってきた研究者で構成されており、文字どおり、これまでの成果発表の場となりました。私たちの共同研究の特色をあえて申し上げれば、シンポジウムで登壇された平川南、犬飼隆、神野志隆光の三先生のような学界の長老から、二〇代の新進気鋭の研究者までが広く共同研究者として加わっていることでありあます。しかも、参加者の専門も、日本古代史、朝鮮古代史、朝鮮中世史、考古学、美術史、言語学、国文学、古文書学など、広範にわたる学問分野の研究者で構成されているところに大きな特徴があります。

近年、人文学という学問が益々細分化され、新たな研究の進展のためには、各々の専門領域を超えた学問領域相互間の交流の必要性が唱えられております。政治学者の丸山真男さんが「たこつぼ」と表現したように、人文学の各分野が専門化するにつれて、たこつぼ化してゆきますと、歴史学も全体像が捉えにくくなってきております。

幸いにも、木簡という出土文字資料の研究には様々な分野の専門家の参与が必須であり、そのような広範な研究者の協働によって、文字どおりトランス・ディスプリナリー、諸学横断的な学問が実践されているようになっております。このことは、今や韓国の学界でも、中国の学界でも自覚的に行われておりますが、二日間の発表や討論を通して、参席くださった皆さんには間近にご覧頂けたのではないかと思います。

このたびのシンポジウムで明らかにされたとおり、韓国出土木簡の共同研究は、東アジア規模での歴史研究の新たな学問的なあり方を提起することになりました。一国史を越えて、大きな地域を設定しなければ、理解できないことを具体的に明らかにしえたのではないかと思います。シンポジウムでも強調されたとおり、六世紀に築造された城山山城で出土した新羅木簡や忠清南道沖の海中から発見された高麗木簡は、韓国史にとっても画期的な資料ですが、東アジア史の観点からも極めて大きな意味をもつ資料であります。むしろ、東アジアという地域の視点からこそ、その資料的な価値が浮かび上がってくることがシンポジウムでも明らかにされました。

これまで、ややもすると漢字文化が中国大陸と日本列島の二者間で論じられる傾向があったなかで、あらためて漢字文化の伝播と受容には、朝鮮半島との関係が強く拘わっており、その受容と変容のダイナミックなプロセスは、広い視野をもって捉えなければ理解しがたいことを示していると思われます。

昨日は、平川南館長のご挨拶の中に、漢字の一文字から東アジアの文化史的な世界がみえてくるという指摘がありましたが、日本列島が東アジアという広い地域と深く繋がりのあることを、文字文化の交流を通して感じとって頂けたのではないでしょうか。

今年（二〇一二）年は、八月から九月にかけて東アジア諸国間に厳しい諸問題がもちあがり、相互不信という負の連鎖に陥りました。私は古代史研究に従事しながらも、古代史研究は過去にとどまる学問ではなく、現在と未来に大いに関わっていると信じております。このたびのシンポジウムでも日韓の若手研究者の活躍が顕著でありました。それは、この間の学術交流の賜物でもあります。今後の両国の学術交流に大いに期待したいと思っています。

私たちの共同研究は、二〇一四年一〇月に開催予定の国立歴史民俗博物館における展示を一つの目標にしております。このたびのシンポジウムの成果を踏まえつつも、今後も共同研究を積み重ねながら、二〇一四年の展示に向けて一層、努力していきたいと考えております。ぜひご期待頂きたいと思います。

最後に、このたびのシンポジウムをご支援くださった関係者の方々、また、二日にわたってご静聴下さった会場の皆さまにお礼申し上げ、閉会の辞とさせて頂きます。ありがとうございました。（拍手）

第五部

シンポジウムを終えて

多岐にわたったシンポジウムの
内容整理と特記すべき論点、補足資料、
そして、これからの研究課題。

シンポジウムを終えて

平川　南

「古代日本と古代朝鮮の文字文化交流」と題して、二日間にわたり、日本・韓国の研究者から研究報告をいただいた。文字文化を考古学・歴史学さらに国語学・美術史など幅広い分野から分析していただき、新たな知見を得ることができた。

このシンポジウムでは、最新の成果報告をうけ、文字文化に関するいくつかのテーマをあらためて設定し、新たな補足資料と画像を用いて、研究者のみでなく、多くの市民の方々に、より理解を深めていただけるように努めた。

以下、当日の議論をふまえ、各テーマについて特記すべき論点を、私見を交えつつ整理することとする。

Ⅰ．記録のはじまり—文字と暦の導入—

文字による記録の始まりを考えるにあたり、次の二つの事柄を取り上げた。

1．文字と筆記具

韓国国立中央博物館の宋義政氏による茶戸里遺跡についての報告では、遺物のうち筆や刀子といった筆記具のほかに東南アジア原産のハトムギの種子が出土しており、これが幅広い交易を示すとする貴重な指摘があった。紀元前一世紀の古代朝鮮において、文字を使用する場として交易という具体的な場が想定される重要な事例である。

2. 暦

古代国家の確立過程において、国家の歴史を記すこと、すなわち歴史書を編纂すること、それが文字を習得して使いこなす目的の一つであった。その前提として、暦の問題がある。元岡遺跡出土の庚寅年（五七〇年）鉄刀銘文と石神遺跡出土の日本最古（六八九年）の具注暦木簡は、暦のはじまりの問題に対する貴重な資料提示と考えられる。

II. 文体と用字

文体の問題では、日本語の語順にあわせて表記した日本語文の例として、従来は西河原森ノ内二号木簡がもっぱら取り上げられてきたが、こうした文体は古代朝鮮の資料においても同様にみられる。現在では、日韓両国内の石碑・木簡・刻書土器など様々な資料で認められ、広範な使用実態が明らかとなってきている。

用字についても、稲荷山古墳出土鉄剣銘にみえる「鹵（卤）」や「斯」「鬼」の表記と、百済系の言語表記との関連など、犬飼隆氏の実例に基づく国語学の立場からの説明は明解である。

Ⅲ．文字の機能

文字を使う人・場、またそこで使われる文字の種類を明らかにすること、いわば文字の生態を明らかにすることで、古代社会の実態を描くことのできる重要なテーマである。

1．籍帳―文字による支配

二〇一二年、太宰府市国分松本遺跡出土の戸籍木簡の発見は、日本古代史学界が永年待ち続けてきたものであり、七世紀の戸籍の実態を明らかにした画期的なものである。

韓国では籍帳類の出土文字資料の発見はまだないが、李成市氏が紹介された南山新城碑をはじめ木簡など六世紀の文字資料の内容から籍帳にもとづく労働徴発が実施されていることは明らかである。

2．告知

古代の文字社会の実態を知る上で、人々に告知することを目的とする告知札・禁制などは、中世でも幅広く使用されている。最近の研究では、複雑な使い分けも指摘されており、市大樹氏の指摘した木簡の作成目的についての論点は、今後、中世資料との比較も含めて重要な課題となろう。

3．椋・倉の穀物運用と出納事務―荷札をめぐって―

日韓における荷札の樹種の違いが明らかになった。ヒノキ・スギが大部分を占める日本の木簡に比べ、城山山城木簡では、日本であまり見られないマツが多く用いられていたことは注目できる。

都における多量の荷札については、直接、もの（税）と付き合わせて厳密なチェックをするかという点について、市大樹氏は疑問を呈した。荷札が地方の郡と都において、異なる機能をもつという指摘も傾聴すべきものであろう。

さらに、林敬熙氏から、高麗木簡は城山山城の荷札木簡とは異なり、「貨物票」として、運ばれる途中で沈没した資料であるという特異な性格に留意すべきであるという指摘を受けた。荷物に付けられた木簡と一口にいっても、どういう場面で用いられたものなのか、改めて考える必要があろう。

4. 学習

『論語』が古代朝鮮・古代日本においていかに幅広く学習されたかという点は、その出土点数と特異な形状などから十分に知ることができる。この他にも古代日本の地方官衙において、『文選』『孝経《こうきょう》』*1などが、学習および「釈奠《せきてん》」*2の儀式用のテキストとして活用されたことも明らかになっている。シンポジウムでは時間の関係で議論を省略したが、詳細は三上喜孝氏の個別報告にゆだね、ここでは、文字文化という面から、文字の学習における論語の普及という点を確認しておきたい。

5. 神仏への祈り

宋義政氏による韓国・火旺山城出土木簡の紹介は、日本国内では初公開であり、特に山

＊1　孔子の弟子の曾子の作といい伝えられる、中国の儒教の経典のひとつ。『論語』とならんで五経につぐ地位が与えられ、孔子と曾子の対話形式でさまざまな階級・階層での「孝」のありかたなどが説かれる。「孝」は儒教倫理の中心であり、かつ短編のなかに『詩経』の引用を多く含み暗誦しやすかったことから、『論語』とともに教育用に用いられた。

＊2　古代中国では聖人や先師に食物や酒をささげて祭る祭礼の総称であったが、後漢以来、孔子とその弟子を祭る大典をいう。日本では大宝元年（七〇一）に始まり、大学と国学で毎年二月と八月の最初の丁〔ひのと〕の日に挙行することが大宝令で法文化された。

城の池から雨乞い祈願の人形型木簡と共伴した太鼓には驚き、感銘を受けた。

Ⅳ．国字・国訓

申すまでもなく、国字は漢字に倣って日本で作られた文字、国訓は漢字本来の字義にない日本独自の読み方をいう。中国の文字文化との比較に重点を置き、古代の朝鮮半島の文字資料を抜きに論ぜられてきたのが江戸時代以来の国字・国訓の実態である。

しかし近年、韓国で発見された古代の木簡の中に日本の国字・国訓とされてきた文字を確認できるのである。あらためて日本の研究者は今後の朝鮮半島の出土文字資料に注目しなければならないであろう。

Ⅴ．文字文化の中の『万葉集』

神野志隆光氏は、次のように発言している。

出土した歌を書いた木簡は、一字一音の表記を選択したという。それに対し、『万葉集』は基本的には訓を主体に書いている。『万葉集』は、この「一字一音表記ではない」「歌の現場の表記ではない」ということを基本として考えるべきであるという。これに関連して、「人麻呂歌集」に見られる略体表記は漢字の表意性を存分に発揮させたものである。

木簡と『万葉集』「人麻呂歌集」との文字表現の水準の違いという指摘は、文字文化の展開を考えるうえで、重要な指摘であると受け止めなければならない。

VI．文化交流の担い手は？

古代日本・古代朝鮮出土文字資料には、文字文化に関する重要な資料がまだ多く存在する。特に、文字文化を支えた人々の交流を示す資料として、シンポジウムでは触れなかった象徴的な二例を紹介しておきたい。

・百済の都　扶余・双北里遺跡一九九八年出土木簡〔図1〕

百済の都から、明らかに日本人と考えられる「那尓波連公《なにわのむらじのきみ》」という人物の名が記された荷札が出土した。日本から百済へもたらされた荷物に付けられていた札と考えられ、当時の日本と百済との活発な交流を物語る資料である。

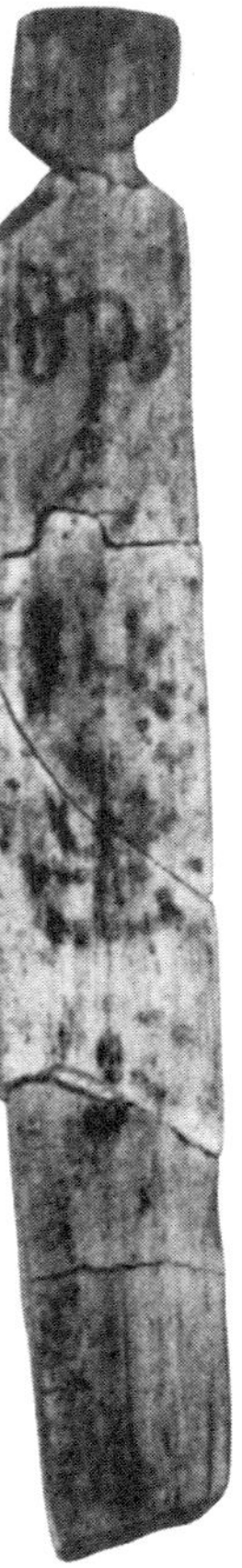

<那尓波連公

長さ一二一ミリ×幅一七ミリ×厚さ八ミリ

図1▲韓国忠清南道扶余・双北里遺跡出土の荷札木簡。日本人と考えられる人名が記されている。（文献［1］より転載）

図2▲栃木県下野国府跡出土木簡。渡来人と考えられる人名が記されている。（栃木県教育委員会提供）

□〔去カ〕上　員外史生陳廷荘

長さ（二一四）ミリ×幅（二九）ミリ×厚さ四ミリ

・栃木県下野国府跡出土木簡〔図2〕

渡来人と考えられる「陳廷荘《ちんのていそう》」という人物が、下野国の書記官となって国府で活動している。古代朝鮮から渡来した人物が、その文字文化の技術をもって古代日本の地方行政に関わっていたことを示す。

シンポジウムでは、多岐にわたる古代日本と古代朝鮮をつなぐ文字文化交流の証が明らかにされた。これまで日本古代史の研究では、東アジア史を政治史中心にみてきたが、実はひとつの文字、ひとつの発音を通しても東アジア全体の動きを解明できる可能性が生まれてきたのである。このような視点から文字文化の伝播過程を根本的かつ多角的に解明することで、古代日本の歴史のみならず、東アジア全体の歴史究明に大きく寄与することができるのである。

あとがき

二〇一二年一二月一五日・一六日に東京・イイノホールで行われた国際シンポジウムは、両国の研究者と多くの市民の方々の熱気につつまれた二日間であった。これまで一〇年間にわたる日韓両国の共同研究の成果として、考古学・歴史学・国語学・国文学さらに美術史など幅広い分野の新たな知見を報告者が述べられ、古代日本と古代朝鮮の文字文化交流が深層にまで及んでいることを解き明かす、充実した報告の連続であった。これらの報告は、日韓両国の研究者が強い信頼関係のもと、両国内の〝文字文化交流〟という共通した研究テーマに真正面から向き合い、研究成果を共有してきたことから導き出されたものである。

残された課題は多い。おそらくその課題を解く有力な手がかりとなる資料が日本列島と朝鮮半島の地下に無尽蔵に眠っているであろう。これからも発掘される資料を、たとえどのような断片であろうとも、一つ一つ丹念に調査研究することによって、文字文化交流の実態をさらに解明できるのではないか。

ところで、歴博は二〇一三年三月、開館三〇周年を迎えた。二〇一〇年に、開館以来、未着手であった現代展示室を開室することによって、歴博は日本の歴史・文化を、原始・古代から近・現代まで総合展示する国内唯一の機関となった。歴博は、理念として、文献史学・考古学・民俗学及び自然科学を含む関連諸学の学際的共同を通じて、現代的視点と世界史的視野のもとに、日本の歴史・文化に関する基盤的ならびに先進的研究を推進することを唱っている。今回の国際シンポジウムそして二〇一四年一〇月開催の国際企画展示「文字がつなぐ—古代の日本列島と朝鮮半島」は、韓国の研究機関との共催によって、広く一般に公開する事業である。日韓両国は、古代中国にはじまる漢字という共通の手段を使用してきた。古代日本と古代朝鮮の文字文化交流史の研究成果を両国が共有し、現在そして未来に向かって日本と韓国との深い交流の原点として生かしてゆくべきではないだろうか。

本書は、二〇〇〇年刊行『古代日本の文字世界』、二〇〇五年刊行『古代日本　文字の来た道—古代中国・朝鮮から列島へ』（いずれも拙編書・大修館書店）二書の続編ともいうべき内容の書となっており、二〇〇〇年以降の一四年間の研究の進展模様を併せてお読みになり、確認していただければ幸いである。

なお、本書作成にあたっては、前二冊と同様に大修館書店の北村尚子氏に、編集すべてに大変なご尽力をいただいた。心から御礼を申し上げたい。

平成二十六年三月

平川　南

〈歴博国際《れきはくこくさい》シンポジウム〉

古代日本《こだいにほん》と古代朝鮮《こだいちょうせん》の文字文化交流《もじぶんかこうりゅう》

NDC221 306p 22cm

初版第1刷―― 2014年3月31日

編者―― 国立歴史民俗博物館《こくりつれきしみんぞくはくぶつかん》／平川《ひらかわ》 南《みなみ》

発行者―― 鈴木一行

発行所―― 株式会社大修館書店

〒113-8541 東京都文京区湯島2-1-1

電話 03-3868-2651（販売部） 03-3868-2603（編集部）

振替 00190-7-40504

[出版情報] http://www.taishukan.co.jp

装丁者―― 井之上聖子

印刷所―― 三松堂

製本所―― 牧製本

ISBN978-4-469-23271-4 Printed in Japan

古代史と文字史を結ぶ、
ダイナミックな東アジア史

古代日本 文字の来た道

古代中国・朝鮮から列島へ

国立歴史民俗博物館・平川南 編
阿辻哲次、李成市、犬飼隆、東野治之、川田順造

文字を持たなかった日本に、漢字はどのようにして定着していったのか？　韓国での考古学的成果から明らかとなる古代日韓の共通点、そして海を越えた人・文字・ことばの交流の姿。漢字学・言語学・考古学・古代史・文化人類学の第一人者が一堂に会したフォーラムを収録した、「古代史」と「文字の歴史」をダイナミックに結ぶ画期的成果。平川南編・シンポジウム採録シリーズ第二弾！

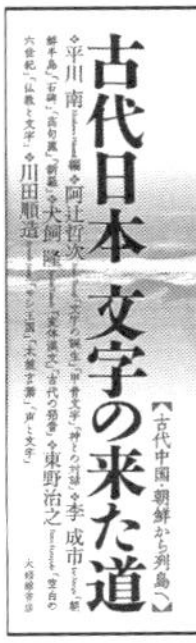

【基調講演】

◆**人は何のために文字を書いたか**　―中国での文字の発生

［コラム］漢字の好き嫌い

◆**古代朝鮮の文字文化**　―見えてきた文字の架け橋

［コラム］文体と形態から読む石碑
―六世紀の新羅碑をめぐって

［資料］朝鮮半島の石碑

◆**古代の「言葉」から探る文字の道**
―日朝の文法・発音・文字

［コラム］七世紀の万葉仮名　―平仮名・片仮名の源流

◆**古代日本の文字文化**　―空白の六世紀を考える

［コラム］飛鳥寺の文字瓦をめぐって
―七世紀前半の仏教と文字文化

◆**声と文字と歴史と**
―「文字を必要としなかった社会」からの視点

［コラム］よむ、かく、となえる

【フォーラム】

◆**文字の誕生**
◆**本格的な文字文化の始まり**
◆**文字の浸透と宗教**
◆**文字の力**
◆**文字を学ぶ**
◆**朝鮮半島と日本列島、文字資料を解く**
◆**質疑応答**
◆**文字研究の広がりとこれから**

●A5判・206頁　定価＝本体2400円＋税